特殊教育導論

——帶好班上每位學生

（第二版）

邱上眞　著

謹以此書紀念我曾經都是老師的父母，

並感謝林素貞教授熱情贊助書中插畫。

作者簡介

邱 上 眞

學歷：美國伊利諾大學哲學博士（主修特殊教育）

　　　美國佛羅里達大學教育碩士（主修特殊教育）

　　　國立台灣大學心理學研究所理學碩士

　　　國立台灣大學心理學系理學學士

經歷：國立高雄師範大學特殊教育系教授

　　　國立台南師範學院特殊教育系教授

　　　國立台南師範學院特殊教育系副教授

　　　國立彰化師範大學特殊教育系副教授

　　　國立台灣教育學院（現為國立彰化師範大學）特殊教育系講師

再版序

特殊教育的「四不一沒有」

　　非常高興拙作《特殊教育導論——帶好班上每位學生》一書，能在我即將退休之前，出版修訂版。這期間要感謝很多人，除了出版社之外，當然最要感謝選用與閱讀此書的老師們。為了感謝大家努力的認識特殊教育的本質，甚至用心的去推展與落實特殊教育理念，茲以一篇恭賀高雄市政府教育局於民國九十三年一月五日成立特殊教育科時的祝賀文章，作為本書的再版序。其文內容如下。

　　百年前台灣經由外籍傳教士的經營，已有了聽覺障礙以及視覺障礙的教育（過去稱「盲聾」教育），而民國五十一年在台北成立了國小「啟智班」，更開創了本土化的特殊教育，至於民國七十三年特殊教育法的公布則是奠定了特殊教育的法源基礎，然而真正邁向普及化的特殊教育，實應歸功於民國八十六年修訂的特殊教育法，由於此法以及其相關子法相當完備，繼而再經由中央與地方教育主管機關、學術機構與民間社會服務以及家長團體的齊心努力落實特殊教育，因而使我國的特殊教育，無論是在量或質的方面皆有長足的發展與進步。目前，我國在特殊教育上的成就，無論是在服務的對象、師資、課程以及設備等皆已不輸給歐美日等先進國家。當然，我們還有許多的問題與困境亟需面對與解決，換言之，我們仍有很大的發展空間以及還有很長的路要走，但是許多特殊教育工作者無不抱持著樂觀與奮進的態度努力以赴。

　　為了讓我們能更進一步邁向「高品質」的特殊教育，我們應有一些理念與願景，因此筆者欲利用本文以及借用「四不一沒有」這個大家熟悉但卻又可能不知其真正內涵的名詞，來闡述個人對我國特殊教育的期待，以供大家參考，期許大家一起為特殊教育而努力。至於筆者所謂的「四不一沒有」是指：「不嫌早」、「不嫌遲」、「不放棄」、「不隔離」與「沒有障礙」（即「無障

礙」）。茲簡單分述如下。

　　「不嫌早」的意涵是指「預防模式」優於「補救模式」。其理論基礎係建立在近代的大腦研究、發展心理學以及六十年代的學前教育方案。近日有關大腦與發展心理學的研究發現，皆指出許多人類的學習能力都是在嬰兒一出生即開始發展，尤其是語言能力（包括閱讀）。然而更重要的是教育學者證實了早期介入的明顯成效。這要追溯到一九六〇年代末期，美國聯邦政府曾經推展了一項「啟蒙方案」（Head Start Program），此方案原本的目的是在於讓一些高危險群的幼兒能在進入幼稚園（美國的免費教育從五歲開始）之前先熟悉幼稚園的學習環境，以協助他們正式接受教育時順利學習。這個方案在經過了三十年之後，研究者經由追蹤研究發現，這些當初接受過「啟蒙方案」的成人，相對於與他們相同背景卻未接受「啟蒙方案」訓練的同儕（即所謂的控制組）而言，前者的中學輟學率較低、進入大學的比率較高、獲得穩定工作的比例也高，更重要的是犯罪率明顯較低。這些成效告訴了我們，推展特殊教育要及早，不要等問題出現了、障礙明顯了才開始補救。

　　但在另一方面，我們又要有「不嫌遲」的信念。「不嫌遲」指的是「亡羊補牢，猶未晚也」。最近有關大腦的研究亦指出大腦「神經的可塑性」，這個「神經的可塑性」不只是嬰兒、兒童或青少年，而是成人甚或是老人，皆有可能，儘管有時是「事倍功半」。因為研究人員發現有些障礙者，例如腦性麻痺、強迫症、閱讀障礙或自閉症者，在經過一系列有系統的密集式心理與肢體訓練後，大腦損傷所造成的影響就有某些程度的逆轉。美國一位有名的神經科學家 Merzenich 即說過：「我有一個夢想，那就是要找出可以利用大腦可塑性的各種方法」。這樣的研究發現與信念讓我們樂觀的認為，即使是錯過了發展的「敏感期」或「機會之窗」，我們特殊教育依然有著力與努力的空間，我們應該繼續運用各種「特殊教育」與「復健諮商」的策略來服務各年齡層的身心障礙者，只因他們還有機會。

　　「不放棄」是指不輕言放棄提供任何一位身心障礙者教育與訓練的機會。我們要以「優勢模式」取代「缺陷模式」。換言之，特殊教育的策略不能

只將焦點放在身心障礙者「有障礙」的部分，而是要將重心放在發展他們的「優勢能力」的部分，但同時對「缺陷」依然不放棄訓練。理由是近日有關大腦的研究指出「反覆練習」與「專心致志」，可讓大腦透過我們的「知覺」而改變。至於在「優勢」方面我們可採用「多元智能」的理論，讓身心障礙者的各項潛能得以充分發展。

至於「不隔離」則是指大家很熟悉的「融合教育」。其實「融合教育」的理念，我們也可以找到「腦神經科學」的研究基礎。因為神經科學的研究告訴我們人類的大腦是個「社會的腦」，人們可透過與其他人的互動而使能力得以充分發展與增進。

最後的「沒有障礙」即是「無障礙環境」之意，而「無障礙環境」應包含「物理的」、「心理的」以及「社會的」無障礙。亦即除了空間以及物質環境的無障礙之外，每個人以及社會應能或學習接納身心障礙者的缺陷，並尊重身心障礙者的生存權與學習權。近日結合建築學、腦神經科學、科技輔助以及網際網路的「全方位設計」（Universal Design，又稱「通用設計」）之理念與應用，更給了「無障礙環境」的理想，勾勒了一個「美麗新世界」。

欣聞高雄市政府教育局特殊教育科已於一月五日正式掛牌，僅以此文恭賀並期勉之。大家一起努力吧！秉持著「四不一沒有」的理念，落實「高品質的特殊教育」，讓現在以及未來的台灣以及高雄市特殊教育更美好。

自　序

　　從小就不會作文，但卻喜歡閱讀的我，經歷了考初中時作文「文不對題」的挫敗以及高中國文老師作文評語「累贅冗長」的尷尬（其中「贅」與「冗」兩個字還不認識），一向就視寫作為畏途。而即使在當了多年老師之後，還是抱著「述而不作」的心態，面對著重視著作等身的大學學術環境。因此，對於能完成一本超過三百頁的著作，對我而言，真是一項奇蹟。而這項奇蹟的「催生者」是我多年工作的好伙伴，國立高雄師範大學特殊教育系前任系主任曾進興教授以及陳靜江教授夫婦。若不是他們鍥而不捨地督促與激勵，這本書仍然會停留在只有一頁的大綱。當然，還有多位「助產者」一定要在此記上他們一筆，因為若是沒有他們提供寫作資料與協助閱讀文稿，這本書也難以與讀者見面，而內容更會遜色很多，他們就是我這些日子以來，研究、教學與服務的共謀者：國立台灣師範大學特殊教育系的洪儷瑜與陳美芳教授，以及最近加入高雄師範大學特殊教育系的林素貞教授。另外，還讓人惦記的是在我教學二十二年生涯中，認識的許多特殊教育界的伙伴們以及優秀的國中小老師們，包括特殊教育老師與普通班老師，因為他們經常對我的想法與作法，給了我許多珍貴的回饋，讓我有動力完成這本書。最後這本書的完成，我最想要感謝的人，就是引領我進入特殊教育界服務的國立彰化師範大學特殊教育系許天威教授以及長期容忍我忽視他們日常生活起居的外子宣容以及兩個不得不卻變得超級獨立自主的兒子柏穎與柏愷。

邱上眞

民國九十年十二月

◎◎◎ 目　　錄 ◎◎◎

第一章　緒　論

今日你放棄我，明日我將放棄你
（一位國中後段班畢業生，民87）

　　行政院教育改革審議委員會（民85）所彙整的《教育改革總諮議報告書》中明確指出「帶好每位學生」是教育改革的五大方向之一，而其細部的具體建議則包括「建立補救教學系統」與「加強身心障礙教育」。再者，行政院院會亦已通過「教育改革行動方案」，而其改革重點亦強調要「加強身心障礙教育」（《中國時報》，民 87.5. 15）。進而，相當具有前瞻性的《特殊教育法》（教育部，民86）第十四條更規定：為使就讀普通班之身心障礙學生得到適當之安置與輔導，應訂定就讀普通班身心障礙學生之安置與輔導辦法，以及為使普通班老師得以兼顧身心障礙學生及其他學生之需要，身心障礙學生就讀之普通班應減少班級人數。可見，未來普通班教師亦有服務身心障礙學生之職責。此外，呼籲甚久的常態編班，也終於在近年來有較真正的落實。

　　然而，在常態編班之下，個別差異很大的事實確實不容忽視。可惜的是，在各種職前或在職的師資培育方案中，除了特殊教育系之外，甚少在課程裡去關注教師應如何面對與處理個別差異的問題，再加上過去國中小仍有部頒的各科課程「標準」以及升學考試的助紂為虐，幾乎很少教師會主動地去調整課程、教材、教法、作業、評量以及教室管理，以因應各式各樣學生的需求。

　　如今，教育改革已經啟動，「九年一貫」、「統整課程」、「學校本位經營」、「小班教學」以及「協同教學」皆已在教育基層開始推展，而《特殊教育法》也已公布實施。尚未裝備好的普通班教師可能會在認知、情緒以及教學技巧上，有極大的困難處理常態編班下學生的各種學習困難與行為問題。因此，教育研究者與行政單位工作

人員應攜手合作，透過對普通班教師所面對的困境及其因應策略的了解，發展支持系統模式，協助普通班教師進行有效之教學與輔導，以達「帶好班上每位學生」的終極教育目標。

然而，在規劃與執行「帶好班上每位學生」此一終極教育目標之前，吾人先要掌握目前台灣教育的各種問題，如此才能對症下藥，並達事半功倍之效。茲進一步討論如下。

一、前言——不要「後段班」，也不能有「班後段」

近年來，社會重大刑案、校園暴力事件頻傳；青少年犯罪案件有增無減，且犯罪年齡逐年下降，而犯罪型態則愈見殘暴。究其原因，社會大眾或政府官員、專家學者大多會將這些社會問題歸因於家庭因素，亦有認為學生本人、學校社區以及整個社會生態都需負起責任者。

然而，無論其真正原因來自何方，除了每位有擔當的國民都需負起責任之外，教育決策當局、學校行政人員以及教師確實也難將自身置之於此事之外。數年前，《聯合報》曾有社論批評國內教育現況是「五育『病』重」，謂在偏重智育之下，其他四育如德、體、群、美皆萎靡不振，而智育又過於偏差，的確是確確實實的五育病重。罪魁禍首之一即是所謂的「升學主義」或「升學率」。因此，在補習盛行之下，老師是「因財施教」；而在能力分班之下，後段班學生很可能就淪為「有類無教」（被分類、標記，而沒有接受適當的教育）的對象了。

　　前教育部長吳京為了貫徹常態編班,特地公開一封
「後段班學生」的一封信,其中最令人觸目驚心的話語包
括「今日你放棄我,明日我將放棄你」以及「中華民國未
來將成為『後段』國」(見民國87年7月中旬各大報)。
此外,人本教育基金會亦公布一封署名為中部某國中前段
班學生的來信,在信中,該生痛陳能力分班不僅嚴重傷害
後段班學生,就是前段班學生也受害很深(見同一時間各
大報)。

　　為什麼要主張常態編班呢?到底能力分班會對孩子造
成什麼樣的傷害呢?有多位美國教育學者(例如,
Giangreco, Cloninger, & Iverson, 1993; Oakes, 1985)指出能
力分班、能力分組或用其他任何人為方式將學生依其特質
區別對待是造成學生學業成績低落、自尊受損、行為偏
差、濫用藥物以及怠學、厭學、輟學、蹺家的可能原因。

　　既然能力分班會對孩子造成傷害,而常態編班是潮流
所趨,也是全民一致的要求,那麼為什麼還是有不少人,
包括政府官員(例如縣長、市長)、學者專家、校長、家
長,甚至學生本人主張能力分班,或者至少能力分組呢?
為什麼教育當局要貫徹常態編班時會遇到那麼大的阻力
呢?為什麼理論與實務總是差距要那麼大呢?

　　先撇開升學主義不談,「因材施教」與「教學成效」
是主張能力分班或能力分組者所據以依賴的原則,此種看
法並不是對錯的問題,而是理念以及作法的問題,而這些
問題是可以透過學理的辯證與實徵的研究來加以討論與修
正的。除此之外,其實我們最需要關注的反而是,在常態
編班、學生個別差異又大又複雜,且又需在大班級教學的
情境下,普通班教師要如何進行有效的教學呢?因為在一

個執行成效不佳的常態編班裡，弱勢學生也可能因為從無成功機會、不被重視、不被肯定、不被關懷，甚至得不到友誼，因而對班級沒有歸屬感，卻對學習有挫敗感與無助感，最後的結果可能變成「班後段」，其命運與「後段班」相差無幾。因此，本書的目的即在於呼籲大家不只要重視編班的問題，更要審慎處理常態編班後的教學以及其相關問題。作者擬分別從理念的建立、心情的調適、課程的調整、教材的編選、教學的策略、作業的設計、評量的適配、個別差異的因應以及支持系統的開展，透過文獻以及調查研究探討普通班教師可如何突破常態編班在實施上的困境、謀求解決之道，以便建立一個異中求同、同中有異且相互支持的「快樂學習社群」。

二、國民教育所面臨的危機——前段、後段皆受害

為了發展有效的教學策略，以避免「班後段」的產生，教師們應該警覺於目前我國國民教育所面臨的危機。有關此主題，作者發現《天下雜誌》所出版的一九九六年度特刊：「海闊天空中的第二個主題——險崖：台灣教育出了什麼問題」（《天下雜誌》，1996）曾做了很深入且精闢的分析，很值得吾人深思，特節錄其重點，並加入作者個人的詮釋與歸納如下，以作為本書後面各章節討論的依據。

(一)學生學力表現差距過大、貧富懸殊

依據一份國立師範大學科學教育中心（1992，引自《天下雜誌》，1996）的資料顯示一項國際十三歲組數學教育評鑑，若由成績最好和最差的百分之十的表現來看，我們的孩子在兩者間的差距高居參與評鑑的二十個國家之冠。此結果明白顯示吾人未能好好照顧學力較差的學生，甚至被放棄，使其表現遠遠落後學力高者，更令人觸目驚心的是他們的表現竟然是十五個國家裡表現最差的。這個事實，身為從事教育工作的我們，能不深切反躬自省而感到羞愧嗎？這不就是能力分班所可能造成的後果嗎？

(二)學生自我規範能力差、被動性強

由於課程偏重智育、加上能力分班，又進行大班級教學，再碰上升學競爭，使得學生只會考試，不懂得生活，人格發展被忽視，缺乏自律自主的積極性格。這現象可從另一項跨文化研究結果獲得證實。此研究顯示與以色列、美國、土耳其十二到十四歲以及十八到二十二歲之青少年與青年相比，台灣同年齡的孩子居然是這四個國家中，自律型比例最低，而他律型比例最高者（美國《跨國文化心理期刊》，1990；引自《天下雜誌》，1996）。由於他律型者的特徵為：(1)無明確道德體系，實用取向；(2)以人為工具；(3)視道德責任為工具；(4)以自我利益作判斷；(5)依外在表面因素作判斷；(6)片面服從；(7)從單一角度看問題；(8)認為法律條文僵硬不變；(9)不依據正義或公平作選

擇（美國《跨文化心理期刊》，1990；引自《天下雜誌》，1996），因此要他們能對己克制、對人尊重、對事負責、對物珍惜似乎並不容易（張春興，民76），而要落實法治精神則更加難上加難了（《天下雜誌》，1996）。

㈢學生視力差、看不見未來

根據衛生署（民84，引自《天下雜誌》，1996）統計，國中是近視率增加最快的時期，到了國三大約有百分之七十六的學生需要戴眼鏡，而且近視度數也愈來愈重。視力差，孩子長大以後將喪失許多職種選擇的機會，例如運動員、軍人、空運與海運人員等，使得孩子看不見較多采多姿的未來（《天下雜誌》，1996）。

㈣學生體能差、不能吃苦耐勞

由於學生將大多數的時間花在較為靜態的認知學習，或將活動限制於冷氣房裡，以便應付各種接踵而來的考試，因此，學生能參加戶外的各種體能活動之機會便相對地減少。在如此條件之下，要求學生有強健的體魄，似乎是相當不容易的，這可從過去每年成功嶺的退訓比率窺見一二。

㈤學生高層思考能力差、互動性弱

大班教學、應付考試，使得教師不得不以短時間讓學生獲得大量資訊的講述法進行教學。由於講述法以單向灌

輸知識為主，要培養學生的高層思考能力例如應用、比較、綜合、分析、批判、欣賞、反思、創作的機會就幾乎歸零了。再加上教室人口多、座位擠，若要進行分組討論、合作學習以發展民主素養、團隊合作的能力則更加緣木求魚了。

由上述參考《天下雜誌》（1996）所條列的五項我國國民教育所面臨的危機，吾人不難窺見不只後段學生受害，前段學生也未能倖免。因此，當務之急吾人要認真思考的是如何在常態編班之下，將班上的每一位學生都帶起來，讓他們皆能享受學習的樂趣與發現成長的喜悅。然而在探討本主題之前，吾人不得不對在常態編班下教師所面對的困境加以陳述，以作為突破困境的思考起點。

三、現代特殊教育的趨勢──融合教育

身心障礙者可在普通班接受教育，已是世界的潮流，聯合國（Inclusion International, 1996）曾在一九九三年會員大會中通過「障礙者機會均等實施準則」，其中第六條明示普通教育有責任提供身心障礙者融合式教育，並在學校體系中給予障礙者必要的支持性服務以及教師所需的支援系統，而且只有在普通學校體系無法滿足身心障礙者的特殊需求時，才考慮提供特殊教育。

融合教育目前已是世界各先進國家的特殊教育發展趨勢，茲分別就歐洲、北美洲以及亞洲地區實施融合教育的現況，簡述如下：

歐洲地區許多國家皆儘可能提供特殊教育需求學生暫時或部分時間的融合式安置，而且隨著特殊教育需求學生

逐漸進入普通班或普通學校就讀,特殊教師加重擔當提供普通班教師資訊、諮詢以及支持的角色(Daunt, 1993)。以英國為例,近十年來特殊教育學生回歸普通學校的情形非常明顯,只有百分之一‧三的身心障礙學生就讀特殊學校(O'Hanlon, 1993)。而德國的情形與英國很相似,從一九八○年到一九九○年的十年內,特殊學校的學生人數已減少,尤其是學習障礙和智能障礙學生(O'Hanlon, 1993)。德國於近年來也大力推行特殊學生與普通學生的混合的教育安置,例如一班二十名學生中包含五位特殊學生,並且由兩位老師任教(Daunt, 1993)。

在美洲地區的美國,從一九八五年到一九九三年,由六～二十一歲身心障礙學生的安置情形來看,顯示較隔離式的特殊學校、住宿機構、和在家/醫院三項安置方式有逐漸減少,而普通班安置則有明顯增加的趨勢(U.S. Department of Education, 1995)。至於加拿大實施特殊教育的現況則與美國、英國大同小異,且各省無論城鄉都大力推展融合教育,政府更以具體方式獎勵與表揚實施融合教育有成效的教育單位(Ministry of Education and Training of Canada, 1997)。

論及亞洲地區的日本,則其教育安置型態仍以養護學校和特殊班為主(The Japan League for the Mentally Retarded, 1994)。不過,Mitchell(1995)指出,目前日本養護學校已逐年遞減,將逐步轉型為資源中心。此外,日本文部省也在一九九一年以後大力推動資源班的成立,並加強普通班教師對身心障礙學生的了解(Nariata, 1992)。韓國則由於普通班班級學生人數過多(40～50),再加上普通班教師無法得到特殊教育專業人員的支持性服務,因此,

融合教育或回歸主流的實施情況不佳（Kim, 1993）。

　　在紐西蘭方面，若身心障礙學生就讀於普通班，則有教師助理的編制，以協助普通班教師的教學工作（Mitchell & O'Brien, 1994）。最令人印象深刻的是，為了確保融合教育的品質，普通班教師必須要調整其教學策略以適應班級內個別差異大的困境，這些教學策略包括：合作式學習、同儕教學、增進學生語言經驗、分享閱讀、放聲閱讀、認知策略、效標參照測驗、個別化教育方案等（Mitchell, 1995）。而且，相關機構並提供教師上述各種具調整性之教學策略的在職與職前訓練，可謂是亞洲地區融合教育做得最好以及學生學習表現最佳的國家。

　　近年來，中國大陸，尤其是大都市與沿海地區，特殊教育的發展也頗為快速，而其特殊教育的主體也是融合教育，即所謂的「隨班就讀」方案。

　　綜合而言，部分融合教育，即大多數輕度障礙學生皆於普通班內接受教育，已成為世界先進各國的特殊教育新趨勢，因此，普通班教師必須具備處理個別差異的教學策略以及照顧班級內每位學生的教育理念。

四、常態編班與融合教育下普通班教師教學時所面對的困境

　　雖然經由問卷調查研究顯示（邱上真，民 88），大多數教師皆相當肯定身心障礙者也能在普通班裡接受教育的理念，且亦有適應良好的教師，他們認為融合教育提供了他們與同儕分享教學策略的機會，提昇了他們的教學績效，而且透過課程、教材與教法的重新設計，讓所有學生

皆受益（Rainforth, 1992）。但同時也焦慮地表示他們缺乏特殊教育的知能以及教學技巧以處理班級內身心障礙者的學習與行為問題（Scruggs & Mastropieri, 1996）。有些教師還反映，將身心障礙學生安置在他們班裡，增加了他們負擔、挫折以及沮喪（Conway & Gow, 1988）。而特教老師更擔心他們會失去工作，或者淪為普通教師的教師助理，以及因缺乏特定學科領域的知識而不足以勝任普通班的教學工作（Salend, 1998）。

茲將常態編班與融合教育所直接帶給老師們的困境以及教師教學時所需面對的相關問題，例如課程、教材與評量等問題討論如下。

(一)班級人數多、活動空間少、師生互動差

依據教育部八十三學年度的資料（引自《天下雜誌》，1996）顯示我國國中平均班級人數為四十三人，和世界主要國家相比，是美國或法國的一·七倍。試想在一間空間不大的教室裡坐滿了四十幾位正處於發育最迅速、活動力最大的青少年，再加上個別差異又如此之大，教師可如何進行有效的教室管理與教學呢？又何況依據 Glass 和 Smith（1979）的研究指出隨著班級人數大小的增加，成就就隨之減低，當班級人數由一增加到七十時，平均成就的百分等級便由八十降至大約五十。除了學業成就之外，大班級對教師對學生的態度、學生對學校、教師以及自我的態度以及教學歷程，如師生互動等皆有不利的影響（Glass & Smith, 1979）。可喜的是，目前各縣市國民中小學的班級人數已逐年減少中，其中除大都會地區之外，大

多數地方的學區班級人數皆已降至能令人滿意的程度。

(二)學生個別差異大、問題多

　　由於大班級教學、班級人數多、個別差異大，各種學習困難與行為問題可能不只多而且複雜。更何況絕大多數的學習困難與行為問題也不是短時間之內可以改變的，有些老師也許有經驗但沒有足夠的時間；有些老師可能缺乏經驗；甚至有些老師可能沒有處理問題的熱情。

(三)升學壓力大、進度趕

　　目前各級各類型學校的升學壓力，似乎已在政府與民間的共同努力，並採多元入學方案以及提高錄取率的措施之下，應可以有稍緩的趨勢。但是不可否認的，在家長、學生以及教師對新入學措施尚未熟悉以及尚未完全有信心之前，升學壓力仍在。而且，升學壓力一日不減，學生就無法從容地探索知識、享受學習的樂趣。教師在不得不趕進度之下，不少學生在無法接受詳細的解說與細步地練習之下，功課落後愈來愈多。

(四)課程種類多、選擇性小

　　依據王家通（民 84）的研究指出，相對於日本與韓國，學科與術科上課時數比，台灣乃三國之冠。換言之，我國國中課程在學科上種類最多、上課時數也最久。更甚者，我國國中課程又不像西方國家，例如美國一樣，學生

有較大的選擇權，在此種課程設計之下，很難顧及學生的性向與興趣。目前教育部已決心落實立意甚佳的「九年一貫課程」，儘管仍有不少基層教師持著觀望以及質疑的態度，但只要有人踏出第一步，同時也給彼此適應的時間以及修正的機會，相信我們有能力做得好，以嘉惠學生。

(五)教材概念密度大、深入性不足

我國國中教材的內容涵蓋面相當完整，但由於受到字數的限制，往往會造成概念密度太大，而無法對某一特定概念作較深入而精緻地探討，以至於學生在自行閱讀時，困難度增加、可理解度差。筆者曾經要求高雄市國中數學科資源班教師做一非正式的調查，發現我們的國中生無論是高、中、低能力者皆很少閱讀數學課文，這是值得我們進一步深入探討的地方。

此外，楊慶成（民85）曾非正式地分析各國國中理化課本所涵蓋的範圍與分量，發現我國國中理化課程的教材分量是歐、美、日各國之冠。

(六)評量方式單一、教師自主性小

由於受到升學壓力、趕進度以及統一命題的影響，國中課程裡有很多學科都採用紙筆測驗，而且以選擇題為主。事實上，目前可用的學習評量方式是相當豐富與多樣性的，但是老師卻很少有機會使用。如此狹隘的評量方式，當會阻礙一些不適宜使用紙筆測驗的學生，同時也限制了吾人對學生學習表現的看法，進而造成師生皆對評量

結果產生莫大的挫折感，學生也可能因而喪失了學習的興趣。但吾人可期待的是，目前無論普通教育或特殊教育，皆主張「多元評量」，未來落實「九年一貫」或「統整課程」時，評量單一化的情形將可改善。

　　綜合而言，常態編班的主要目的在於消弭受到區別待遇的後段班，但是目前我國國中仍存在著許多危機，更甚者，這些危機並不可能在實施常態編班之後即自動消失於無形，因為常態編班本身即令教師面臨許多甚難突破的困境。因此，吾人必須認真思考應如何提供教師必要的支持或支援系統，以防止學生由「後段班」轉換成「班後段」。

第二章　理念的建立

每一個孩子都有學習的能力
(Council of Exceptional Children, 1999)

　　如果我們期待學生的學習可以在知識、情意以及技能
等三方面來展現，那麼身為教師的我們，也未嘗不可同樣
以這三方面來作為教師成長的方向。因此，為面對常態編
班以及融合教育所可能帶來的困境，並達成「帶好班上每
位學生」的教育理想，筆者認為教師可在教育理念、教育
心態以及教育技巧等三方面來承擔專業壓力與進行專業成
長。本章擬先從理念的建立談起，內容包含常態編班與融
合教育的理念以及特殊教育法所揭櫫的特殊教育精神，並
期待普通班教師能以此作為引導其各項教育活動設計的法
理依據，來帶好班上每位學生。

一、常態編班的教育理念

　　至今，能力分班與常態編班孰是孰非、誰好誰壞，並
無定論。事實上，較正確的說法應該是無論何種形式的分
班、分組皆各有其利弊，且關鍵點在於教師對編班的問題
是採取何種立場或教育理念，然而最重要的是當教師採取
某一立場後，教師是否能將其優點發揮盡致，而努力去面
對與克服其所帶來的缺點。

　　人本主義大師之一 Combs（1961）曾將他所著作的一
本書命名為《Perceiving, Behaving, Becoming》，其涵義
為：您怎麼看自己、看別人、看這社會，將會影響您所採
取的行動與所表現的行為；而您所採取的行動與所表現的
行為將讓您成為怎麼樣的一個人。換言之，從事第一線教
學工作的教師其所持教育理念將會影響不同編班型態的教
育成效，尤其是當教師的教育理念與教育行政當局所作的
編班決策不符時，其執行成效將會被大打折扣，甚至於出

師未捷，身先死。所幸的是，只要教師願意開放心胸、肯用心思考，理念的調整並非不可能；相同的，教育行政單位要作決策的調整也非不可行。若是雙方皆以每位學生的最大利益作為最優先的考量，相互調整以取得平衡，過程雖然難艱辛緩慢，但是還是能產生可共同努力的方向的。

(一)教育機會均等、資源共享

憲法保障每位國民的受教權，而這權利不可因個人的資質不同、社經地位不同、性別不同、種族不同、母語不同、居住區域不同等因素而有所差別。因此，在理想上，每個人都應該有接近相等的機會接受高品質的教育。此外，每個公民都是政府的義務納稅人，理當有權力享受政府所提供的各項教育服務措施，而不應有特殊分子獨享或占用較好或較多的教育資源。

然而在能力分班之下，每位資質不同的學生其所接受的教育機會並不相等，而有些資源更只有較少數的孩子能獨享，例如課程、設備、師資等。

(二)尊重個別差異、有教無類

對個別差異（包括個別間的差異與個體內的差異）的尊重、肯定與欣賞是常態編班的關鍵性理念。社會之所以能生生不息、活潑而有生命力，便是在於這個社會是由各式各樣的個人所組成的。事實上，吾人若能深入思考，我們將會發現個別差異提供了一個自由、豐富、更新的資源給我們（Stainback & Stainback, 1993）。何況天生我人，

必有才；天生我才，必有用，每個個人都有潛能或機會貢
獻其所賴以生存的社會，但基本條件是我們需要好好地教
育他們每個人。因此，常態編班是最能反映這種真實社會
結構的編班方式，學生可以在這樣的編班方式下，及早學
習對個別差異的尊重、肯定與欣賞，以達強弱共存、相互
扶持的和諧共榮社會。

(三)異中求同、同中存異、因材施教

　　要在極端異質性的班級裡達到因材施教的目的，若不
犧牲教學成效，似乎是相當困難的。因此，有不少人在理
想上雖然認同常態編班，但在實務上卻不排除能力分班，
至少不會反對能力分組。這樣的基本理念可能是將因材施
教與能力分班或能力分組劃上等號。然而，吾人是否願意
換個角度思考，那就是我們可以用什麼樣的方法，也能在
常態編班或異質性分組之下，完成或至少部分地完成因材
施教的目標呢？也許我們會降低了教學成效；也許我們在
教室管理、教學策略、教材與評量方式上都需要調整，但
是我們是否可以將之視為這是給教師與學生彼此間的挑戰
與動腦的機會呢？何況如果我們能夠改變認定何謂「教學
成效」或「學習成就」的方式或指標，也許在常態編班
下，因材施教的理想，亦能有所憧憬與實現。不少國內外
學者即努力致力於此目標，他們提出了像合作式學習、同
儕教學、輔助式教材與作業、彈性的評量等策略企圖克服
異質性團體之教學所面臨的困境。

㈣尊重學生學習權、提昇教師專業自主能力

筆者曾經參與某縣市國小資源班學生鑑定委員會,其目的在於甄選適當學生接受資源方案的服務,會中有教師將學生:(1)程度太差,教學不會有成效;(2)學習動機不高;(3)活動過多、不能安靜學習;(4)其家長不願配合等原因,擬將其排除在外。

筆者心中想問的一個問題是這些孩子若是普通班和資源班教師都不願意教或不會教,那麼他們要到哪裡去呢?教師們是否將「教學成效」看得太重了,而忽略了尊重學生的學習權?學生不是因為需要學習而來學校上學的嗎?

曾經有一部日本電影《學校》,片中描述日本高職部養護學校的情景,其中有位新進教師抱怨當老師還要處理學生的大小便以及情緒問題,結果另一位資深教師給了這位新進教師一句很發人深省的話,那就是「老師本來就是要來給學生干擾的」。雖然我們並不期待,也不能期待教師是聖人,但是尊重學生的學習權,應該是整個教育理念的最核心概念。

李國偉(民85)更進一步地提倡「從教育環境的層面上看,學習者在資源豐富的環境裡,學習權的遂行才有意義。」同時,他還語重心長地指出「假如教師的教學自主不僅沒有激發學習者的潛在能力,提昇教育效果,反而阻撓或減低學習者獲得真理的機會,則教師的專業自主便失去其存在的意義與價值。」簡言之,教師專業自主應建立在尊重每一位學生學習權上。而常態編班的型態正是尊重學生學習權的最好表徵,因為在常態編班裡,若吾人能撤

開狹隘的教育目標與認定學生表現優秀的方式，那麼它應
該是比能力分班更能提供學習者一個資源較豐富的環境。
另一方面，為了要激發學習者的潛能，在常態編班裡，教
師由於必須在課程、教材、教法以及評量等方面作適當的
調整，所以應能因此而提昇教師的專業自主能力。

(五)主張社會正義原則重於經濟效益

　　大多數人認為能力分班的經濟效益較大，教學成效也
較明顯。此種看法也許部分是事實，尤其是當我們把效益
或成效主要放在金錢、時間或部分學科的學習表現上。我
們不必去否定這些事實，但是我們是否可以從另外的角度
來思考，那就是社會正義原則，即我們是否願意協助社會
經濟地位居於較不利的學習者，獲得較大的教育支援。
　　假若吾人願意仔細地去觀察、分析與反思，我們不難
發現處於社經地位不利的學習者及其家庭，往往是最沒有
能力為自己去爭取應有的或較好的教育資源。若從社會正
義的原則，吾人實在應該協助他們獲得較大的支援。事實
上，經濟效益與社會正義兩者間並無誰好誰壞、誰對誰錯
的問題，而是立場的問題。那就是您願意站在那一個教育
立場來看待編班的問題。相對於能力分班，常態編班的方
式較能符合社會正義原則。

(六)以智能多元論取代智力單元論，培育基本學力

　　能力分班的依據往往是以智力測驗以及所謂的重要學
科，例如國文、數學為主，而傳統的團體智力測驗往往又

只偏重語文與數學，像這種能力分班方式，對於語文、數學較差卻有其他才能者相當地不利，而且是很不公平的。此外，對每種能力皆差者也是一種具歧視性的分類與標記。

重要的是目前已有不少的學者，例如 Gardner（1983；1999）、Sternberg（1985）以及 Das 等人（1994）主張摒棄智力單元論，而以多向度、多層次的方式來定義人類的智力。尤其是 Gardner（1983；1999）的多元智能理論更是廣被接受，他將智能分為語文、邏輯－數學、空間、音樂、肢體－肌肉動作、人際關係、個人內在關係、博物學以及性靈（存在）等九種智能。假設您是支持多元智能的理論，那麼請問您要如何運用多元智能的評量來進行能力分班呢？人類的能力是多元豐富而複雜的，吾人若只選擇其中少數成分作為分班的依據，此種邏輯是否合理呢？因此，惟有常態編班才能顯示吾人對人類多元智能之豐富性的尊重與欣賞，也惟有在此基礎之下，人類多樣性的潛能才足以發展，而培育基本學力的目標也才得以實現。

(七)以社會建構論修正生物建構論，讓教師成為學生學習生涯中的重要他人

Piaget（1972）的認知發展階段論在一九六○年與一九七○年間受到相當大的重視，尤其是科學教育界，而且無論東西方。雖然 Piaget 並不否認環境對學習的重要性，但基本上，Piaget 較重視人類智力的生物層面，即成熟因素對發展的影響。因此，依據 Piaget 的理論所發展出來的教育理念，通常較重視學生學習時所具備的起點能力以及學

生由內而外的自行建構知識的學習歷程。依此而論，能力分班或分組似乎是必要的。

　　然而在一九七○年到一九八○年間俄國心理學家Vygotsky（1978）的社會建構論逐漸受到重視。相對於Piaget，Vygotsky 非常強調環境以及語言學習對孩子認知能力發展的影響力。他認為孩子是透過與環境中的重要他人發生互動，進而內化並建構知識。他更進一步提出潛能發展區間（zone of potential development）的概念，此概念對於從事教學者的教師而言是很有意義的，因為它隱含著透過教師逐步的協助，孩子的認知能力是可以被提昇的。

　　此外，吾人若將Vygotsky的概念再加以延伸，我們將會發現他的社會建構論非常能支持常態編班的理念：(1)學習者的表現會因不同的環境而有很大的差異，因此分班型態很重要；(2)如果能力較好的人（包括教師與同儕）能提供協助與合作，那麼學習者會有較明顯的進步，而只有在常態編班之下，較容易有各種不同能力的同儕可以提供協助；(3)經由協助的表現，不僅解決了目前的問題，同時也提昇了學習者使用其智能的效能；(4)由於協助者需要透過對談、溝通與發問的方式，並將內在知識作適當的整理並表徵，以便有效地協助被協助者，因此，對協助者本身而言也有提昇認知效能的作用。簡言之，教師若能協助高能力者也成為協助者，那麼在常態編班的型態下，是最有可能達成教師、高能力者、低能力者三贏的局面。

(八)強調合作學習、弱化惡性競爭

　　筆者曾於第一章中論及我國學生相對於其他國家學生

較缺乏相互合作的精神與實踐,這個問題雖不能完全歸咎於升學競爭與能力分班,但也難逃其責。若真能落實常態編班、調整評量方式、進行合作式學習、同儕教學、集體創作、討論式教學,讓學生在學校環境中有充分學習互助合作,強弱共存,當可達弱化惡性競爭、增進團隊精神的群育目標。

二、融合教育的教育理念

除了常態編班的教育理念之外,筆者認為融合教育(inclusive education)的教育理念,對於促進常態編班的落實,應該有所助益。因此,在此特以美國主張融合教育不遺餘力的 Stainback 和 Stainback(1993)之觀點,陳述融合教育的理念,供讀者們參考:

(一)融合教育的意涵

所謂融合教育,是一開始即將身心障礙學生安置於普通班而不將之隔離至特殊班或特殊學校,而由普通班老師來照顧班上的每一位同學,但必須給予普通班老師適當的支持系統(例如:諮詢教師)、相關服務(例如:輔導諮商)以及教師成長。因此,所有的學生都在主流教育裡,個別差異受到尊重而有更好的學習機會。而且每位學生都有依據自己能力來學習的權利,不應有任何理由受到區別待遇。不過,課程必須經過調整或擴張,以符合每個孩子的需求。融合教育與回歸主流最大的不同點在於融合教育不是要把學生抽離,再給予特殊服務,而是要把需求帶進

來給學生。融合教育者主張：(1)鼓勵自然的支持網路。例
如，以小老師制、同儕教學、個別差異時間、補救教學來
幫助普通班老師進行教學。(2)調整教室生態。例如，實施
合作式學習或變更評量等方式，以幫助特殊需求學生適應
普通班的學習。(3)調整教師角色，即教師的角色以促進、
支持學生的學習為主，而不只是知識的傳遞。(4)促進教師
以及同儕對個別差異的理解、尊重與欣賞。(5)採取彈性
的、開放的、啟發的教學策略（Stainback & Stainback,
1993）。

(二)融合教育的基礎

　　融合教育理念的發展，係基於學理上的理念架構、實
徵研究的具體發現以及實務上的實際考量。這些基礎包
括：(1)早期療育的成效，使得不少身心障礙的孩子有能力
在普通班裡接受教育。(2)科技輔助的發展，使得身心障礙
的孩子能藉助各種適切的輔助工具，在普通班級內進行學
習。(3)有效教學的確立，使得教師有能力透過各種有效的
教學策略，協助孩子學習。(4)個別差異的事實，促使教師
與學生皆需學習接納與尊重個別間與個體內的差異。(5)多
元文化與多元智能的啟示，使我們領悟無須唯我獨尊，更
不宜老是看到別人的弱處。(6)立法的保障，目前無論是國
際、國家或地方政府皆將融合教育的理念融入其教育法案
裡，因此讓實施融合教育有明確的法定依據。當然(7)經濟
效益的考量亦是不可忽視，相對於隔離式高成本的特殊教
育，實施融合教育有可能是成本較低者，尤其是透過融合
教育的實踐，普通班教師的專業成長似乎可在每日的實際

教學中發生。

㈢融合教育的理由

Stainback 和 Stainback（1993）說明融合教育的理由是由於：

⑴特殊教育的成效不佳，有些時候甚至比普通教育的成效還差。

⑵特殊教育的教學方法與普通教育沒有太大的不同，甚至有許多共同之處。

⑶特殊教育使得甚至剝奪了身心障礙學生與一般學生互動的機會。

⑷普通教育與特殊教育的教育資源應彼此分享，教學經驗也應分享、合作，而非各行其事。

⑸特殊教育提供的服務支離破碎，缺乏系統性與整合性。

⑹先抽離再統整、回歸，不如一開始就不隔離，因為一旦隔離，就已經增加了統整與回歸的困難度。

⑺學生之間的「同」多於「異」，吾人不能只看到他們與普通班同學不同之處，而忽略了他們許多共同的學習特質與需求。

⑻好老師可以教好所有的學生，因為他們都會盡力想辦法去解決學生學習上的問題與困難。

⑼普通教育辦不好，才需要特殊教育，若能改善普通教育，就無需特殊教育。

⑽每位學生的個別學習需求都需要被重視，換言之，每位學生都是特殊需求學生。

(11)特殊教育給普通教育一個逃避的藉口，普通班老師很容易將他無法處理或不喜歡的學生轉介至特殊教育。

(12)融合教育將比隔離式的教育方式更能有效地運用教育資源。

也許無論普通教育或特殊教育工作者不能完全同意 Stainback 和 Stainback 此種較為極端的觀點，但他們所提出的問題卻也值得我們大家共同深思。

(四)融合教育的特點

Stainback 和 Stainback（1993）更進一步指出融合教育的優點有：

(1)每個人都受益，而非特定的對象或族群。

(2)將教育資源和努力放在教學上，而不把時間與金錢花在分類、標記與鑑定，學生受益較快，而教育經費也可精簡。

(3)給予每位學生在社會性互動與教學上的支持。建立相互依存、互相尊重與彼此負責的教室生態。

不過，融合教育並非全無缺點，也並非容易實施，學者們指出至少有如下的缺點：

(1)未獲普通教育者，甚至特殊教育者的支持。

(2)普通教育與特殊教育的合作基礎尚未建立、合作技術尚未養成。

(3)缺乏實徵資料支持。

(4)降低教育品質；教學效率差。

(5)目前教育經費、師資訓練、教師資格皆以雙軌制為主。

(6)部分學生還是較適合接受特殊教育。

(7)並非每位教師都有能力教導所有的學生。

(8)標記並非沒有好處，甚至有必要。

(9)缺乏具體實施方案。（Stainback & Stainback,1993: Kauffman & Hallahan, 1995）

(五)融合的程度

至於融合程度如何界定？Waldron（1996，引自吳淑美，民85）將融合分為四個等級：

(1)第一級只有輕度殘障者全時參與普通班課程，而中度、重度障礙者仍待在普通學校中的特殊班。

(2)第二級則為輕度及中度障礙者全時參與普通班學習，減少抽離普通教室時間；重度、極重度則安置在普通學校中的特殊班。

(3)第三級是除了重度障礙者之外，所有學生都在普通班，與同年齡同儕一起學習。

(4)第四級則不管其殘障程度為何，所有學生完全進入普通班，專家及助理在教室中協助最需幫助的學生，普通班教師則負責安排特殊學生與普通學生的互助。

以目前台灣實施普通教育以及特殊教育的現況與生態，作者認為宜先從第一級融合程度做起，等有明確成效或大家接納程度較高時，再考慮進入其他等級的融合。

(六)融合教育的指標

Smith 等人（1995，引自吳淑美，民85）指出要檢驗

融合教育是否真的落實，有下列明確指標可供參考：

(1)每個學生都屬於普通班班上的學生，不因其殘障而被分到特別一組進行學習。

(2)能提供個別化教育方案給特殊需求學生。

(3)能尊重每個學生，包括一般普通與特殊需求學生的學習權。

(4)普通及特殊教師能充分合作與互補。

(5)教育行政單位及學校能提供充分的行政資源，以支援普通班教師教學與特殊需求學生學習。

(6)每位學生皆能完全參與班級的各項活動，不因其障礙而被善意或惡意地排除在外。

(7)父母能參與孩子的個別化教育計畫。

(8)給特殊學生完整的課程，且儘可能改編課程內容以使其能和班上普通孩子分享。

(9)提供合適的評量方式，不因其能力不同而減少學習的機會。

(七)融合教育的課程調整

吳淑美（民 85）在其融合教育的實驗中充分地運用了課程調整的機制，使融合教育的可行性大為提昇。他將課程以主題、活動、目標、材料為內涵，依孩子的特殊需求與學習能力，分成至少五個層次來調整，以因應融合教育所需面對的困境。其中層次一是調整最少者，即班上所有的同學皆進行同樣的學習活動、完成同樣的學習目標以及使用同樣的學習材料。層次二的調整則是讓同學們進行同樣的學習活動，並使用同樣的學習材料，但完成不同的學

習目標。層次三是同學們雖進行同樣的學習活動，但學習
目標以及學習材料則不相同。層次四使用課程調整幅度較
大的方式，即同學們所學習的主題雖相同，但所進行的學
習活動以及學習目標卻可以不同，例如大多數同學在進行
朗讀活動，但有識字或閱讀困難的同學則傾聽其他同學的
朗讀。至於層次五，則是課程調整幅度最大者，即班上同
學在同一時間內進行不同主題與不同活動的學習。唯有透
過課程的多層次調整，融合教育的理念才得以實現。

(八)融合教育的阻力

實施融合教育的阻力可能來自多方的，例如家長的過
度保護，害怕其孩子在普通班裡被一般同學欺負，而對將
孩子放在普通班裡沒有安全感，以至於抗拒接受融合教育
的理念。其次是行政體系未能充分配合，普通教育與特殊
教育的合作基礎也尚未建立、合作技術亦尚未養成。再者
也有可能因普通教師的排斥或普通教師的特教知能缺乏，
導致融合教育的推展困難或看不到應有的成效。

(九)融合教育的推展策略

既然融合教育是國際教育的趨勢，又有其學理的依
據，但在面對推行上的困境時，吾人應如何發展推行的策
略，筆者認為可從下列幾個方向著手。

1.在師資培育方面

普通教師特教知能的養成；特殊教育教師諮詢技巧的

訓練。

2.在行政運作方面

積極規劃回歸主流或融合教育方案。

3.在課程設計方面

開發具調整功能之課程模式、強化教師設計、選擇、修改與發展課程的能力。

4.在教學技巧方面

有效教學技巧的觀摩、演練與實作。

5.在教材調整方面

套裝教材的發展；多媒體與網際網路的運用。

6.在評量策略方面

多元評量模式的運用，動態評量、檔案評量、實作評量、真實評量、電腦適性評量、課程本位評量。

7.在作業設計方面

簡化、明示、提供選擇、提供協助。

8.在親師合作方面

組成家長成長團體，融合一般學生與身心障礙學生家長。

9.在社區資源使用方面

結合並開發學區地方資源,包括場所、設備、經費、人力、活動方案等。

10.在媒體宣導方面

尋求公益廣告資源、進行公益活動。

上述常態編班與融合教育的理念有不少共同之處,而其缺點也有所雷同。不過,無論您是否同意這些理念或者是不願意調整您的觀念,這些觀點應可以提供我們一些思考的方向與內涵。尤其是當我們將整個思考的核心置於「尊重學生的學習權」之概念上時,相信吾人當可整理出「以每位學生最大利益之最大考量」的教育理念。總之,成功之路難行,複雜的問題,沒有簡單的答案,只有共同努力,才能有所突破。

三、法定的依據

除了常態編班和融合教育的理念之外,法定的依據亦是教師們需要關照的層面。尤其是從修正通過的《特殊教育法》(教育部,民86)及其相關法規中的規定,可窺見不只常態編班已落實,而在普通班內容納身心障礙學生也是依法有據。

(一)特殊教育法

　　我國的《特殊教育法》首次公布於中華民國七十三年十二月十七日，已歷經民國八十六年與九十八年的全文修正，全部條文也由25條增加至51條。茲將《特殊教育法》逐條簡略說明如下。

＊第一條在於界定特殊教育的對象及其教育目標。

第一條　為使身心障礙及資賦優異之國民，均有接受適性教育之權利，充分發展身心潛能，培養健全人格，增進服務社會能力，特制定本法。

＊第二條在於說明特殊教育的執行與負責之行政機關。

第二條　本法所稱主管機關：在中央為教育部；在直轄市為直轄市政府；在縣（市）為縣（市）政府。
　　　　本法所定事項涉及各目的事業主管機關業務時，各該機關應配合辦理。

＊第三條在於條列身心障礙的類別，其中新增者有「腦性麻痺」、改名者有「情緒行為障礙」（原來為「嚴重情緒障礙」）、「其他障礙」（原來為「其他顯著障礙」）。

第三條　本法所稱身心障礙，指因生理或心理之障礙，經專業評估及鑑定具學習特殊需求，須特殊教育及相關服務措施之協助者；其分類如下：
　　　　一、智能障礙。
　　　　二、視覺障礙。
　　　　三、聽覺障礙。

四、語言障礙。

五、肢體障礙。

六、腦性麻痺。

七、身體病弱。

八、情緒行為障礙。

九、學習障礙。

十、多重障礙。

十一、自閉症。

十二、發展遲緩。

十三、其他障礙。

* 第四條在於條列資賦優異的類別。

第四條　本法所稱資賦優異，指有卓越潛能或傑出表現，經專業評估及鑑定具學習特殊需求，須特殊教育及相關服務措施之協助者；其分類如下：

一、一般智能資賦優異。

二、學術性向資賦優異。

三、藝術才能資賦優異。

四、創造能力資賦優異。

五、領導能力資賦優異。

六、其他特殊才能資賦優異。

* 第五條在於規範各級主管機關應設立相對應於執行特殊教育行政實務之特殊教育諮詢會。

第五條　各級主管機關為促進特殊教育發展，應設立特殊教育諮詢會。遴聘學者專家、教育行政人員、學校行政人員、同級教師組織代表、家長代表、特殊教育相關專業人員（以下簡稱專業人員）、相關機關（構）及團體代表，參與諮詢、規劃及推動特殊教育相關事宜。

前項諮詢會成員中，教育行政人員及學校行政人員代表人數合計不得超過半數，單一性別人數不

　　　　得少於三分之一。

　　　　第一項參與諮詢、規劃、推動特殊教育與其他相
　　　　關事項之辦法及自治法規，由各主管機關定之。

＊第六條在於界定特殊教育學生鑑定及就學輔導會之設立
　　及其成員。

第六條　　各級主管機關應設特殊教育學生鑑定及就學輔導
　　　　會（以下簡稱鑑輔會），遴聘學者專家、教育行
　　　　政人員、學校行政人員、同級教師組織代表、家
　　　　長代表、專業人員、相關機關（構）及團體代
　　　　表，辦理特殊教育學生鑑定、安置、重新安置、
　　　　輔導等事宜；其實施方法、程序、期程、相關資
　　　　源配置，與運作方式之辦法及自治法規，由各級
　　　　主管機關定之。

　　　　前項鑑輔會成員中，教育行政人員及學校行政人
　　　　員代表人數合計不得超過半數，單一性別人數不
　　　　得少於三分之一。

　　　　各該主管機關辦理身心障礙學生鑑定及安置工作
　　　　召開會議時，應通知有關之學生家長列席，該家
　　　　長並得邀請相關專業人員列席。

＊第七條在於規範專責單位與工作人員之專業能力。

第七條　　各級主管機關為執行特殊教育工作，應設專責單
　　　　位。

　　　　特殊教育學校及設有特殊教育班之各級學校，其
　　　　承辦特殊教育業務人員及特殊教育學校之主管人
　　　　員，應進用具特殊教育相關專業者。

　　　　前項具特殊教育相關專業，指修習特殊教育學分
　　　　三學分以上者。

＊第八條在於規範特殊教育學生狀況調查及教育安置需求
　　人口通報。

第八條　　各級主管機關應每年定期舉辦特殊教育學生狀況

調查及教育安置需求人口通報，出版統計年報，依據實際現況及需求，妥善分配相關資源，並規劃各項特殊教育措施。

＊第九條在於規範特殊教育經費之編列與補助原則。

第九條　各級政府應從寬編列特殊教育預算，在中央政府不得低於當年度教育主管預算百分之四．五；在地方政府不得低於當年度教育主管預算百分之五。地方政府編列預算時，應優先辦理身心障礙教育。

中央政府為均衡地方身心障礙教育之發展，應補助地方辦理身心障礙教育之人事及業務經費；其補助辦法，由中央主管機關會商直轄市、縣（市）主管機關後定之。

＊第十條在於說明特殊教育的實施分為四階段：學前教育階段、國民教育階段、高級中等教育階段，與高等教育及成人教育階段。

第十條　特殊教育之實施，分下列四階段：

一、學前教育階段：在醫院、家庭、幼兒園、社會福利機構、特殊教育學校幼兒部或其他適當場所辦理。

二、國民教育階段：在國民小學、國民中學、特殊教育學校或其他適當場所辦理。

三、高級中等教育階段：在高級中等學校、特殊教育學校或其他適當場所辦理。

四、高等教育及成人教育階段：在專科以上學校或其他成人教育機構辦理。

前項第一款學前教育階段及第二款國民教育階段，特殊教育學生以就近入學為原則。但國民教育階段學區學校無適當場所提供特殊教育者，得經主管機關安置於其他適當特殊教育場所。

＊第十一條在於說明特殊教育班之類別及其設置方式。

第十一條　高級中等以下各教育階段學校得設特殊教育
班，其辦理方式如下：

一、集中式特殊教育班。

二、分散式資源班。

三、巡迴輔導班。

前項特殊教育班之設置，應由各級主管機關核
定；其班級之設施及人員設置標準，由中央主管
機關定之。

高級中等以下各教育階段學生，未依第一項規定
安置於特殊教育班者，其所屬學校得擬具特殊教
育方案向各主管機關申請；其申請內容與程序之
辦法及自治法規，由各主管機關定之。

＊第十二條在於陳述特殊教育的彈性原則、特殊個別需求
的考量以及修業年限。

第十二條　為因應特殊教育學生之教育需求，其教育階
段、年級安排、教育場所及實施方式，應保持彈
性。

特殊教育學生得視實際狀況，調整其入學年齡及
修業年限；其降低或提高入學年齡、縮短或延長
修業年限及其他相關事項之辦法，由中央主管機
關定之。但法律另有規定者，從其規定。

＊第十三條在於鼓勵民間辦理身心障礙教育。

第十三條　各教育階段之特殊教育，由各主管機關辦理為
原則，並得獎助民間辦理，對民間辦理身心障礙
教育者，應優先獎助。

前項獎助對象、條件、方式、違反規定時之處理
與其他應遵行事項之辦法及自治法規，由各級主
管機關定之。

＊第十四條在於規範各特殊教育階段的負責單位。

第十四條　高級中等以下各教育階段學校為辦理特殊教
育，應設置專責單位，依實際需要遴聘及進用特
殊教育教師、特殊教育相關專業人員、教師助理
員及特教學生助理人員。

前項專責單位之設置與人員之遴聘、進用及其他
相關事項之辦法，由中央主管機關定之。

特殊教育專任教師、兼任導師、行政或其他職務
者，其每週教學節數之標準，由各主管機關定之。

**＊第十五條在於規範各級主管機關應辦理特殊教育教師及
相關人員之培訓及在職進修。**

第十五條　為提升特殊教育及相關服務措施之服務品質，
各級主管機關應加強辦理特殊教育教師及相關人
員之培訓及在職進修。

**＊第十六條在於規範身心障礙學生及資賦優異學生之鑑定
應依法辦理。**

第十六條　各級主管機關為實施特殊教育，應依鑑定基準
辦理身心障礙學生及資賦優異學生之鑑定。

前項學生之鑑定基準、程序、期程、教育需求評
估、重新評估程序及其他應遵行事項之辦法，由
中央主管機關定之。

**＊第十七條在於說明幼兒園及各級學校發掘具特殊教育需
求學生之方式。**

第十七條　幼兒園及各級學校應主動或依申請發掘具特殊
教育需求之學生，經監護人或法定代理人同意
者，依前條規定鑑定後予以安置，並提供特殊教
育及相關服務措施。

各主管機關應每年重新評估前項安置之適當性。

監護人或法定代理人不同意進行鑑定安置程序時，
幼兒園及高級中等以下學校應通報主管機關。

主管機關為保障身心障礙學生權益，必要時得要

求監護人或法定代理人配合鑑定後安置及特殊教育相關服務。

＊第十八條在於說明特殊教育措施與設置之原則。

第十八條　特殊教育與相關服務措施之提供及設施之設置，應符合適性化、個別化、社區化、無障礙及融合之精神。

＊第十九條在於標示特殊教育課程設計的依循原則。

第十九條　特殊教育之課程、教材、教法及評量方式，應保持彈性，適合特殊教育學生身心特性及需求；其辦法，由中央主管機關定之。

＊第二十條在於說明爲解決特殊師資問題，可聘任具有特殊專才者協助教學。

第二十條　為充分發揮特殊教育學生潛能，各級學校對於特殊教育之教學應結合相關資源，並得聘任具特殊專才者協助教學。

前項特殊專才者聘任辦法，由中央主管機關定之。

＊第二十一條在於規範申訴服務之提供。

第二十一條　對學生鑑定、安置及輔導如有爭議，學生或其監護人、法定代理人，得向主管機關提起申訴，主管機關應提供申訴服務。

學生學習、輔導、支持服務及其他學習權益事項受損時，學生或其監護人、法定代理人，得向學校提出申訴，學校應提供申訴服務。

前二項申訴服務事項之辦法，由中央主管機關定之。

＊第二十二條在於確立身心障礙學生參與應試之權利及主管單位所需提供之服務。

第二十二條　各級學校及試務單位不得以身心障礙為由，拒絕學生入學或應試。

各級學校及試務單位應提供考試適當服務措施，並由各試務單位公告之；其身心障礙學生考試服務辦法，由中央主管機關定之。

＊第二十三條在於規範早期療育工作之負責單位。

第二十三條　身心障礙教育之實施，各級主管機關應依專
　　　　　　業評估之結果，結合醫療相關資源，對身心障礙
　　　　　　學生進行有關復健、訓練治療。

　　　　　　為推展身心障礙兒童之早期療育，其特殊教育之
　　　　　　實施，應自二歲開始。

＊第二十四條在於界定支援服務與專業團隊設置及實施。

第二十四條　各級主管機關應提供學校輔導身心障礙學生
　　　　　　有關評量、教學及行政等支援服務，並適用於經
　　　　　　主管機關許可在家及機構實施非學校型態實驗教
　　　　　　育之身心障礙學生。

　　　　　　各級學校對於身心障礙學生之評量、教學及輔導
　　　　　　工作，應以專業團隊合作進行為原則，並得視需
　　　　　　要結合衛生醫療、教育、社會工作、獨立生活、
　　　　　　職業重建相關等專業人員，共同提供學習、生
　　　　　　活、心理、復健訓練、職業輔導評量及轉銜輔導
　　　　　　與服務等協助。

　　　　　　前二項之支援服務與專業團隊設置及實施辦法，
　　　　　　由中央主管機關定之。

＊第二十五條在於規範特殊學校的設置原則及其內涵。

第二十五條　各級主管機關或私人為辦理高級中等以下各
　　　　　　教育階段之身心障礙學生教育，得設立特殊教育
　　　　　　學校；特殊教育學校之設立，應以小班、小校為
　　　　　　原則，並以招收重度及多重障礙學生為優先，各
　　　　　　直轄市、縣（市）應至少設有一所特殊教育學校
　　　　　　（分校或班），每校並得設置多個校區；特殊教
　　　　　　育班之設立，應力求普及，符合社區化之精神。
　　　　　　啟聰學校以招收聽覺障礙學生為主；啟明學校以
　　　　　　招收視覺障礙學生為主。

　　　　　　特殊教育學校依其設立之主體為中央政府、直轄

市政府、縣（市）政府或私人，分為國立、直轄
市立、縣（市）立或私立；其設立、變更及停
辦，依下列規定辦理：
一、國立：由中央主管機關核定。
二、直轄市立：由直轄市主管機關核定後，報請
　　中央主管機關備查。
三、縣（市）立：由縣（市）主管機關核定後，
　　報請中央主管機關備查。
四、私立：依私立學校法相關規定辦理。
特殊教育學校設立所需之校地、校舍、設備、師
資、變更、停辦或合併之要件、核准程序、組織
之設置及人員編制標準，由中央主管機關定之。

＊第二十六條在於規範特殊教育學校校長、主任、組長等
之任用資格。

第二十六條　特殊教育學校置校長一人；其聘任資格，依
　　教育人員任用條例之規定，並應具備特殊教育之
　　專業知能；遴選、聘任程序及其他相關事項，比
　　照其所設最高教育階段之學校法規之規定。
　　特殊教育學校為辦理教務、學生事務、總務、實
　　習、研究發展、輔導等事務，得視學校規模及業
　　務需要，設處（室）一級單位，並得分組為二級
　　單位辦事。
　　前項一級單位置主任一人，二級單位置組長一人。
　　一級單位主任由校長就專任教師聘兼之；二級單
　　位組長，除總務單位之組長由職員專任、輔導單
　　位負責復健業務之組長得由專任之特殊教育相關
　　專業人員兼任外，其餘由校長就專任教師聘兼之。
　　特殊教育學校達中央主管機關所定一定規模者，
　　置秘書一人，襄助校長處理校務，由校長就專任
　　教師聘兼之。

＊第二十七條在於規範身心障礙學生就讀普通班之配套措

施。

第二十七條　高級中等以下各教育階段學校，對於就讀普通
　　　　　　班之身心障礙學生，應予適當教學及輔導；其教學
　　　　　　原則及輔導方式之辦法，由各級主管機關定之。
　　　　　　為使普通班教師得以兼顧身心障礙學生及其他學
　　　　　　生之需要，前項學校應減少身心障礙學生就讀之
　　　　　　普通班學生人數，或提供所需人力資源及協助；
　　　　　　其減少班級學生人數之條件、核算方式、提供所
　　　　　　需人力資源與協助之辦法，由中央主管機關定之。

＊第二十八條在於規範訂定個別化教育計畫之方式。

第二十八條　高級中等以下各教育階段學校，應以團隊合
　　　　　　作方式對身心障礙學生訂定個別化教育計畫，訂
　　　　　　定時應邀請身心障礙學生家長參與，必要時家長
　　　　　　得邀請相關人員陪同參與。

**＊第二十八之一條在於說明加強辦理普通班教師、特殊教
育教師及相關人員之培訓及在職進修。**

第二十八之一條　為增進前條團隊之特殊教育知能，以利
　　　　　　訂定個別化教育計畫，各主管機關應視所屬高級中
　　　　　　等以下各教育階段學校身心障礙學生之障礙類別，
　　　　　　加強辦理普通班教師、特殊教育教師及相關人員之
　　　　　　培訓及在職進修，並提供相關支持服務之協助。

**＊第二十九條在於規範學校應提供身心障礙學生必要之升
學輔導。**

第二十九條　高級中等以下各教育階段學校，應考量身心
　　　　　　障礙學生之優勢能力、性向及特殊教育需求及生
　　　　　　涯規劃，提供適當之升學輔導。
　　　　　　身心障礙學生完成國民義務教育後之升學輔導辦
　　　　　　法，由中央主管機關定之。

＊第三十條在於說明政府應實施身心障礙成人教育。

第三十條　政府應實施身心障礙成人教育，並鼓勵身心障
　　　　　　礙者參與終身學習活動；其辦理機關、方式、內

　容及其他相關事項之辦法，由中央主管機關定之。

＊第三十之一條在於說明高等教育階段學校協助身心障礙學生學習及發展之方式與內涵。

第三十之一條　高等教育階段學校為協助身心障礙學生學習及發展，應訂定特殊教育方案實施，並得設置專責單位及專責人員，依實際需要遴聘及進用相關專責人員；其專責單位之職責、設置與人員編制、進用及其他相關事項之辦法，由中央主管機關定之。

　高等教育階段之身心障礙教育，應符合學生需求，訂定個別化支持計畫，協助學生學習及發展；訂定時應邀請相關教學人員、身心障礙學生或家長參與。

＊第三十一條在於規範轉銜服務之提供。

第三十一條　為使各教育階段身心障礙學生服務需求得以銜接，各級學校應提供整體性與持續性轉銜輔導及服務；其轉銜輔導及服務之辦法，由中央主管機關定之。

＊第三十二條在於說明對身心障礙學生之家庭所需提供的教育補助方式及其條件。

第三十二條　各級主管機關應依身心障礙學生之家庭經濟條件，減免其就學費用；對於就讀學前私立幼兒園或社會福利機構之身心障礙幼兒，得發給教育補助費，並獎助其招收單位。

　前項減免、獎補助之對象、條件、金額、名額、次數及其他應遵行事項之辦法，由中央主管機關定之。

　身心障礙學生品學兼優或有特殊表現者，各級主管機關應給予獎補助；其辦法及自治法規，由各級主管機關定之。

＊第三十三條在於建議教育輔助器材及相關支持服務之辦

　　　　法與內涵。

第三十三條　學校、幼兒園及社會福利機構應依身心障礙學生在校（園）學習及生活需求，提供下列支持服務：

一、教育輔助器材。

二、適性教材。

三、學習及生活人力協助。

四、復健服務。

五、家庭支持服務。

六、校園無障礙環境。

七、其他支持服務。

　　經主管機關許可在家實施非學校型態實驗教育之身心障礙學生，適用前項第一款至第五款服務。

　　前二項辦法由中央主管機關定之。

　　身心障礙學生無法自行上下學者，由各主管機關免費提供交通工具；確有困難提供者，補助其交通費；其實施辦法及自治法規，由各主管機關定之。

　　各主管機關應優先編列預算，推動第一項、第四項之服務。

*第三十四條在於說明辦理身心障礙教育的多元路徑。

第三十四條　各主管機關得依申請核准或委託社會福利機構、醫療機構及少年矯正學校，辦理身心障礙教育。

*第三十五條在於規範不同教育階段辦理特殊教育之方式。

第三十五條　學前教育階段及高級中等以下各教育階段學校資賦優異教育之實施，依下列方式辦理：

一、學前教育階段：採特殊教育方案辦理。

二、國民教育階段：採分散式資源班、巡迴輔導班、特殊教育方案辦理。

三、高級中等教育階段：依第十一條第一項及第三項規定方式辦理。

*第三十六條在於說明辦理資賦優異學生教育之方式。

第三十六條　高級中等以下各教育階段學校應以協同教學
　　　　　　方式，考量資賦優異學生性向、優勢能力、學習
　　　　　　特質及特殊教育需求，訂定資賦優異學生個別輔
　　　　　　導計畫，必要時得邀請資賦優異學生家長參與。
＊第三十七條在於說明高等教育階段實施資賦優異教育之
　特殊方式。
第三十七條　高等教育階段資賦優異教育之實施，應考量
　　　　　　資賦優異學生之性向及優勢能力，得以特殊教育
　　　　　　方案辦理。
＊第三十八條在於說明資賦優異學生教育之落實應以多元
　方式為之。
第三十八條　資賦優異學生之入學、升學，應依各該教育
　　　　　　階段法規所定入學、升學方式辦理；高級中等以
　　　　　　上教育階段學校，並得參採資賦優異學生在學表
　　　　　　現及潛在優勢能力，以多元入學方式辦理。
＊第三十九條在於說明資賦優異學生選修課程的彈性措施。
第三十九條　資賦優異學生得提早選修較高一級以上教育階
　　　　　　段課程，其選修之課程及格者，得於入學後抵免。
＊第四十條在於說明各教育階段主管機關應補助學校辦理
　多元資優教育方案。
第四十條　高級中等以下各教育階段主管機關，應補助學
　　　　　　校辦理多元資優教育方案，並對辦理成效優良者
　　　　　　予以獎勵。
　　　　　　資賦優異學生具特殊表現者，各級主管機關應給
　　　　　　予獎助。
　　　　　　前二項之獎補助辦法及自治法規，由各主管機關
　　　　　　定之。
＊第四十一條在於說明對具身心障礙及社經文化地位不利
　之資賦優異學生的協助方式及其內涵。
第四十一條　各級主管機關及學校對於身心障礙及社經文
　　　　　　化地位不利之資賦優異學生，應加強鑑定與輔

導，並視需要調整評量工具及程序。

*第四十二條在於說明各級主管機關應進行特殊教育研究與推廣。

第四十二條　各級主管機關為改進特殊教育課程、教材教法及評量方式，應進行相關研究，並將研究成果公開及推廣使用。

*第四十三條在於界定各大學校院特殊教育中心之設立及其職責。

第四十三條　為鼓勵大學校院設有特殊教育系、所者設置特殊教育中心，協助特殊教育學生之鑑定、教學及輔導工作，中央主管機關應編列經費補助之。為辦理特殊教育各項實驗研究並提供教學實習，設有特殊教育系之大學校院，得附設特殊教育學校（班）。

*第四十四條在於說明特殊教育行政支持網絡之建立方式。

第四十四條　各級主管機關為有效推動特殊教育、整合相關資源、協助各級學校特殊教育之執行及提供諮詢、輔導與服務，應建立特殊教育行政支持網絡；其支持網絡之聯繫與運作方式之辦法及自治法規，由各級主管機關定之。

*第四十五條在於規範各教育階段學校應設立特殊教育推行委員會。

第四十五條　高級中等以下各教育階段學校，為處理校內特殊教育學生之學習輔導等事宜，應成立特殊教育推行委員會，並應有身心障礙學生家長代表；其組成與運作方式之辦法及自治法規，由各級主管機關定之。

高等教育階段學校，為處理校內特殊教育學生之學習輔導等事宜，得成立特殊教育推行委員會，並應有身心障礙學生或家長代表參與。

*第四十六條在於說明各級學校應提供特殊教育之支持服

務。

第四十六條　各級學校應提供特殊教育學生家庭諮詢、輔
　　　　　導、親職教育及轉介等支持服務。

　　　　　前項所定支持服務，其經費及資源由各級主管機
　　　　　關編列預算辦理。

　　　　　身心障礙學生家長至少應有一人為該校家長會常務
　　　　　委員或委員，參與學校特殊教育相關事務之推動。

＊第四十七條在於規範特殊教育成效之評鑑。

第四十七條　高級中等以下各教育階段學校辦理特殊教育
　　　　　之成效，主管機關應至少每四年辦理一次評鑑，
　　　　　或依學校評鑑週期併同辦理。

　　　　　直轄市及縣（市）主管機關辦理特殊教育之績
　　　　　效，中央主管機關應至少每四年辦理一次評鑑。

　　　　　前二項之評鑑項目及結果應予公布，並對評鑑成
　　　　　績優良者予以獎勵，未達標準者應予追蹤輔導；
　　　　　其相關評鑑辦法及自治法規，由各主管機關定之。

＊第四十八條在於說明有關特殊教育學校設施之財產管理。

第四十八條　公立特殊教育學校之場地、設施與設備提供
　　　　　他人使用、委託經營、獎勵民間參與，與學生重
　　　　　補修、辦理招生、甄選、實習、實施推廣教育等
　　　　　所獲之收入及其相關支出，應設置專帳以代收代
　　　　　付方式執行，其賸餘款並得滾存作為改善學校基
　　　　　本設施或充實教學設備之用，不受預算法第十三
　　　　　條、國有財產法第七條及地方公有財產管理相關
　　　　　規定之限制。

　　　　　前項收支管理作業規定，由中央主管機關定之。

第四十九條　本法授權各級主管機關訂定之法規，應邀請
　　　　　同級教師組織及家長團體參與訂定之。

第五十條　本法施行細則，由中央主管機關定之。

第五十一條　本法自公布日施行。

(二)特殊教育法施行細則

　　《特殊教育法施行細則》係於中華民國七十六年三月二十五日首次公布，已歷經民國八十七年與一百零一年的全文修正。茲將較為重要以及與普通班教師較為有關的條文條列與說明如下。

＊第三條在於明確規範各級主管機關應建立及運用各階段特殊教育通報系統與統計年報。

第三條　　各級主管機關依本法第八條每年定期辦理特殊教育學生狀況調查及教育安置需求人口通報後，應建立及運用各階段特殊教育通報系統，並與衛生、社政主管機關所建立之通報系統互相協調妥善結合。

　　　　　各級主管機關依本法第八條規定出版之統計年報，應包括特殊教育學生與師資人數及比率、安置與經費狀況及其他特殊教育通報之項目。

　　　　　第一項特殊教育通報系統之建置及運用，得委託或委辦學校或機關（構）辦理。

＊第五條在於明確規範各類特殊教育班之設置內涵。

第五條　　本法第十一條第一項第一款所定集中式特殊教育班，指學生全部時間於特殊教育班接受特殊教育及相關服務；其經課程設計，部分學科（領域）得實施跨班教學。

　　　　　本法第十一條第一項第二款所定分散式資源班，指學生在普通班就讀，部分時間接受特殊教育及相關服務。

　　　　　本法第十一條第一項第三款所定巡迴輔導班，指學生在家庭、機構或學校，由巡迴輔導教師提供

部分時間之特殊教育及相關服務。

本法第十一條第三項所定特殊教育方案，必要時，得採跨校方式辦理。

＊第六條在於界定何謂特殊教育相關人員，有包含普通班教師。

第六條　　本法第十五條所定特殊教育相關人員，包括各教育階段學校普通班教師、行政人員、特殊教育相關專業人員、教師助理員及特教學生助理人員。

＊第七條在於說明如何結合醫療相關資源及其內涵。

第七條　　本法第二十三條第一項所稱結合醫療相關資源，指各級主管機關應主動協調醫療機構，針對身心障礙學生提供有關復健、訓練治療、評量及教學輔導諮詢。

為推展本法第二十三條第二項身心障礙兒童早期療育，直轄市、縣（市）政府應普設學前特殊教育設施，提供適當之相關服務。

＊第九條在於明確規範個別化教育計畫之內涵、參與人員及其運作方式。

第九條　　本法第二十八條所稱個別化教育計畫，指運用團隊合作方式，針對身心障礙學生個別特性所訂定之特殊教育及相關服務計畫；其內容包括下列事項：

一、學生能力現況、家庭狀況及需求評估。

二、學生所需特殊教育、相關服務及支持策略。

三、學年與學期教育目標、達成學期教育目標之評量方式、日期及標準。

四、具情緒與行為問題學生所需之行為功能介入方案及行政支援。

五、學生之轉銜輔導及服務內容。

前項第五款所定轉銜輔導及服務，包括升學輔導、生活、就業、心理輔導、福利服務及其他相關專業服務等項目。

參與訂定個別化教育計畫之人員,應包括學校行
政人員、特殊教育與相關教師,並應邀請學生家
長及學生本人參與;必要時,得邀請相關專業人
員參與,學生家長亦得邀請相關人員陪同。

＊第十條在於明確規範個別化教育計畫之訂定與執行時程。

第 十 條　前條身心障礙學生個別化教育計畫,學校應於新
生及轉學生入學後一個月內訂定;其餘在學學生
之個別化教育計畫,應於開學前訂定。

前項計畫,每學期應至少檢討一次。

＊第十六條在於規範特殊教育行政支持網絡之建立。

第十六條　各級主管機關依本法第四十四條規定所建立之
特殊教育行政支持網絡,包括為協助辦理特殊教
育相關事項所設特殊教育資源中心;其成員由主
管機關就學校教師、學者專家或相關專業人員聘
任（兼）之。

　　由上述法定依據,吾人可看出教育行政當局的立意,
一方面希望普通班教師能協助教導身心障礙學生,一方面
也願意提供普通班教師以及其學校所需的支持系統與相關
服務。至於是否能成功與是否有效的關鍵,應該是執行的
層面,當然除了教育行政當局之外,第一線的教師也是責
無旁貸。

　　綜合而言,教師若想帶好班上每位學生,有適當的教
育理念引導以及有明確的法規依據可遵循,應有其合理性
與正當性。教育理念可以幫助我們思考為什麼身為一位教
師有責任把班上的每位學生都帶好以及如何將孩子帶好。
至於法規依據更讓我們在落實帶好每位學生的教育理念時
有所倚靠。

第三章　心情的調適

當你在幫助孩子之時，就已經是在為明日寫歷史
(Council of Exceptional Children, 1999)

　　假如您認同常態編班與融合教育的理念，但卻覺得它是一個遙不可及的理想，那麼，您除了努力加強培育如何在常態編班之下的教室管理與教學技巧之外，也許可以試著改變您的態度或心情。又如果您不認同常態編班的理念，但您並不排斥在此編班型態下教學，那麼您也可以試著從調整心情開始。以下即筆者試著去陳述數項教師可能可以嘗試調整的一些對待常態編班以及學習有困難、行為有問題的孩子的態度與心情。

一、知識、理解、關懷、行動、希望

　　英國研究黑猩猩的動物學家珍古德（Goodall，民86）訪問台灣，並在接受綜藝節目主持人訪問時，曾針對主持人的問題回答了一段令筆者印象十分深刻的話語。

　　在一段話裡，珍古德說，因為透過多年的觀察與共處，她對黑猩猩有很深入的理解，因此很自然地就產生對黑猩猩的關懷之情；有了深切的關懷之情，就會有股動力想要立即採取具體的行動來協助牠們；然而有了具體行動，雖然不一定會成功，但卻充滿了希望。

　　筆者認為這段話非常適合於用在我們處理在常態編班下學生的學習與行為問題。換言之，當我們願意花時間用心、細心地去了解孩子們在學習上的困難與行為上的問題及其原因時，其實我們是很難放任他們自生自滅而不去協助他們的。因為我們會發現造成學習困難與行為問題的原因，有些是由於生理因素，例如大腦中樞神經系統異常所引起的（Adelman & Taylor, 1993），而有些雖然是由於家庭因素所造成的或孩子自身應該對自己的學習困難與行為

問題負責。

但是我們相信絕大多數的孩子並不是自願成為學習有困難、行為有問題的孩子。所以,只要我們願意,相信我們對許多學習有困難以及行為有問題的孩子的態度,可以從鄙視、摒棄、排斥、拒絕到同情、憐憫,進而能感同身受地接納他們,甚至尊重他們。而且一旦能由理解進入關懷,便會進而為他們採取行動,使他們的目前狀況得以改善、未來有希望。當然,理解的基礎必須建立在「知識」之上,因為「知識」就是力量。

二、願意改變、面對挑戰

有不少新的教育政策推出時,常是才剛出生即夭折,因為它們往往會被認為窒礙難行、漏洞百出、困難重重,尚未有機會成長,即被宣判死刑。其實,其失敗的可能原因之一是因為吾人常會抗拒改變,Nummela 和 Caine(引自林麗寬譯《學習革命》,民 86)即說「學校是過去五十年來始終沒有太大改變的地方之一。」但是我們若真心想要為孩子做些事、能有些不一樣的結果,就要有所變。

Ball(引自林麗寬譯《學習革命》,民 86)就曾說過「現有的系統創造出現有的結果,想要有不一樣的結果,系統就必須有所改變。」美國一項愛迪生計畫專案發起人也說:「愛迪生發明電燈時,他並不是對著蠟燭反覆思索,如何讓蠟燭更亮,而是想創造出一個全新的東西:一個電燈泡。」同樣的道理,我們想要讓我們的孩子表現有所不同,我們就要有先改變自己的心理打算。

此外,我們還可學習欣然面對挑戰的心情,春山茂雄

（民85）的《腦內革命》一書雖引發許多正反兩面的爭議，然而他所說的「正面思考的真髓，在於探索原來被認為不是有利的事情，要有發生於自己身上的都是良機的觀念。」這段話，對於從事困難度較高的教育工作者而言應有其意義。何況我們人類的大腦是「用進廢退」的，時常面對挑戰、思索解決問題之道，當可使腦力更靈活。尤其是當挑戰成功時，其喜悅應是不可言喻的。

三、另類的思考：多元的、彈性的、逆向的

「如果我們堅持只用一張濾光板去看心靈，那麼原本像彩虹般七彩繽紛的智慧，會只是一道索然無味的白光。」（引自林麗寬譯《學習革命》，民86）

筆者二十幾年前在美國佛羅里達大學附屬中小學資源班實習時，發現他們國中社會課本裡介紹美國總統華盛頓的方式十分令人激賞。在只有幾頁的篇幅裡，選用不同色塊來區分不同觀點的訊息：

(1)美國人怎麼看華盛頓：開國元勳、民選總統、偉大中有平凡。

(2)英國人怎麼看華盛頓：叛軍。

(3)法國人怎麼看華盛頓：贊成獨立建國，支持其進行獨立戰爭。

(4)以色列人怎麼看華盛頓：獨立建國的英雄。

(5)中華人民共和國怎麼看華盛頓：需要被鬥臭鬥垮的資本主義者、是無產階級專政的最大敵人。

這是一種多元思考的訓練。假如我們不要將教育目標與升學劃上等號、假如我們願意從不同的角度，例如學

生、家長、教師、學校、社區等立場去理解所謂學習有困
難、行為有問題的現象，我們也許不會堅持一定要透過能
力分班才能有教學成效，也許會對所謂的教學成效有許多
不同層面的詮釋。

思考有彈性、能變通，生命才有活力、才能創新。日
本有聽障的鋼琴家、英國也有聽障的打擊樂器專家、美國
有聽障的心理語言學家，試想這些一般人認為需要靠聲音
與語言能力的專業素養，聽障者是如何學習成功的？其他
類似令人驚異的實例還有腦性麻痺與上肢不靈活的畫家、
視覺障礙的數學教授、自閉症的動物學家與演奏家、閱讀
障礙的法律系高材生、醫師與畫家、智能障礙的畫家與演
員、身體病弱的天文物理學家、語言障礙的演說家、精神
異常的畫家，就連愛因斯坦都曾被懷疑是學習障礙者，甚
至有輕微水腦症。他們是如何跨越障礙的？除了努力之
外，是否還有其他我們可以著力的地方？那就是提供一個
可以為他們做各種彈性調整的學習空間，而這個學習空間
應該不會是能力分班。

此外，我們也可以透過逆向思考而調整我們的心情。
楊元享（民81）在其《來自啟智教育的斷想》一書中曾以
下列的描述來形容智障者：「老師我不是什麼都不會
……；我會不停地流口水；我會在地板上滾來滾去；我會
活動過多；我會反穿鞋子與衣服。」這是一個逆向思考的
例子。

這些話給我們的啟示是，為什麼我們老是去看孩子不
能、不會、不好、不同的地方？為什麼我們不去發現他
能、他會、他好以及他與我們相同的地方呢？為什麼我們
老是從教師的觀點來認定他學不會、改不了呢？為什麼我

們不願意從學生的角度去發現他可以教、可以變呢？

　　又，筆者曾在一個偶然的機會裡，看到 Discovery 的一個節目，在這個節目中，主持人訪問一位滑雪滑得相當不錯的「盲人」，看不見如何能滑雪？這位會滑雪的盲人回答說：因為我看不到，所以我的聽覺特別靈敏，因此，我能在森林中聽到界上最美妙的音樂；因為我看不到，所以我的嗅覺特別靈敏，因此，我非常享受森林中所散發出來的清香；因為我看不到，所以我的觸覺非常靈敏，因此，我能分辨不同滑雪場的雪；因為我看不到，所以我的壓覺特別靈敏，因此，我能感受周圍是否有障礙物。主持人的結論作得很好，他說：這位盲人滑雪者根本用不到他的「障礙」，因此，「障礙」對他而言是「多餘」的。

四、熱情、熱情、熱情

　　無論古今中外，優秀而傑出的教師，以及其他領域的偉大貢獻者，往往都是對人、對事、對物有著很大的熱情，是這股熱情去趨動他們去面對挑戰、克服困難、超越障礙，使人類的生命更有意義。Roddick（引自林麗寬譯《學習革命》，民 86）是一位成功企業的創辦者，她即說「如果要我說出一項生命的驅動力量，我絕對每次都會說是熱情、熱情、熱情。」

五、不必等待、從自身做起

　　有了熱情，若再加上使命感，且不小看自己的影響力，就從自身做起，不必等待周遭環境完全的配合才開始

行動。如果吾人有如此的認知與態度，相信我們的孩子就有希望。瑞典人艾姆說：「不要期待所有的人都改變，只要有關鍵少數百分之二十的人動了起來，就有希望。」（引自殷允芃，民85）。而楊元享（民81）也說：「歷史上真正的教育改革，不會發生在教育部長、廳長、局長、校長的辦公室，以及……理所當然地，它經常性地發生在教室中偉大的教師與學生之間。」因此，讓我們呼籲：就是現在，我們一起走出去，去改變國中小生學習的生態；讓我們像個嚮導去提攜、啟發與感化這群學習有困難、行為有問題的孩子們。

六、堅持到底、永不放棄

筆者曾經看到一篇報導，報導美國某一所大學附設自閉病臨床診療中心裡的一位教師，為了訓練一位才一歲半的自閉症兒模仿一項很簡單的動作——把東西放下，大約訓練了四百次才成功，很幸運的是後來的訓練都相當順利、有進展。試想假如這位教師在訓練了二百次（夠多了）時放棄了，可能我們就看不到訓練的成效了。當然，我們並不鼓勵盲目的堅持，但是鍥而不捨、永不放棄的心情卻是要有的。發明大師愛迪生即說：「許多失敗者在決定放棄時，都不知道自己和成功有多麼接近。」（引自林麗寬譯《學習革命》，民86）

事實上，我們常會發現其實絕大多數的教師都有很好的教育理念、也有豐富的學科知識與教學技巧，但卻未能或無法有效地去協助學習有困難、行為有問題的孩子。除了外在環境因素之外，教師有可能是因為不理解孩子們的

學習特質及其成因，而未能在情緒上接納他們，甚至排斥
或拒絕他們；另外，有可能教師較習慣於平穩的環境，不
喜歡變動或覺得面對新挑戰很麻煩，而最根本的阻力可能
是認為孩子不可能改變；若再加上對教學成效以單一向
度、較刻板以及未能作逆向思考，而且又無較大的熱情並
小看自己的影響力、輕易放棄孩子的話，要讓孩子在學習
上有所突破、行為有所改善，那似乎是很難的。因此，如
果教師們願意從理解孩子開始，並學習在情緒上接納他
們，進而願意面對挑戰、調整對教育成效的思考方式、培
養熱情、不小看自己，起立而行，為孩子堅持到底、永不
放棄他們，相信孩子們會是個個都是有希望的。

第四章　特殊需求學生的認識

　　當老師們對孩子個別差異愈理解，就愈能因應孩子們的各種學習的困難以及行為的問題，並進而掌握協助孩子們學習與處理行為的關鍵。依據《特殊教育法》（教育部，民 103）以及《身心障礙及資賦優異學生鑑定辦法》（教育部，民 102），我國將身心障礙學生分十三類，資賦優異學生則分成六類。各類別的人口數，依據教育部每年的《特殊教育統計年報》資料顯示（讀者可隨時上網察看教育部特殊教育通報網最新資料 https://www.set.edu.tw/），茲以開始有正式統計資料的前三年（民國90、91、92）為例，我國高級中等以下學校身心障礙學生的人口中，學習障礙、疑似學習障礙以及智能障礙就占了全體特殊教育學生的百分之五十五以上，次多的分別是肢體障礙與多重障礙，分別各占百分八與十左右，再其次是聽覺障礙，大約占百分之五，其他各類障礙類別（依次為自閉症、身體病弱、嚴重情緒障礙含疑似嚴重情緒障礙（現已改為情緒行為障礙）、其他顯著障礙、視覺障礙、語言障礙與發展遲緩）大約各占百分之一至四左右。而在資賦優異部份，則以藝術才能占的比例最高，其次為一般智能優異與其他特殊才能。未來各障礙類別的比率可能會因為鑑定標準寬嚴的認定不同或變更、新而精準的鑑定工具開發，甚至特殊教育政策的更迭等，而有所變動，例如學習障礙出現比率起伏頗大即是一例，而發展遲緩逐年增加，又是一例。

表 4-1　高級中等以下學校特殊教育學生總人數統計概況㈠
（教育部，民 90、91、92）

障礙類別年度	智能障礙	視覺障礙	聽覺障礙	語言障礙	肢體障礙	身體病弱	嚴重情緒障礙	疑似嚴重情緒障礙	學習障礙	疑似學習障礙	多重障礙	自閉症	發展遲緩	其他顯著障礙	小計
90	20418	1557	3512	1284	4425	1419	1826		23868		6020	1452	157	1417	67355
	30.31%	2.31%	5.21%	1.91%	6.57%	2.11%	2.71%		35.44%		8.94%	2.16%	0.23%	2.10%	100%
91	21247	1536	3554	1301	4565	1526	1798		23512		6229	1892	366	1308	68834
	30.87%	2.23%	5.16%	1.89%	6.63%	2.22%	2.61%		34.16%		9.05%	2.75%	0.53%	1.90%	100%
92	25446	1750	3901	1439	6119	2687	1305	211	12580	3309	7766	3145	1128	2424	73210
	34.75%	2.39%	5.32%	1.97%	8.36%	3.67%	1.78%	0.29%	17.18%	4.52%	10.6%	4.30%	1.54%	3.31%	100%

表 4-2　高級中等以下學校特殊教育學生總人數統計概況㈡
（教育部，民 90、91、92）

類別年度	一般智能	學術性向	藝術才能	創造能力	領導才能	其他特殊才能	小　計
90	12051		21964			9305	43320
	27.82%		50.70%			21.48%	100%
91	11608		22855			9641	44104
	26.32%		51.82%			21.86%	100%
92	10756	2782	24164	0	0	8767	46469
	23.15%	5.97%	52.00%	0.00%	0.00%	18.87%	100%

　　為幫助普通班教師對各類障礙類別學生有一個粗略，但具全貌的認識，茲以《身心障礙及資賦優異學生鑑定辦法》（教育部，民 102）為依據，分別敘述十三類身心障礙類學生與六類資賦優異學生的定義、鑑定基準及其身心特質。該辦法第二條規範：「身心障礙學生之鑑定，應採多元評量，依學生個別狀況採取標準化評量、直接觀察、晤談、醫學檢查等方式，或參考身心障礙手冊（證明）記載蒐集個案資料，綜合研判之。資賦優異學生之鑑定，應

以標準化評量工具，採多元及多階段評量，除一般智能及學術性向資賦優異學生之鑑定外，其他各類資賦優異學生之鑑定，均不得施以學科（領域）成就測驗。」

一、身心障礙類特殊需求學生的定義、鑑定基準與身心特質

(一)智能障礙

●定義與鑑定基準

智能障礙，指個人之智能發展較同年齡者明顯遲緩，且在學習及生活適應能力表現上有顯著困難者。其鑑定基準依下列各款規定：

(1)心智功能明顯低下或個別智力測驗結果未達平均數負二個標準差。

(2)學生在生活自理、動作與行動能力、語言與溝通、社會人際與情緒行為等任一向度及學科（領域）學習之表現較同年齡者有顯著困難情形。

●身心特質

智能障礙者的基本認知能力，例如注意力、記憶力、理解、推理、問題解決等能力皆較一般普通學生為弱，而學習速度與反應也較同年齡學童緩慢。因此，在各學科領域上的學習普遍落後一般學齡兒童。在人格特質方面，一般而言較缺乏彈性、較受外界環境因素影響；而在生活適應方面，例如生活自理、社會應變、語言溝通、情緒表達與職業技能等行為表現也普遍較差。

(二)視覺障礙

● 定義與鑑定基準

視覺障礙，指由於先天或後天原因，導致視覺器官之構造缺損，或機能發生部分或全部之障礙，經矯正後其視覺辨認仍有困難者。其鑑定基準依下列各款規定之一：

(1)視力經最佳矯正後，依萬國式視力表所測定優眼視力未達〇‧三或視野在二十度以內。

(2)視力無法以前款視力表測定時，以其他經醫學專業採認之檢查方式測定後認定。

● 身心特質

由於盲生（視力敏銳度在 0.03 以下者）沒有光覺或很弱以及較難以文字來學習，因此盲生對：

(1)太大的物體。

(2)不同色彩。

(3)自然景物。

(4)抽象的語詞。

(5)動態的現象。

(6)空間的大小等有理解上的困難。（劉信雄、王亦榮、林慶仁，民 89）

而弱視生（視力矯正後其優眼視力在 0.03 以上，但未達 0.3 者）的學習特質則有：

(1)遠視與近視力都較弱。

(2)形狀與背景的界線區辨不易。

(3)對整體與部分的掌握能力較弱。

(4)對視知覺的速度緩慢等。（劉信雄、王亦榮、林慶仁，民 89）

(三)聽覺障礙

• 定義與鑑定基準

聽覺障礙，指由於聽覺器官之構造缺損或功能異常，致以聽覺參與活動之能力受到限制者。其鑑定基準依下列各款規定之一：

(1)接受行為式純音聽力檢查後，其優耳之五百赫、一千赫、二千赫聽閾平均值，六歲以下達二十一分貝以上者；七歲以上達二十五分貝以上。

(2)聽力無法以前款行為式純音聽力測定時，以聽覺電生理檢查方式測定後認定。

• 身心特質

張蓓莉（民89）指出聽覺障礙者的身心特質包含：

(1)聽覺障礙者雖然有「聽取能力」的困難，但對噪音的容忍度卻比一般人更差。

(2)六歲以前即失聰者較難發展自然語言溝通能力，而聽障者常用之溝通大約可分成口語、手語以及綜合溝通等三種方式。

(3)若選擇適當的評量工具與策略，聽障者的心智能力應與一般人沒有太大的差異。

(4)語文能力一般較同年齡學童的表現為差。

(5)人格特質與適應能力要視與其互動的環境而定。

(6)在動作平衡與行動協調方面發展較慢。

(四)語言障礙

• 定義與鑑定基準

語言障礙，指語言理解或語言表達能力與同年齡者相

較，有顯著偏差或低落現象，造成溝通困難者。其鑑定基
準依下列各款規定之一：

(1)構音異常：語音有省略、替代、添加、歪曲、聲調
錯誤或含糊不清等現象。

(2)嗓音異常：說話之音質、音調、音量或共鳴與個人
之性別或年齡不相稱等現象。

(3)語暢異常：說話節律有明顯且不自主之重複、延
長、中斷、首語難發或急促不清等現象。

(4)語言發展異常：語言之語形、語法、語意或語用異
常，致語言理解或語言表達較同年齡者有顯著偏差或低落。

• **身心特質**

語言障礙者的語言特徵即如定義與鑑定標準中所述，
有各種不同的成因產生的不同的問題。因此若要針對語言
障礙兒童的特質描述，宜考慮其不同的障礙性質。此處僅
針對語言障礙者所可能具有的一般性特質稍作說明，即由
於語言障礙者可能會因為語言或溝通有障礙或缺陷，而造
成容易成為同儕取笑或嘲弄的對象，因而進一步使得語言
言障礙者產生憤怒、焦慮或敵意等情緒問題，甚或造成人
際關係不良等結果。一般而言，語言障礙的成因若是因為
器官異常、腦傷或聽覺障礙等機體性因素所造成者，其所
帶來的學習與生活適應上的問題，可能會比因為語言環境
刺激不足、學習方法不當等功能性因素所造成的語言障礙
之學習與生活適應上的問題還多與複雜（何華國，民88）。

(五)肢體障礙

• **定義與鑑定基準**

肢體障礙，指上肢、下肢或軀幹之機能有部分或全部
障礙，致影響參與學習活動者。前項所定肢體障礙，應由

專科醫師診斷；其鑑定基準依下列各款規定之一：

　　(1)先天性肢體功能障礙。

　　(2)疾病或意外導致永久性肢體功能障礙。

● **身心特質**

　　許天威（民 89）指出：

　　(1)由於引起肢體障礙的原因甚為分歧，因此肢體障礙者的認知功能常會隨著病症的不同而其認知功能也有著很大的差異，很難一概而論。

　　(2)至於在學業表現上，也由於在認知功能上的損傷程度因人而異，而也有很大的個別差異。

　　(3)在生理發育上雖受到影響，但吾人也可在特殊奧運上看到肢體障礙者的優異表現。

　　(4)在心理與社會適應方面，由於動作上的限制而影響了肢體障礙者的社會互動能力或受限於他人的不當期待，反而剝奪了他們參與正常活動的機會。

　　(5)肢體障礙者的發音器官若受到損害，則其溝通能力可能受到影響。

(六)腦性麻痺

● **定義與鑑定基準**

　　腦性麻痺，指腦部發育中受到非進行性、非暫時性之腦部損傷而顯現出動作及姿勢發展有問題，或伴隨感覺、知覺、認知、溝通、學習、記憶及注意力等神經心理障礙，致在活動及生活上有顯著困難者。其鑑定由醫師診斷後認定。

● **身心特質**

　　腦性麻痺者的身心特質有很大的個體內與個別間的差異。依據中山醫學大學身心健康中心資源教室（民 93）所

提供的特教資訊指出,腦性麻痺者的身心特質有:

(1)在動作方面:發展遲緩或停滯,動作異常或身體姿勢、手部操作、行走之生活自理能力受限,平衡反應與動作協調差、肌力與肌耐力之體適能不足、肌肉張力異常與缺乏活動的動機等。

(2)在認知能力方面:約有四分之一的腦性麻痺學生在學習方面是正常或是優異的,尤其是已進入大專校院就讀之學生。

(3)在心理層面方面:腦性麻痺學生因障礙而造成之長期挫折與被同儕排斥的情形下,較容易產生自卑感和缺乏信心,因而有較低的自我概念,進而產生退縮與過度的自我防禦,並視與一般人接觸為畏途,造成社會功能障礙與不適應行為表現。

(4)語言表達方面:有些腦性麻痺學生會因動作發展障礙而導致無法以口語與他人溝通、口齒不清或構音困難的現象,甚至有時會因不適當或特異的表情而引起他人誤解。

(七)身體病弱

● 定義與鑑定基準

身體病弱,指罹患疾病,體能衰弱,需要長期療養,且影響學習活動者。其鑑定由醫師診斷後認定。

● 身心特質

由於身體病弱所涵蓋的病症與病徵相當多與複雜,若要說明其一般身心特質可能沒有必要,不過:

(1)身體病弱學童由於經常缺課,因此對其學習表現,應當有一定程度的影響。

(2)長期臥病,導致異常肥胖、瘦弱、發育不良以及產生肢體活動障礙。

(3)身體較為虛弱、容易暈倒。

(4)輕微運動就心跳加速、呼吸困難（黃美涓，民89）。

綜合而言，身體病弱學童的特質一般偏向生理與身體方面的問題。

(八)情緒行為障礙

● 定義與鑑定基準

情緒行為障礙，指長期情緒或行為表現顯著異常，嚴重影響學校適應者；其障礙非因智能、感官或健康等因素直接造成之結果。其鑑定基準依下列各款規定：

前項情緒行為障礙之症狀，包括精神性疾患、情感性疾患、畏懼性疾患、焦慮性疾患、注意力缺陷過動症、或有其他持續性之情緒或行為問題者。

(1)情緒或行為表現顯著異於其同年齡或社會文化之常態者，得參考精神科醫師之診斷認定之。

(2)除學校外，在家庭、社區、社會或任一情境中顯現適應困難。

(3)在學業、社會、人際、生活等適應有顯著困難，且經評估後確定一般教育所提供之介入，仍難獲得有效改善。

● 身心特質

情緒行為障礙者的類別相當複雜，而障礙程度也有輕重之分，一般而言其身心特質可分：

(1)生理方面：有些有身心症或因服用藥物產生的生理特徵。

(2)認知方面：不論因或果，一般而言，情緒障礙學生在認知能力上的表現較一般學生為差。

(3)行為方面：正向行為過少、缺陷問題以及負向行為過多。

(4)社會適應（包括學校、家庭和社區）能力困難。

(5)學業方面：容易出現低成就或不穩定的現象。（洪儷瑜等，民 89）

㈨學習障礙

• 定義與鑑定基準

學習障礙，統稱神經心理功能異常而顯現出注意、記憶、理解、知覺、知覺動作、推理等能力有問題，致在聽、說、讀、寫或算等學習上有顯著困難者；其障礙並非因感官、智能、情緒等障礙因素或文化刺激不足、教學不當等環境因素所直接造成之結果。其鑑定基準依下列各款規定：

(1)智力正常或在正常程度以上。

(2)個人內在能力有顯著差異。

(3)聽覺理解、口語表達、識字、閱讀理解、書寫、數學運算等學習表現有顯著困難，且經確定一般教育所提供之介入，仍難有效改善。

• 身心特質

學習障礙者的學習特質分下列各項說明：

(1)認知特徵：通常有語言能力方面的缺陷；有記憶力的問題；有後設認知與執行能力的問題；缺乏各種認知策略的知識。

(2)學科學習特徵：缺乏必要的基本學科知識，以適應學校的學科要求；不會將習得的知識應用於實際的問題解決；不會使用有效的學習策略；缺乏充分的先備知識，以學習新的學科內容；缺乏類化與變通的能力。

(3)社會能力特徵：可能缺乏基本社會技能；可能會將涉及非口語溝通的社會情境，作了錯誤的解釋；了解文化

道德原則的能力發展較慢；較少參與同儕的社交活動；解決社交問題的能力較差；不合適的刺激控制；不會主動地參與班級的活動；不會尋找資源或協助。

(4)動機特徵：經驗較多的壓力；未能理解適當的努力與成功之間的關係；未能下定決心學習；一旦開始時失敗，就會輕易放棄或逃避挑戰；過度依賴外在性動機；覺得設定目標與計畫未來是件很困難的事；很容易成為中輟生（Mercer & Mercer, 1998）。

(十)多重障礙

● 定義與鑑定基準

多重障礙，指包括二種以上不具連帶關係且非源於同一原因造成之障礙而影響學習者。其鑑定應參照本辦法其他各類障礙之鑑定基準。

● 身心特質

林宏熾（民89）指出多重障礙因顯著障礙的組合種類繁多，其障礙並非兩種或兩種以上的障礙聯合存在，而是構成另一種獨特的障礙特質，因此異質性多於同質性。但吾人分析其身心特質時卻可從：(1)社會性行為；(2)溝通技巧；(3)自理能力；(4)行動能力；(5)生理發展；(6)學科學習與認知能力；(7)職業能力，以及(8)其他特徵等八個向度來觀察。

(土)自閉症

● 定義與鑑定基準

自閉症，指因神經心理功能異常而顯現出溝通、社會

互動、行為及興趣表現上有嚴重問題，致在學習及生活適應上有顯著困難者。其鑑定基準依下列各款規定：

(1)顯著社會互動及溝通困難。

(2)表現出固定而有限之行為模式及興趣。

● **身心特質**

宋維村（民 89）同意上述三項鑑定標準，即是自閉症的重要行為特質：

(1)語言與溝通障礙：在口語方面有發展遲滯、語法錯誤、語用障礙，而在非口語溝通方面則有發展遲滯以及特殊非口語溝通方式等。

(2)社會性與人際關係障礙：不理人、不看人、叫他沒反應、我行我素、不合群、自己玩自己的。

(3)狹窄反覆的行為同一性：反覆式、機械式遊戲方式、有固定的儀式行為。

除此之外，宋維村（民 89）還指出自閉症孩子還有認知能力不均衡、活動量太高或太低、注意力不集中、缺少主動、亂發脾氣、對某些事物特別恐懼或喜愛、有自我傷害和攻擊行為等特徵。

(土)發展遲緩

● **定義與鑑定基準**

發展遲緩，指未滿六歲之兒童，因生理、心理或社會環境因素，在知覺、認知、動作、溝通、社會情緒或自理能力等方面之發展較同年齡者顯著遲緩，且其障礙類別無法確定者。其鑑定依兒童發展及養育環境評估等資料，綜合研判之。

● **身心特質**

在知覺、認知、動作、語言及溝通、社會情緒或自理

能力等方面之發展較同年齡顯著遲緩，是發展遲緩兒童的共同特徵，其中：

(1)知覺主要包含視知覺與聽知覺，知覺係指能理解感覺器官所接收進來的訊息。

(2)認知通常包含注意、記憶、理解、推理、問題解決等基本學習能力，其中注意力又可分為注意的選擇性、分離性、轉移性、持久性以及自動化等，而記憶力又可包含短期記憶、工作記憶以及長期記憶等。

(3)動作能力有粗大動作以及精細動作之分，若與知覺能力結合，則又有知動協調能力，例如視知覺與動作協調或聽知覺與動作協調能力等。

(4)語言與溝通：含口語與非口語之理解與表達能力。

(5)社會情緒：解讀面部表情、人際關係與社交技巧皆可涵蓋。

(6)自理能力：可包括日常生活之重要活動，如吃、喝、洗、穿、脫等行為。

(吉)其他障礙

其他障礙，指在學習與生活有顯著困難，且其障礙類別無法歸類於第三條至第十三條類別者。其鑑定應由醫師診斷並開具證明。

二、資賦優異類特殊需求學生的定義、鑑定基準與身心特質

根據中華民國一百零三年六月四日修正公布的《特殊教育法》，資賦優異學生可再細分為六類。茲先將其共同特質說明如下，再臚列各類資賦優異的定義以及其鑑定標準。

(一)各類資賦優異學生的一般身心特質

對資賦優異學生的特質進行有系統且長期追蹤的首推 Terman（Kirk & Gallagher, 1983），Terman 認為資賦優異學生的共同特質包含有：

(1)生理特徵：身高、體重、健康情形較一般人優越，而感官缺陷、營養不良或體態不佳等也較一般人少。

(2)人格特質與心理適應：有超乎常人的意志力、情緒較穩定、道德推理與對美學的鑑賞力也較好、有自信、並具幽默感，離婚率、自殺率、濫用藥物皆較低或少。

綜合而言，各類以及個別的資賦優異者的身心特質雖然個別差異亦相當大，但亦有其共同特徵：

(1)有卓越的推理、類推以及問題解決能力。

(2)對人、事或宇宙萬物有持續的好奇心與強烈興趣。

(3)有廣泛的興趣，但會對其中某幾項興趣深入探索。

(4)有豐富的口語或書寫詞彙。

(5)汲取資訊的能力超乎年齡。

(6)學習快速、記憶能力好。

(7)領悟能力強。

(8)創造力、想像力以及敏銳度高。

(9)注意力集中度強、能獨立工作、能負責任。

(10)能設立高標準但卻合理的目標、能自我批判與矯正。

(11)思考多元且具有彈性。

(12)觀察力敏銳，且能作適當的回應。

(13)能以成熟的方式與別人溝通。

(14)喜歡面對挑戰，且具有幽默感。（The Council for Exceptional Children, 1990）

(二)一般智能資賦優異

● 定義與鑑定基準

一般智能資賦優異，指在記憶、理解、分析、綜合、推理及評鑑等方面，較同年齡者具有卓越潛能或傑出表現者。其鑑定基準依下列各款規定：

(1)個別智力測驗評量結果在平均數正二個標準差或百分等級九十七以上。

(2)經專家學者、指導教師或家長觀察推薦，並檢附學習特質與表現卓越或傑出等之具體資料。

(三)學術性向資賦優異

● 定義與鑑定基準

學術性向資賦優異，指在語文、數學、社會科學或自然科學等學術領域，較同年齡者具有卓越潛能或傑出表現者。其鑑定基準依下列各款規定之一：

(1)前項任一領域學術性向或成就測驗得分在平均數正二個標準差或百分等級九十七以上，並經專家學者、指導教師或家長觀察推薦，及檢附專長學科學習特質與表現卓越或傑出等之具體資料。

(2)參加政府機關或學術研究機構舉辦之國際性或全國性有關學科競賽或展覽活動表現特別優異，獲前三等獎項。

(3)參加學術研究單位長期輔導之有關學科研習活動，成就特別優異，經主辦單位推薦。

(4)獨立研究成果優異並刊載於學術性刊物，經專家學者或指導教師推薦，並檢附具體資料。

(四)藝術才能資賦優異

● 定義與鑑定基準

藝術才能資賦優異,指在視覺或表演藝術方面具有卓越潛能或傑出表現者。其鑑定基準依下列各款規定之一:

(1)任一領域藝術性向測驗得分在平均數正二個標準差或百分等級九十七以上,或術科測驗表現優異,並經專家學者、指導教師或家長觀察推薦,及檢附藝術才能特質與表現卓越或傑出等之具體資料。

(2)參加政府機關或學術研究機構舉辦之國際性或全國性各該類科競賽表現特別優異,獲前三等獎項。

(五)創造能力資賦優異

● 定義與鑑定基準

創造能力資賦優異,指運用心智能力產生創新及建設性之作品、發明或解決問題,具有卓越潛能或傑出表現者。其鑑定基準依下列各款規定之一:

(1)創造能力測驗或創造性特質量表得分在平均數正二個標準差或百分等級九十七以上,並經專家學者、指導教師或家長觀察推薦,及檢附創造才能特質與表現卓越或傑出等之具體資料。

(2)參加政府機關或學術研究機構舉辦之國際性或全國性創造發明競賽表現特別優異,獲前三等獎項。

(六)領導能力資賦優異

● 定義與鑑定基準

領導能力資賦優異,指具有優異之計畫、組織、溝

通、協調、決策、評鑑等能力，而在處理團體事務上有傑出表現者。其鑑定基準依下列各款規定：

　　⑴領導才能測驗或領導特質量表得分在平均數正二個標準差或百分等級九十七以上。

　　⑵經專家學者、指導教師、家長或同儕觀察推薦，並檢附領導才能特質與表現傑出等之具體資料。

㈦其他特殊才能資賦優異

●定義與鑑定基準

　　其他特殊才能資賦優異，指在肢體動作、工具運用、資訊、棋藝、牌藝等能力具有卓越潛能或傑出表現者。其鑑定基準依下列各款規定：

　　⑴參加政府機關或學術研究機構舉辦之國際性或全國性技藝競賽表現特別優異，獲前三等獎項。

　　⑵經專家學者、指導教師或家長觀察推薦，並檢附專長才能特質與表現卓越或傑出等之具體資料。

三、特殊需求學生轉介資料表

　　為了幫助普通班老師能早期發現班上有特殊需求的學生，以便提供該生適當的協助與安置，洪儷瑜（民90）以「單一窗口服務」的理念，發展了一份便於普通班教師觀察並填寫的「特殊需求轉介資料表」，以供教師們參考。這份檢核表可以幫助普通班教師或家長初步了解班上或自己的孩子是否需要接受特殊教育的服務。

「特殊需求學生轉介資料表-100R」使用說明
洪儷瑜（台灣師大特教系，2003）

一、內容

九大部份：1.生理、2.感官動作、3.學業表現、4.學習能力、5.口語能力、
6.團體生活、7.個人生活、8.行為情緒適應、9.家庭社區。

二、參考轉介主要問題進行懷疑

懷疑障礙	參閱之主要項目
身體病弱(生理疾病)	一、二
感官障礙或動作問題	二、視覺(7~9,12,72~76) 聽覺(7,10-11,48~52) 動作(12~16)
智能障礙	二(7,10)、三(18,23~28,29,30,32~34,35,37,38)、 四(40,41,42,43,44)、五(48,49,51~53,55)、 六(56,57,67)、七(68~74,77)、八(81,92)
學習障礙	二(17)、三(18,19,20~23,24,25,26,27,28,29,0,32~34, 35,36,37,38)、四(40,41~43,44)、五(48,49,51~53,55)、 六(57,63,67)、七(77,79)、八(92)
情緒障礙	三(19,20,21,22)、四(42)、五(52)、 六(56~58,60~63,65,66)、七(71,72,78)、 八(80,81,82,83,84~86,87,88~90,91)
注意力缺陷過動症 (ADHD)	三(20)、四(42~43)、六(60~63)、七(75~76)、 八(80, 89)
自閉症	二(7,14,15,17)、三(18,19,23,24,25,26,27,28,36~38)、 四(40,42~44,46)、五(50,52,53)、六(57,58~61,63)、 七(69,71,72,74,77)、八(80,85,87~91)

1. 每一大項後括號內所示之題號表示該項行為的出現為該類障礙之高危險群；
而每一大項後括號內所示之題號被勾選愈多，表示該生可能有該類障礙的
危險性愈高。
2. 學業表現請務必參考第三項註有**題的相對位置，尤其在智能障礙與學習
障礙之篩選。
3. 智障和學障學生務必參考第九項家庭與社區的資料，以避免文化不利所造
成的假象。
4. 有些學生會有非典型的表現或同時伴隨多種障礙的問題，假設時可以參考
各障礙類別的排除關係或各障礙類別之可能性的多寡來考慮。

三、轉介表結果之用途

本轉介表可以作教師轉介資料收集之用，可以只看勾選的行為項目，也

可以參考計分

(一)計分方式

　　在前頁上表的題目架構可以計算出智能障礙、學習障礙、嚴重情緒障礙、注意力缺陷過動症(ADHD)、自閉症等五項懷疑計分。將項目各題勾選者計一分，在該項畫線的題號計兩分。可算出總分。

懷疑障礙	智能障礙	學習障礙	情緒障礙	ADHD	自閉症
總題數	39	38	30	10	41
總分	58	54	44	10	66
切截分數	6	6	4	4	6

（二）使用原則

• 由完整的表現〔包括生理、認知、情緒（心理）、行為表現、學業適應與家庭〕去篩檢出高危險群的類別，再根據可能的類別和勾選的項目去擬定鑑定所需之評量工作，以免過度先入僵化的判斷。

• 本量表所提供資料除了計分之外，各項勾選題目可提供學生行為表現之資料。

• 多向度的資料提供學生之優缺點，尤其是與一般學生比較下最明顯的問題或是與一般同學不明顯的差異（即學生尚有之優勢能力），以及家庭社區的相關資料，可以提供完整式（多向度）的綜合性診斷之參考。

四、實施方式與注意事項

1. 本轉介表可直接交由轉介教師或家長填寫，或是利用訪談方式填寫
2. 本轉介表之資料宜結合標準化測驗或觀察、訪談等非正式評量結果，進行個案綜合研判。
3. 如果網底題目過多（超過三項）沒有填寫，務必懷疑填寫者的合作程度與資料的可信度。
4. 如果勾選的項目過少或是項目內容與轉介的緣由不太一致時，建議利用訪談的方式重新確認本量表所提供的資料之正確性。

　　本調查表可於洪儷瑜個人網站下載，http://web.cc.ntnu.edu.tw/~t14010。

特殊需求學生轉介資料表

洪儷瑜（國立台灣師範大學特殊教育系，2002）

學校：_____縣（市）立____國民中（小）學　年級：____姓名：_____
出生年月日：____年___月____日　實際年齡：___歲　轉介者：_____

　　請學校導師與熟悉孩子的人員根據該生在普通班或其他教育環境學習情形，勾選出該生可能有的適應狀況，請在下列九項每一大項中至少要勾選一題，（如果沒有適合的項目，請務必考慮勾選有網底的題目），但請盡量勾選適合的所有項目，每一項內各題均可以複選。打**者一定要填答。

一、生理方面（請盡量勾選適合的所有項目，可以複選）
　　□ 1. 身體狀況長期不佳，常因病請假或缺課
　　□ 2. 由醫院診斷現罹患有慢性疾病（_____病）
　　□ 3. 曾罹患過重大疾病（_____病____歲時罹患）
　　□ 4. 生理動作發展較一般孩子明顯的遲緩
　　□ 5. 體質特別差，無法在一般教室（需要哪些調整？　　）
　　□ 6. 生理狀況與一般同年齡孩子差異不大（或差不多健康）

二、感官動作方面（請盡量勾選適合的所有項目，可以複選）
　　□ 7. 已領有身心障礙手冊（程度:_____度，類別:_____類）
　　□ 8. 有嚴重視力問題（類型:_____近視，_____遠視，_____其他_____）
　　□ 9. 經常揉眼睛，看東西會瞇眼睛或貼課本或桌面貼得很近
　　□ 10. 發音不清楚，或聲調不對
　　□ 11. 經常要別人大聲說話或請人靠近一點再重說一遍
　　□ 12. 經常會跌倒或碰撞東西
　　□ 13. 動作明顯的比一般同學慢很多
　　□ 14. 不大會（或很少）拿剪刀、筷子等需要手部精細動作的工具
　　□ 15. 不大會（或很少）跳繩、走平衡木、打球或一般學校操場的體能活動
　　□ 16. 不太會獨立行走，需要輪椅、枴杖或家具等輔助工具或他人的協助
　　□ 17. 感官動作方面的發展與一般同年齡孩子差異不大，甚至更好

三、學業表現方面（請盡量勾選適合的所有項目，可以複選）
　　□ 18. 整體學業成績長期（一學年以上）為全班最後五名
　　□ 19. 部份科目長期（一學年以上）為全班最後五名
　　□ 20. 學業表現經常起伏很大，可以由中等以上滑落到全班倒數
　　□ 21. 整體學業成績自____年級起突然劇落，從此一蹶不振
　　□ 22. 部份學科（_____科）自___年級起劇落，從此一蹶不振
　　□ 23. 不會注音符號
　　□ 24. 不會認字，或會認讀的字很少（比一般同學少很多）
　　□ 25. 無法讀課本或考卷說明
　　□ 26. 閱讀不流暢
　　□ 27. 無法理解課文大意或複述閱讀內容的重點
　　□ 28. 不會抄寫
　　□ 29. 寫字困難，連仿寫或抄聯絡簿有困難
　　□ 30. 不會寫出完整通順的句子（尚未教到者，請在此□打 X）
　　□ 31. 不會分類，如依據顏色、大小或形狀等性質區分

- □ 32.不會一對一的數數
- □ 33.只能背出 20 以下的數字
- □ 34.需要手指協助運算加減
- □ 35.會加減運算，但不會解應用問題
- □ 36.會加減，但不會乘除（尚未教到者，請在此□打 X）
- □ 37.會加減乘除的運算，但不會解應用問題（尚未教到者，請在此□打 X）
- □ 38.雖然學過小數、分數，但小數、分數或比例的概念差，不會運用（尚未教到者，請在此□打 X）
- □ 39.請務必選答此題。該生現有之學業表現大致如何？請依各項勾選：**

  整體學業：□中等以上　　　　□全班平均數左右
  　　　　　□中下到最後 30%　□全班最後 15%

  　數學科：□中等以上　□全班平均數左右
  　　　　　□中下到最後 30%　□全班最後 15%

  　國語科：□中等以上　□全班平均數左右
  　　　　　□中下到最後 30%　□全班最後 15%

四、學習能力方面（<u>請盡量勾選適合的所有項目，可以複選</u>）
- □ 40.學習速度緩慢，明顯的比一般同班同學較差
- □ 41.記憶力差，記不住當天老師或父母的交代
- □ 42.注意力差，不易持續專心任何活動
- □ 43.組織力差，說話或做事顯得凌亂，沒有重點與組織
- □ 44.理解能力差，常弄不清楚抽象或較複雜的符號或詞彙
- □ 45.學習能力在不同事物表現差異很大，對某些科目或事物表現得特別好（與一般同學相比在中等以上）
- □ 46.學習能力大致與一般同年齡的同學差不多，甚至更好

五、口語能力方面（<u>請盡量勾選適合的所有項目，可以複選</u>）
- □ 47.口語能力表達差，無法與老師或同學溝通
- □ 48.聽話理解能力差，常抓不到老師或同學說話的重點
- □ 49.在學校幾乎不說話
- □ 50.不太能和別人閒談，不太能接續別人的話題
- □ 51.說話不清楚，一般人不易聽得懂
- □ 52.不喜歡聽人講解，聽課比自己看書學習時顯得不專心
- □ 53.經常重複簡單的詞彙或短句
- □ 54.不會主動表達自己的需求
- □ 55.口語能力與一般同年齡的同學差不多

六、團體生活方面（<u>請盡量勾選適合的所有項目，可以複選</u>）
- □ 56.上課經常會隨意離開座位或教室
- □ 57.上課經常沒有反應、呆坐或打瞌睡
- □ 58.無法參與團體活動（遊戲、比賽）
- □ 59.無法遵守班級（或團體）的常規
- □ 60.下課經常一個人，沒有人和他玩
- □ 61.上課會亂出聲、走動或作弄別人而影響教室學習
- □ 62.愛頂嘴，公開頂撞師長的指示
- □ 63.經常不交作業、或不做掃地工作
- □ 64.會蹺課、逃家、或逃學

☐65.霸道，經常要別人讓他，不能忍受同學的不一樣或打擾
☐66.班上大多數同學都討厭他，會拒絕與他同座或在一起
☐67.在學校與同學相處方面和一般同年齡孩子差不多

七、個人生活適應方面（請盡量勾選所有適合的項目，可以複選）
☐68.髒亂、無法維持個人衛生
☐69.不會自行穿脫衣服
☐70.不會自行上廁所，會遺尿或大便在褲子上
☐71..應變能力差，不會隨著情境調整自己的行為或態度
☐72.動作速度跟不上教室（或班級團體）的活動腳步
☐73.不會自行由教室到廁所、福利社或學校內其他的地方
☐74.上課鐘響不會自行回教室
☐75.經常忘記帶上課需要的文具或書本、或繳交的作業
☐76.經常遺失個人物品，不會保管自己的東西
☐77.在學校所從事的活動（休閒或社交活動）比一般同學少很多
☐78.對於環境不預期的變化（如調課、換座位）會有明顯不適應的反應
☐79.可以像一般同年齡的同學照顧自己

八、行為情緒適應方面（請盡量勾選所有適合的項目，可以複選）
☐80.情緒表達不適當，和情境不合
☐81.退縮、膽子很小
☐82.悶悶不樂、沒有精力似的
☐83.脾氣很大，經常會生很大的脾氣、罵人
☐84.經常攻擊同學或破壞物品
☐85.經常會抱怨身體不舒服或疼痛，但醫生找不出疼痛的原因
☐86.一不滿意，就會哭鬧不停
☐87.比一般同學更容易緊張、焦慮
☐88.不會保護自己，經常受同學欺負或占小便宜
☐89.待人處事或行為舉止顯得比一般同學幼稚、不成熟
☐90.對周遭的人或活動不太有反應，好像不感興趣
☐91.經常重複出現相同的動作、或發出相同的聲音
☐92.行為與情緒表達與一般同年齡同性別的同學差不多

九、家庭與社區方面（請盡量勾選適合的所有項目，可以複選）
☐93.曾經長期（一年以上）居住在國外（國家_____多久_____）
☐94.放學後沒有人可以提供課業上的協助或督導
☐95.放學後沒有人會監控學生的行動
☐96.長期不和父母雙親同居住在一起
　（目前監護人與孩子的關係_____）
☐97.家庭經濟清寒（屬於社會局低收入戶或主要家長長期失業）
☐98.家庭居住環境充滿不好的影響（例如：電動玩具店、色情或賭博行業、
　幫派或犯罪組織）
☐99.父親或母親不是本國國籍（☐父親 ☐母親是_____國人）
☐100.家庭狀況與一般同學差不多，或是更好

十、他：上面沒有列出來項目，但根據您的觀察，學生還有哪些需要被關心
　的問題？請盡量列舉於下：

四、結語

　　筆者期待普通班老師能透過對《身心障礙及資賦優異學生鑑定辦法》的說明，而對各類特殊需求學生有粗略的認識與理解，進而應用「特殊需求學生轉介資料表」找出班上疑似具有特殊需求的學生，接著再經由正式的鑑定程序之後，對被鑑定為特殊教育學生進行適當的教育安置，並為其發展「個別化教育方案」。若有特殊需求學生安置於普通班，則普通班老師應依據《特殊教育法》及其相關法規，提供給該特殊需求學生適切的教育機會。

第五章　課程的調整

教育是在啓迪心智、打開心靈、形塑生命

（Katafiasz，1997；林鶯譯）

　　一般而言，在落實「九年一貫」課程之前，以國中課程為例，我國課程必修課多、選修課少、而課程又偏重認知或知識上的學習，對於教導學生如何學習與如何生活的科目真是少之又少。再加上學生自由選擇課程的空間很小、課程又是由教育部統一編定，因而目前的國中課程並不能顧及學生的能力、性向、興趣以及生活所需。如此一來，我們可能會造就了下列四種學生：

　　⑴願意上學與學習，但不是對所有的學科都感興趣。

　　⑵願意上學，但是沒有學習，對所學習的科目不覺得有價值，而且也不期望自己可以學習成功。

　　⑶願意上學，但拒絕學習，相當於厭學、怠學、功能性輟學。

　　⑷ 不 願 意 上 學，輟 學、逃 學（Adelman & Taylor, 1993）。

　　其中第二、三、四種學生可能無法在常態編班之下得到適當的學習，進而產生偏差行為。

　　雖然在我國，課程是由教育部統一編定，但是教師也並非完全沒有調整課程的空間，尤其是在落實「九年一貫」課程之後，教師在教學前，更可以有詮釋課程的自主權。而且一位好教師，應該是具有使用、選擇、修改，甚至自行設計、發展課程的能力。

　　本章係探討國中小教師是否有可能以及可以如何調整課程，以適應在常態編班下學生別差異頗大的學習特質，尤其是對學習有困難的學生。茲先探討課程調整的模式，再說明課程可能可以調整的方式。

一、課程調整模式

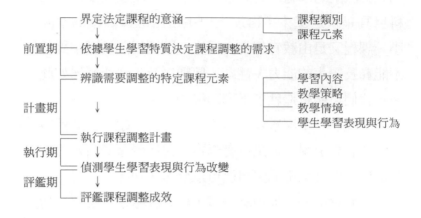

圖 5-1　課程調整模式（修改自 Hoover & Patton, 1997）

　　圖 5-1 係修改自由 Hoover 和 Patton（1997）所闡述的課程調整理念，並參酌國內現況所發展的課程調整模式。圖 5-1 的模式將課程調整的程序分成四個階段：(1)前置期；(2)計畫期；(3)執行期；以及(4)評鑑期。前置期是指在計畫調整課程之前，教師應先確認教育行政當局對課程的界定為何，例如「統整課程」的課程定義可能就會與過去「學科分科」的課程理念有所差異。因此，若教育當局係採用「統整課程」的課程理念，那麼教師就需在調整課程之前，先充分了解「統整課程」的意涵、內容以及執行方式。此外，教師亦應以「課程的類別」與「課程的元素」作為思考如何調整以及要調整什麼課程內涵的重要依據。

　　以類別為例，「課程」至少可分為四種類別（李木子，民 90；林素貞，民 89；Hoover & Patton, 1997）：

　　(1)正式或理想課程，教育最高當局頒布的課程或具有

明確教育與教學目標的課程，即各學科領域的實質學習內涵。

(2)潛在課程，即在實施正式課程中所形成的教育運作方式，例如學校或教室組織、校園與教室氣氛以及獎懲系統等學校設備、環境以及人文氣氛。

(3)空白課程，係指課程設計者和使用者為同一人，由使用者因時、因地、因事以及因人的需要，加以靈活規劃設計並施教。或者是這三種的：

(4)混合型。

換言之，教師在計畫調整課程之前，應先掌握哪種類型的課程需要調整以便能滿足學生的特殊需求。

至於課程的元素亦是教師需要關心的重點，課程元素大約包括：(1)教學內容；(2)教學策略；(3)教學情境與(4)學生學習表現與行為（Hoover & Patton, 1997）。這四大課程元素是課程調整計畫的重要向度。

在計畫期中，共有兩項重要工作需要進行，第一項工作是要決定「課程調整的需求」，而第二項要做的工作則是辨識「需要調整的特定元素」。決定「課程調整的需求」需要透過觀察、晤談、測驗以及資料蒐集等方式了解學生的需求。Hoover 和 Patton（1997）認為可依據「學生需求」與「現行課程」之間的差異性決定課程需要調整的特定元素為何（見圖 5-2）。

從圖 5-2（修改自 Hoover & Patton, 1997）吾人可看出「學生需求」與「現行課程」之間的差異愈大者，就愈需要進行課程調整。當確定所需調整的特定元素之後，再進一步檢驗所需調整的元素內涵為何（見表 5-1）。

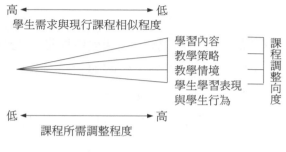

圖 5-2　特殊需求與課程調整關係圖
（修改自 Hoover & Patton, 1997）

　　透過表 5-1（作者修改自 Hoover & Patton, 1997）的簡易檢核，教師大約已能掌握所需調整的特定內涵如何配合學生的特殊需求。進一步教師便可執行調整計畫，並偵測學生學習與進步情形，而進入課程調整的執行期。當課程執行告一段落後，教師便可進入課程調整的評鑑期，看看課程調整的成效為何，若有必要則再進一步進行調整。

二、課程調整的選擇模式

　　課程的類別除了可依「學習的性質」區分為正式或理想課程、潛在課程、空白課程，或者是這三種的混合型之外，亦可依重視「學科知識的結構性」或強調「日常生活的統整性」之不同而有不同的課程選擇或調整方式。Bigge、Stump、Spagna 和 Silberman（1999）即提出課程調整的選擇模式如下，表 5-2 為作者參酌國內教育現況修改 Bigge、Stump、Spagna 和 Silberman（1999）之課程調整選擇模式。

　　表 5-2 的課程調整選擇模式，提供教師至少四種課程

表 5-1　簡易課程調整檢核表（修改自 Hoover & Patton, 1997）

教師：＿＿＿＿＿＿　　學生：＿＿＿＿＿＿學習領域：＿＿＿＿＿

學習內容需求：　　　　　　**調整策略：**
1. 障礙類別
2. 認知能力
3. 閱讀水準
4. 先備知識或技能
5. 先前教育經驗
6. 語言理解與表達能力
7. 抽象思考能力
8. 興趣、性向
9. 其他

教學策略需求：　　　　　　**調整策略：**
1. 動機策略
2. 引發學生主動參與策略
3. 知識獲得策略
4. 理解策略
5. 注意策略
6. 其他

教學情境需求：　　　　　　**調整策略：**
1. 專心程度
2. 獨立作業
3. 同儕互動
4. 完成作業
5. 參與學習活動
6. 其他

學生學習表現與行為改變：　　　**調整策略：**
1. 各學習領域的表現
2. 自我控制的能力
3. 準時繳交作業
4. 為自己的行為負責
5. 使用適當的自我管理策略
6. 有效使用讀書方法與學習策略
7. 表現教室適宜行為

課程調整需求摘要：
1. 學習內容＿＿＿＿＿＿＿＿＿＿＿＿＿＿＿＿＿＿＿＿＿
2. 教學策略＿＿＿＿＿＿＿＿＿＿＿＿＿＿＿＿＿＿＿＿＿
3. 教學情境＿＿＿＿＿＿＿＿＿＿＿＿＿＿＿＿＿＿＿＿＿
4. 學生學習表現與行為改變＿＿＿＿＿＿＿＿＿＿＿＿＿＿

表 5-2　課程調整選擇模式

（修改自 Bigge, Stump, Spagna, & Silberman, 1999）

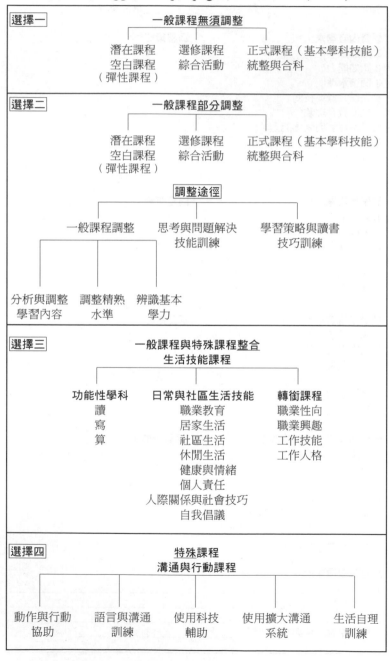

選擇模式：(1)使用一般課程無需調整；(2)對一般課程進行部分調整；(3)使用生活技能課程；或(4)採取溝通與行動課程。選擇是依據學生的障礙程度與特殊需求，障礙程度愈嚴重或需求較特殊，就會往較偏離一般課程的方向調整（由選擇一至選擇四）。

　　作者將表5-2的課程調整選擇模式再結合其他學者（例如，Weiderhort et al., 1993；Wood, 1998）以及筆者的看法，分七種課程調整方式，其中「添加式課程」與「輔助性課程」屬於選擇一；「矯正式課程」與「補救式課程」屬於選擇二；「適性課程」屬於選擇三；而「補償式課程」則可同時分屬選擇三與選擇四。詳細說明如下。

(一)添加式課程

　　所謂添加式課程，是指在不變動原有課程架構之下，增加課程內容的困難度或擴展其廣泛度，甚至特別設計「特殊課程」，例如昆蟲研究、電腦程式設計、音樂演奏等以滿足學生的特殊需求。此種課程設計較適合資賦優異（含特殊才能）或雖然是身心障礙，但是卻具有特殊才能的學生，例如是自閉症，但有音樂天賦者。教師可透過提供學生補充教材或指導學生自行找尋資料，例如網際網路、圖書館、現有高中或大學課程、教師自編課程等方式，協助其自我學習。學生則可利用課後時間、自習課時間或其他可運用時間，進行自我學習的規劃、執行與評鑑。

(二)輔助性課程

輔助性課程亦是在不變動原有課程架構之下，給予一般性課程的支持系統。這種支持系統可以學生的不同特質與需求而設計，亦可依學生共同的特質與需求來發展。輔助性課程的設計，通常可包含三大主要成分，即動機策略、學習策略與後設認知策略。此種以策略為主的課程，可於特定學科，例如國文、數學、地理中實施，也可於指導活動課中實施。不過，通常以配合特定學習學習的成效較佳。茲將此三大成分的策略課程，分述如下，以供參考。

1.動機策略課程

有不少教師抱怨學生沒有學習動機，甚至能力好的學生也不例外，孩子的學習顯得相當被動，但是動機是學習的能源與動力。沒有動機的學習往往是不持久而沒有效率的。茲綜合學者們（例如，Platt & Olson, 1997）的建議，陳述動機策略課程可涵蓋的基本原則。

(1)提供選擇的機會：無論是課程、教材、教法、作業或評量方式，若能提供適當的選擇機會（至少二選一，而非沒有限制的任意選擇），學生的主動性會增加，而較無被迫學習的感覺。因為若能讓學生選擇，學生較會認為自己有掌握權，並且較能為自己的選擇負責。

(2)以身作則、熱愛學習：一般孩子，即使是學習有困難、行為有問題的學生也能感受老師對他們的關懷，而不會無動於衷。同理的，一位平日熱愛知識、發自內在主動

學習的教師也往往會感染學生。因此，當一位教師能認真
準備課程與教學，並對學生的學習關心、對其所引發的問
題有感應，學生也會深深體會若不認真學習，豈不辜負老
師的用心。

　　(3)分享學習的理由與價值：教師可以以自身的學習經
驗，無論是成功抑或失敗，來幫助孩子了解學習的理由與
價值，例如有些課程目前學起來雖然枯燥，卻可能是未來
很吸引人的課程的重要基礎或是對未來想從事的工作很有
幫助。何況有些課程是漸入佳境，有些則是認真學好就自
然產生興趣。此外，教師也可以談談自己克服學習困難的
真實經驗，以作為學生的楷模並引發學生的學習動機。

　　(4)變化學習活動：相同的課程目標，可以由不同的學
習動機來完成，而單調、重複、沒有變化是讓人失去學習
動機的一大主因，透過變化的學習活動，可激發學生的學
習動機。

　　(5)學習教材與日常生活結合、意義化、趣味化：教師
在設計課程與選擇教材時，應思考如何與日常生活的人、
事與物產生聯結。例如教到浮力概念時，可利用吹肥皂
泡、煮水餃、壞的蛋可浮在水面、救生圈、降落傘等日常
生活例子作為切入浮力概念問題探討的例子（莊麗娟，民
88）。即使是較困難或枯燥的數學，只要用心也可以在日
常生活中找到有意義的應用實例。

　　(6)讓孩子對成功有所期待：對於一個永遠沒有成功機
會的孩子而言，我們如何能要求他有學習的動機？從累加
的挫敗中習得的無助感，很容易讓孩子輕易地或及早地放
棄學習。因此，教師在設計課程時，應該發展讓每一位孩
子都能有成功機會的作業與評量方式。並直接教導學生要

肯定自己的能力與願意付出努力。

　　除此之外，教師在平日教學應：①避免標記學生；②避免嘲笑、諷刺學生；③傾聽學生說話；④讓學生知道您關心他；⑤善用學生的專長；⑥避免過度競爭；⑦促使學生相互合作；⑧直接教導溝通技巧；⑨給予低能力或低成就學生相等的時間、注意與支持；⑩向學生溝通您對他的期待；⑪將焦點置於未來的成功，而非未來的失敗；⑫努力去發現學生的優點；⑬明確可完成的學習目標；⑭精心設計問題以激發學生學習；⑮以腦力激盪方式激發學生興趣；⑯降低錯誤率、採用開放性問題；⑰給予時間回答問題；⑱給予提示；⑲學習個人化；⑳善用稱讚。（Brophy, 1987）

　　培養學生的學習動機，即是在發展學生在學習過程中最有價值的資產：積極、正面、肯嘗試的能源。

2.學習策略課程

　　學習策略課程的主要目的在於幫助孩子學習如何學習。它又可分為跨學科的一般學習策略與學科領域特定的學習策略。本章以介紹跨學科的一般學習策略為主。教師可根據班上學生的需要，發展適切的學習策略課程（請參閱附錄四與五）。

　　⑴注意力策略：許多學生都有上課注意力不能集中或不能持久的問題，而容易造成注意力不集中或不能持久的教室情境包括：①上課內容或學習材料單調、重複、沒有變化或過於繁瑣；②作業時間太長；③作業難度太高；④需要等待，不能馬上做反應（洪儷瑜，民88）。教師可於上課時，儘可能避免上述情境發生，例如對於學習有困難

的學生，應提供適合其難度水準的作業。

　　一般而言，注意力可以包含四個主要向度：①選擇性，能選擇與學習有關的刺激加以注意；②分離性，能同時注意聽老師講課，同時檢查是否聽懂老師所說的話；③轉移性，能隨著上課的情境轉移應注意的刺激，例如從聽老師說話，轉移至看黑板上的字，再轉移至課本上的圖片等；④持久性，能將注意力維持至學習工作告一段落為止。因此，訓練學生上課或作功課能注意力集中或持久，可分兩個方向同時並進，一是增進其注意力集中或持久，一是避免其注意分散或不能持久。

　　在積極方面：①利用自我對談、自我控制與自我管理訓練，讓學生能幫助自己注意力集中與持久（本章後面會再論及）；②利用感覺訓練，例如凝視法、靜坐、練氣功以及生理回饋法，讓自己心情平靜、注意力集中與持久；③利用情緒因應策略，處理情緒低落、雜念困惑、無聊厭倦等不利於注意力集中或持久的心情；④改變或適應外界物理環境，例如選擇適當學習空間與有效管理時間；⑤注意營養，例如攝取足夠的蛋白質、維生素 C 與 E、鐵質及適度的休息，以便有足夠的能源，可供使用；⑥經由醫生處方，以藥物治療注意力缺陷、活動過多的問題。

　　除此之外，教師也可運用各種教室管理與教學策略與技巧，使學生上課較能注意力集中與持久：①利用問學生問題；②與學生眼光接觸；③利用座位安排；④直接提示學生要注意；⑤配合學生的注意力特性；⑥幫助學生選擇重要的訊息；⑦用不同的方式重複出現重要訊息；⑧提供新奇的、有意義的教材與活動；⑨利用多感官學習策略；⑩利用圖片；⑪利用不同顏色標示；⑫直接用手指；⑬利

用聲調的變化；⑭表現很興奮；⑮故作神祕；⑯做些可笑的動作；⑰訓練先安靜、再教學等方法。

綜合而言，注意力的訓練至少有四種方法，而這些方法並不會互相排斥：①減少不必要的刺激和提供結構化的學習環境；②運用行為改變技術（應用行為分析，功能性分析）以建立學生的注意行為或消除分心行為；③應用認知行為改變技術，幫助學生自己管理自己的注意行為；④使用藥物治療，例如抗鬱劑或興奮劑（Ritalin；Dexedrine）。目前藥物治療的成效雖被肯定，但仍有副作用，即不是每個孩子都有效，例如沒胃口、失眠，因此不要只用藥物，其他自我負責、自我啟動也要訓練；老師和家長都不要逃避責任；不要輕易就想要用藥物，若要有效的使用藥物，家長、教師與醫生就要時常彼此溝通（Hallahan, Kauffman, & Lloyd, 1999）。

⑵記憶策略：用絕大多數學習有困難的孩子，尤其是學習障礙的學生都不太會運用有效的記憶策略以儲存訊息，甚至有些孩子有記憶缺陷（例如，Adelman & Taylor, 1993；Platt & Olson, 1997）。教師可以利用在領域特定學科學習時，加入記憶策略的訓練，以增進學生儲存訊息的效率。記憶策略的發展與選擇可透過研究文獻、教師自省以及詢問學生的方式蒐集資料。例如筆者曾問某國中一年級學生如何將台灣常見的毒蛇記起來？其中有一位學生立即舉手說：有一隻烏龜被鍊子鎖起來，撐一支傘走一百步去吃飯（龜殼花、鎖鍊蛇、雨傘節、百步蛇、飯匙倩），他的方法是用文字串聯成一句話，並且以視覺圖形化的方式將台灣常見的五種毒蛇記住了。

邱上真（民80）曾針對國中一年級學生設計一套簡略

記憶策略訓練，此記憶策略訓練大約可分成三種，即反覆處理策略（rehearsal），好似拓寬馬路或挖深路基；精進化策略（elaboration），好似多開闢檢索路徑；以及組織化策略（organization），好似設計棋盤式道路，以使訊息儲存方式明確便於檢索。教師也可以依據上述三原則，發展與設計各種有效的記憶策略，協助學習有困難的孩子進行有效知識的儲存。下列即是邱上真（民 80）所蒐集的各種記憶策略。

①反覆處理策略：反覆處理是指學習者使接收進來的訊息一而再、再而三地在運作記憶中出現，以免訊息喪失之意。反覆處理訊息可用聽覺方式（例如複誦）、肌肉動作的方式（例如，反覆抄寫），視覺方式（例如，反覆地看）等。當然也可以同時運用聽覺、肌肉動作感覺以及視覺。反覆處理所要儲存的訊息是學習者最常用的記憶策略，也是最容易使用的策略（Reed, 1988）。其中口語複誦更是普遍。

當所要記住的訊息其數量不大或只需暫時記住、或訊息本身太抽象，沒有相關訊息可供聯想時，反覆處理訊息不失為一種好的記憶策略（例如 Reed, 1988）。反覆處理是自動化學習的必要條件，許多很基本的學科學習如認字，都有必要透過反覆練習，以達自動化學習的精熟水準（鄭昭明，民 77）。

②精進策略：精進策略是指學習者利用各種不同的方法將已習得的訊息加入新學習的訊息，使得新知與舊識能作最適當、精確與有意義的聯結，以促進記憶（Gagne, 1985）。

精進策略又可分為利用空間關係的視覺精進（visual elaboration）策略與利用語文聯結的語意精進（semantic elaboration）策略。當然也可以兩種精進策略同時並用。

(a) 心像法（Imagery）：是屬於視覺精進策略的一種。心像策略是把要記憶的資料在腦中浮現一形象，以增進記憶（Maltin, 1983）。

(b) 位置記憶法（Method of Loci）：此種方法是把要記住的材料與自己很熟悉的場所，以心像的方式產生聯結，當學習者依一定順序回憶場所中的每一特定位置時，便同時回憶起要記住的材料了（Aschcraft, 1989）。

(c) 聯想法（Association）：此法是指學習者將所要學習的新知，利用長期記憶裡的舊識，以字詞或句子，甚至以文章段落的方式將所有新知識聯結起來，使其彼此產生關聯。此法適用於抽象教材、年紀較小以及低成就動機的學生（陳李綢，民77）。

(d) 首字法（Acronym）：是指把學習材料中，每一個字的第一個字母聯結成一個有意義的字，以便記憶與檢索。例如最有名的 SQ3R（Robinson, 1946）即為一例。

(e) 字鉤法（the Pegword Method）:是把要依一定次序記憶的材料與一既存的、有順序的知識產生一對一序列式的聯合，而使要記憶的材料依順序儲存與檢索。我國有十二生肖：一鼠、二牛、三虎、四兔、五龍、六蛇、七馬、八羊、九猴、十雞、十一狗、十二豬即可做為字鉤法用來掛鉤的素材。字鉤法適用於具體或抽象的記憶材料，但其有效性仍待進一

步評估（陳李綢，民 77；張新仁，民 78）。

(f) 關鍵字法（Keyword Method）：此法主要被用來學習外語詞彙（Atkinson & Raugh, 1975），即首先將外國字轉換為發音相似的本國字，此字便稱為關鍵字，然後將關鍵字與外國字的語意聯結在一起，而成為二階段式的記憶策略。

(g) 諧音轉換法：將原本較抽象或學習者較無意義的數字或文字，利用音相似的特點，使其被轉換為有意義的字詞或句子。例如國內許多重要的電話號碼都喜採用諧音轉換法，便其容易記憶。

(h) 引申法（Extension）：將所要記憶的材料，利用學習者的背景知識或其他參考資料再加以進一步延伸，使原本知識更加精進而易於記憶。例如原文只有「檸檬含有豐的維他命 C」，學習者可再加上「維他命 C 可以預防感冒，所以多吃檸檬可以預防感冒」（Gagne, 1985）。

(i) 舉例法（Giving Examples）：當學習者要記住一些原理原則時，可多做些練習問題或多想些例子，如此可對原先的原理原則有更深的理解與認識而較容易將之記住（Gagne, 1985）。

(j) 鉅細靡遺法（Giving Details）：將所要記憶的材料加入細節的部分，使學習者對原本要記憶的材料有更詳細與整體的理解，因而使原來要記憶的材料便相對地易於記憶了（Gagne, 1985）。

(k) 推論法（Inferencing）：學習者把即將要學習的知識（一組命題，命題是知識的最小單位，Anderson, 1983；Kintsch, 1974）與已學會的知識（另一組命

題），經由組合並作推論之後，有時可產生新命題。例如，所要學習的知識是：經由實驗指出維他命 C 可以增加白血球的形成；過去已習得的知識是：維他命 C 可以預防感冒、白血球可以破壞病毒、病毒可以造成感冒，於是學習者經由推論的過程產生新的一組命題：維他命 C 可以預防感冒，因為它可以增加白血球的形成（Gagne, 1985）。

(l) 類推法（Analogy）：若新知與舊識之間有相似之處，則透過對舊知識的理解或利用對新知與舊識之間的比較，將有助於對新知識的理解與記憶。例如白血球抵抗病毒與士兵和敵人打戰、把胃比喻成蔬果機等。但使用類推法要特別小心，過度類推可能會導致迷思概念。

(m) 前置組織因子法（Advance Organizer）：此法由 Ausubel（1960）所提出，它又可稱為創造關係法（Creating Relationship）。此法是指當新知與舊識間無法作適當的聯結時，由教師設計與提供學習者一前置組織因子作為新知與舊識之間的橋樑，以便成功地將新知接連到舊識上。前置組織因子可以是一篇文章中的前言、大綱，它的內容可以是較概括或抽象的、也可以是較特定而具體的，惟其內容應與將要學習的教材有所關聯。

(n) 自述法（Paraphrasing）：學習將所要記憶的材料用自己的話來重說一遍。

(o) 摘要法（Summarizing）：學習者將所要記憶的材料，擷取其精華或重點用自己的話說出來或寫下來。

(p) 作筆記（Note-taking）：學習者在閱讀所要記憶的材料的同時，將重點抄錄下來，然後再閱讀其所做的筆記。

(q) 問答法（Question-Answer）：學習者在閱讀告一小段落時，將所閱讀的材料設計成問題問自己並且回答自己的問題，許多學者們都證實此種方法對閱讀理解與記憶很有幫助（例如，Andre & Anderson, 1979；Palincsar & Brown, 1984）。

精進策略是否能幫助學習者記住學習材料端賴其是否能促使學習者對要學習的教材做深層的處理（depth of processing）以及所加入的訊息是否能精確地將新學習的訊息適切地連到已習得的知識結構上（Gagne, 1985）。而精進策略的功能除了能幫助學習者儲存訊息之外，還能有效地幫助學習者檢索及提取訊息。

③組織策略：組織策略是指將一個訊息集合（set）分派到子集合（subsets），並標明這些子集合之間的關係的一種過程（Gagne, 1985）。組織策略也可以指將所學習的訊息加以建構之後再存入記憶的歷程（Aschcraft, 1989）。

當所欲記憶的材料較為龐大（袁炳泉，民76）、適合分類或本身有層次、有系統、有邏輯關係，且為完整的一組訊息集合時，組織策略是一種幫助學習者儲存與檢索訊息的好方法。組織策略可以許多方式進行之，茲舉例三種如下：

(a) 類聚法（Clustering）：這類方法的特點在於將所要學習或記憶的材料依其在時間上、空間上、特質或屬性上之接近性、相似性與關聯性加以切割、聚合

與分類，使原本只有一個層階的訊息轉變為二個層階以上的訊息，並以二個層階以上的方式儲存與檢索訊息。學習者可先記住第一層階的項目，再記住第二層階的項目；反之，在檢索時亦可先提取第一層階的項目，再由第一層階的項目提取第二層階的項目。如此，可以減少每一層階的記憶負荷量，因而促進了有效的學習。

(b) 大綱法（Outlining）：又可分為主題大綱（Topic Outline）與句子大綱（Sentence Outline）兩種。前者指大綱的內容由單詞或片語組成；後者則指大綱由完整的句子組成。大綱法可利用文章中的主標題與副標題來組合，也可依為學習者對文章內容的理解而自行擬訂。

(c) 建構法（Structuring）：舉凡構圖法（Mapping, Novak & Gowin, 1985）、繪圖法（Graphing）、網路法（Networking）、圖示法（Diagraming）、層階建構法（Hierarchical Structuring, Matlin, 1983）皆屬此類。建構法是把一個向度（dimension）所表現的訊息（例如，一段文章是由一系列的句子組合而成）轉換成以二個向度來表示訊息（例如，算術圖解）。例如，我們將「生物包括動物和植物」（一個向度），轉換成：

　　　　　　　　動物
　　生物
　　　　　　　　植物（二個向度平面的）即是所謂的概念圖法（Concept Mapping）。此法的特點在於將有關的知識以構圖的方式有系統、有層次、有脈絡可循

地統整起來。

　⑶閱讀理解策略：在我國國中小課程中，包含分量極重的學習如何閱讀（learning to read），如國文與英語科中的識字與理解課程，但是卻極少教導學生如何經由閱讀來學習（reading to learning），尤其是領域特定學科的閱讀指導，幾乎是付之闕如。換言之，在課程中，教師並沒有去指導我們的學生如何去閱讀數學課本、理化課本、生物課本、地理課本、歷史課本⋯⋯因此，在此種課程內涵下，要培養學生有積極主動而有效的自學能力並不容易。

　領域特定學科的閱讀指導可以包含三個主要成分：

①領域特定學科的知識結構（knowledge structure），即各學科知識所涵蓋的內容及其組織、分類、排序的方式。

②教科書編寫的方式，例如國中國文課本在大架構上包括編輯、目次、課文本文、語文常識與練習，而在每課課本裡則包含課文、題解、作者、注釋、問題與討論。

③讀書的方法，即針對該學科所需的閱讀理解策略。

至於一般跨學科的閱讀理解策略，最有名的莫過於 Palincsar 和 Brown（1984）所發展的四種策略了：

①摘錄重點（summarizing）：擷取文章中的重要概念，並用自己的話把它說出來。

②自問自答（self-guestioning）：利用文章中所涵蓋的內容，自己設計問題問自己，並且檢查自己理解和記憶的程度。

③澄清疑慮（clarifying）：閱讀中，若遇到困難而無法理解時，應採取必要的行動，例如重讀、繼續讀

下去、查字典、查參考書或向他人求助等方法,以
達理解文章的目的。

④預測下文(predicting):在看過標題、讀完一句或
一段文章,而尚未繼續讀下去時,先預測該文下一
句或下一段可能會出現什麼樣的內容或結構,並於
繼續讀下去之後,檢核預測的成功率,此也可以作
為理解的指標。

綜合而言,要使認知策略訓練方案有效,下列基本原
則可作參考:

(1)一次不要教太多策略。

(2)要教如何自我偵測。

(3)要教在何時何地使用何種策略。

(4)要維持學生的動機。

(5)要與學科知識結合。

(6)不要忽視非策略知識根基。

(7)直接教學。

(8)要長期訓練。

3.後設認知策略課程

很多學者指出學習有困難的學生,在學習過程中大多
缺乏使用後設認知策略的能力(例如Armbruster, Echols,
& Brown, 1983)。但是什麼是後設認知呢?

後設認知英文是由 meta 與 cognition 兩個字組合而成
的。而meta源自希臘文,其原意是指以超然或旁觀的立場
來看事物,因而對事物有更具普遍性與更成熟的理解
(McNeil, 1984)。後設認知的起源是來自俄國認知發展

心理學家 Vygotsky（1962）對人類知識的見識。他認為人類知識的發展可以分成兩個階段：

⑴自動的（automatic）與潛意識的（un-conscious）獲得知識。

⑵主動的（active）與意識的（conscious）控制知識。

而這第二階段的知識發展正是後設認知的源起，對 Vygotsky 有相當認識的史丹福大學教授 Flavell（1979）認為後設認知便是一個人對於自己的認知歷程有所覺知，並且會主動地去偵測自己的認知歷程之謂。而這認知歷程則包括記憶、理解、知識、目標、策略以及一般性認知資源。

另一位對後設認知研究很有貢獻的 Brown（1980）也認為後設認知是指個人具有有關自己思考和學習活動的知識、並且知道如何去控制它。換言之，一個人在有了自知之明之後，還要懂得自我經營（self-management）。而自我經營則包括自我偵測為達到目的所使用的特定策略是否有效，以及自我檢查、自我修正與自我評鑑（Brown, 1980）。

雖然學者們對於後設認知技能或策略所應涵蓋的內容並未有一致的看法，但若依據 Brown（1980）對後設認知所作的解釋，那麼後設認知策略應可包括兩大類：認識自己的認知歷程與認知資源，以及使用與調適自己的認知歷程。前者又可包含：

⑴自我（person）：能力、理解程度、學習過程與性質、個人的學習風格與缺陷。

⑵作業（task）：所要完成的工作或所要解決的問題的性質。

(3)策略（strategy）：完成工作或解決問題的可行方法。

而後者則包括：

(1)計畫（planning）：預測、排定時間、分配資源。

(2)偵測（monitoring）：檢查、選擇、修正、再計畫。

(3)評鑑（evaluating）：檢驗後果、得失。

後設認知策略除了可以分為上述兩大類之外，還可與其他學科技能或策略結合。以閱讀為例，可以發展後設認知閱讀策略如：

(1)建立閱讀的目的。

(2)依目的而調整讀書的方法。

(3)能辨識重要的概念。

(4)能活化先前經驗或知識。

(5)能評鑑文章的清晰度、完整性以及一致性。

(6)理解文章有困難時，知道如何解決或補救。

(7)能評量自己理解的程度。（Brown, 1980）

同時，後設認知策略還可與行為管理相結合而成為「認知行為改變技術」（cognitive behavior modification），或可稱之為自我管理或自我經營策略。它可包含下列項目：(1)如何整理學習教材與規劃學習空間；(2)如何經營學習時間；(3)如何因應學習的壓力與焦慮；(4)有學習困難時，如何尋求協助；(5)如何監控、獎賞與指導自己的行為。其中尤以第(5)項最為重要，其內涵又可細分為：自我觀察、自我覺察、自我記錄、自定計畫、自定標準、自我改變、自我評鑑、自我增強、自我交談等。茲以自我監控訓練（以注意力不集中為例）（Hallahan, Lloyd, & Stoller, 1982; Rooney, 1988）說明如下：

⑴告知學生他有注意力不集中的問題或詢問學生是否知道自己有注意力不集中的情形（承認問題的存在）。

⑵詢問學生是否知道什麼樣的行為是注意力集中，又什麼樣的行為是注意力不集中，老師可親自示範注意力集中與不集中的行為，並讓學生分辨（學生接受問題行為的責任）。

⑶告知或詢問學生個人有何長處與缺點，讓學生認知自己並非一無長處，只是若是有缺點就要修正（列出個人正向和負向行為）。

⑷詢問學生上課或作功課時不集中注意力會有怎樣的後果，若是願意改變則上課或作功課時注意力能集中，會有怎樣的好處（辨識改變的價值以及不改變的後果）。

⑸決定要不要改變（執行改變）。

⑹老師利用錄音帶定時或不定期發出訊號，學生一聽到訊號，即自問：我現在有注意力集中嗎？學生並記錄自己有沒有注意力集中（學生學習達成改變所需的特定策略）。

⑺老師幫助學生選擇，發展適合學生使用之有效策略（確定特定策略對整個問題所扮演的角色）。

⑻學生練習策略的使用，並達精熟水準。

⑼幫助學生辨識作業與情境的需求。

⑽練習配合策略、作業與情境，可因時、因地，因人、因事制宜。

⑾老師發展策略的評量，以了解學生使用策略的成效。

再以在家作作業為例，說明自我管理策略課程的訓練內容如下（Manning & Payne, 1996）：

(1)界定問題：

①焦點：老師要我作什麼作業？我要從哪兒開始作？

②過程：我要花多少時間作完？作完後我還要作什麼？

③結果：我確定一下我是否把功課都作完了，檢查一下。

(2)自我啟動：

①焦點：我要開始作作業了。我最好現在就開始。

②過程：不要發呆，趕快把功課作完。

③結果：只剩下一題就全部作完了，加油！

(3)自我引導：

①焦點：作這題，要先看這個部分，再看另外這個部分。

②過程：慢下來，這個部分我要仔細看，看看我有沒有漏讀？

③結果：要數一下，我總共作了幾題。

(4)自我因應：

①焦點：我今天好累哦！但是我還是要把功課作完。

②過程：我不見得每一題都會作，但是我很盡力了。

③結果：要全部作完是很不容易的，但是我很盡力，再兩題我就作完了。

(5)自我增強：

①焦點：我一點都沒有浪費時間，我回到家，就開始作作業了。

②過程：我很專心，我都不會被電視干擾。

③結果：哇！我作完了！看起來我作得不錯嘛！

綜合而言，自我管理策略的內涵與訓練方式可依學生的個別需求，教師可與之共同商討，以訂定一個個人的「自我經營企劃案」，此企劃案的內容大略可包含：

⑴我想要改變的行為（增加或減少，消除或建立）。

⑵目前的表現（次數／強度／時間長短）。

⑶計畫用什麼方法改變。

⑷預定達到的目標。

⑸計畫執行的情形。

⑹檢核目標達成的程度。

⑺自我獎勵或自我修正的方式。

而在訓練過程中，學生需要學習如何自我交談的技巧，例如：

⑴提問：我現在要做什麼？

⑵告知：我要怎麼做？我可以怎麼做？

⑶嘗試：我有沒有按照計畫做？

⑷檢核：我做得怎麼樣？

⑸增強：我是不是要讚美一下自己呢？（Manning & Payne, 1996）

至於成功的後設認知策略教學所需注意的要點包括：⑴選擇實用而且可以教、學得會的策略來教；⑵要充分告知學習者這些策略是什麼？為什麼要學這些策略，以及如何使用這些策略，並且有充分的時間來練習這些策略；⑶採直接教學（Direct Instruction）與鷹架式教學（Scaffolded Instruction），以及⑷選擇適當的學科教材來配合後設認知

策略教學（Palincsar & Brown, 1984）。直接教學與鷹架式教學皆強調上述注意要點的第(2)項以及將策略的控制責任逐漸由老師轉移到學習者（Jones, 1986; Palincsar & Brown, 1984）。

上述學習策略課程可獨立於學科教學，亦可融入於學科領域中學習，附錄四的學習策略調查表係筆者於民國七十八年至七十九年間所發展的適用於國中生的自我評定量表，九十八題問題共可分成：(1)學習態度；(2)學習動機；(3)自我經營；(4)注意策略；(5)記憶策略；(6)理解策略；(7)讀書方法與步驟，以及(8)考試策略。老師可依據學生在調查表上的反映，提供適當項目的學習策略訓練與輔導。

附錄五則是依據上述學習策略課程的設計原則與內涵所規劃的「學習策略訓練課程」大綱，其課程內涵包含：(1)自我肯定策略；(2)學習動機策略；(3)自我經營策略；(4)反覆背誦策略；(5)具象意義化記憶策略；(6)語文意義化策略；(7)組織意義化策略；(8)文章結構辨識策略；(9)閱讀理解策略；(10)讀書方法與步驟等十大訓練內容。老師可依據學生的需求參考附錄五，自行設計結合學科學習並適合學生學習的學習策略訓練課程。

(三)矯正式課程

矯正式課程的基本原則，亦是在不變動原來課程的架構與內容之下進行，但它若能配合其他支援系統，例如資源教室方案、諮詢教師、小老師、合作式學習、個別差異時間等方式，則效果會更好。此外，若能真正落實小班制，則預定的目標應有實現的可能。

　　矯正式課程適合落後程度較少的學生，這些學生在學習上遭遇到困難與挫折，主要是因為他們需要接受比一般學生更細步化的教學與充分的練習。換言之，他們可以學習，只是學習的步伐比較慢，沒有辦法趕上班上的進度。因此，矯正式課程的設計原則在於透過學科知識的認知成分分析或解題歷程分析，例如將數學文字題之解題歷程分成：(1)閱讀與理解問題；(2)探究問題；(3)選擇解題策略；(4)執行解題；(5)回顧與驗證解答（Krulik & Rudnick, 1989）。或將閱讀成分分為識字與理解，而其中再將理解分成：(1)字面本義的理解；(2)推論的理解；(3)理解的監控（Gagne, 1995），然後再依據分析的結果，發展與設計較細步化的教材、教學步驟與練習作業單。因此，普通班教師對於班上學習較緩慢的學生，也許可以嘗試下列方法，以進行矯正式課程的教學：

　　1.在進入新教材介紹時，儘可能進行細步化的教學，亦即將學習單元切割成較小的單位，每完成一個小單位的教學與學習，即進行檢核，確定學生已習得之後再進行下一個小單位學習；換言之，在新學習的開始時，寧可教得少、教得慢，並且給學生充分練習。打好基礎之後，在後半段教學再加速。對於學得快學得好的學生，則利用充實課程或補充教材協助之。這種課程進展方式，在於學習前半段先以奠定基礎為主，照顧中等或以下能力的學生，而在學習後半段則以充實及擴展為主，以啟發中上能力學生。

　　2.利用個別差異時間，甚至教師願意每週貢獻一到二小時間，對於班上學習步伐較慢的學生，進行個別或小組教學，即詳細地講解、小步驟地練習。

3.利用小老師制或認領同學制,即由班上學習能力較好的同學,透過小老師的養成訓練與提供教材或作業,協助班上學習能力較差的學生。利用座位安排方式,可以在上課時或其他時間,就近協助周圍鄰近同學。如此一來,不只學習有困難的學生可從中獲益,而當小老師者亦可教學相長,更重要的是可以培養和諧共存、互助合作的教室氣氛,是很好的群育與德育的學習。

4.透過異質性的合作式學習,即將全班依能力分成若干學習小組,每一小組的成員皆包括高、中、低能力學生,平日每一小組共同合作學習,能力好者協助能力較弱者,而小組與小組間則進行良性競爭,只要達到老師與同學協商的預定目標,即皆可為優勝者。學習評量方式,可用小組總進步成績或者不同組間相同能力者間的互相競賽所得成績,即各種不同能力的同學都有相同的機會對小組有所貢獻,這就是所謂的良性競爭。

5.透過諮詢教師或資源教室方案,取得支持性服務。所謂諮詢教師是指具有特殊教育或學科特定領域專長的老師,而他的主要職責是經由普通班教師的要求,與普通班老師共同合作,對於普通班裡需要協助的學生,在經過相關資料蒐集、實地觀察與評量之後,界定學生問題,並針對此問題提出可行之解決方案,並由普通班教師執行之,最後再對執行成效進行評鑑,如有必要,則可對計畫進行修正再執行。

換言之,諮詢教師是對普通班教師提供服務,教學仍由普通班教師為主,對學生而言,諮詢教師所提供的是間接服務。目前,台灣地區大概只有南投縣設有諮詢教師,其效益有待評估。希望未來在常態編班普遍實施與融合教

育開始嘗試時，能多設置諮詢教師。

　　至於資源教室方案，目前在台灣各地區已愈來愈普遍，但其實施成效與品質仍有待改進。其問題可能在於行政人員或普通班教師對資源教室方案的功能仍缺乏正確的認識或支持、未能選用適當的教師擔任資源班教師、排課時間不易調配、資源被挪做他用等現象。其實，資源方案（涵義比資源教室廣）是常態編班下，給普通班教師及學生一項很好的支持性服務，它是提供部分時間的教學服務給予課業失敗與高危險群或有特殊需求的學生，它當然也可以服務資優生與具有特殊才能的學生。它更是一項最具彈性、最經濟而不標記學生的特殊教育措施，它可以依學生、學校、學區而發展具有獨特性的服務方案。普通班教師應在充分理解資源方案之後，好好運用校內此項支持性服務以協助班上學習有困難、行為有問題的學生。

　　6.利用社區資源。教師可主動找尋可運用的各項社區資源，例如在人力方面可找本校退休教師、附近大學或專科學校的大專學生、學區人學有專長而且有時間的家長來當志工，透過短期講習之後，可提供志工服務隊，針對有需要的教師和學生給予適當的協助。除了人力之外，例如經費、場所、設備、訓練等資源的提供，也可以適度地給予學生必要的服務。

　　7.催促教育行政當局落實小班制與特殊教育法中對普通班教師所允諾的協助，即班級裡若有特殊需求的學生在內，則可減少班級人數或提供教師助理的服務。

㈣補救式課程

　　補救式課程，主要重點在於加強基本學科，即聽、說、讀、寫、算的訓練。它較適合於已落後一大段的學生，例如已經是國中一年級學生了，但是國語文程度卻只有小學三、四年級的水準，要做矯正已不容易，因已不太可能在短時間內趕上班上國中課程的進度。若是學生家長及其本人皆有繼續升學的意願，此時教師可以採用補救式課程來進行教學。此課程模式仍以基礎學科的學習為主，其課程設計方式是教材難度配合學生的能力與學習表現，但教材內容卻需考慮其生理年齡而與同儕的興趣相配合。換言之，課程目標可藉由減少分量、降低難度或改寫內容來達成。茲大致說明如下。

　　1.減少教材分量，將較難的以及較不實用的部分刪除。例如一冊國文課本裡有十八課，將其中生字較多、較罕用、較有困難理解的課文刪除，讓學生在一學期裡好好地學習範圍較少的教材。

　　2.降低課程難度，但不是直接拿國小課本來用，因為國小課程的難度也許適合學生，但內容所談論的主題或方式恐怕不適合國中生，例如課文內容為「老師好，小朋友早」，即不適合國中生的生理年齡。因此，若要降低課程難度有兩種改寫方式，其中之一是維持國中課程的內容，但使用常用字或較簡單概念改寫成國小程度的難度。另一種方式則是使用國小課程的難度，但將其內容改寫成適合國中生同儕生活型態的主題。這兩項工程都需耗費教師許多時間，因此，教師不妨組成教師成長團體，分工合作以

設計適合學生學習之補救性課程的教材。或者直接從坊間出版的刊物，找尋適合學生學習的教材與作業。利用校內資源班的支持性服務，對特定學生進行補救教學。補救教學應及早開始，最好能從國小一年級即開始，且可持續至國中三年級，以避免及預防學生在學科上的表現，貧富差距愈來愈大。

(五)適性式課程

假若學生選擇進入高職或就業，則可依學生性向、興趣及生涯規劃，於國二、國三時輔導其進入技藝教育班。此時，學科內容可配合職業課程，即以實用為主並能結合其職業興趣與需求，例如學生若選擇服務業，則數學科可以實用數學或商用數學為主，像時間與金錢的管理等技能，而英語科則可選擇與服務業有關的詞彙或日常會話為主等適性的安排。

(六)補償式課程

如果學生經由鑑定為中重度，甚至是極重度智能障礙學生，則可輔導其進入特殊班或特殊學校。但是假如老師願意讓他留在普通班的話，只要處理得當，學生也未嘗不能學習。更甚者，這對班上一般智力正常學生，還可以有正面積極的教育意義，因為一般學生也可以從智障者身上學習到許多也許課本上學不到的功課，例如對個別差異的尊重、對學習價值的肯定、對生命根本的關懷、對人與人之間彼此合作的重視等學習的機會。

所謂補償式課程，亦即功能性課程，它特別強調學習的內容必須與日常生活所需具備的技能相結合，學了就能用，有用才要學。它主張以生活領域結合學科內涵來作為規劃課程的主軸。生活領域大約可分為居家生活、社區生活、職業／學校生活、休閒生活。而將國語、數學、自然、社會、藝能科之知識融入各生活領域中來教學。茲舉例如下：

(1)閱讀：閱讀報章雜誌、閱讀食譜、閱讀說明書、閱讀標誌符號。

(2)數學：買東西付錢與找錢、使用計算機、買東西會比較價格。

(3)科學：生病時會照醫生囑咐服藥、知道開水開了、會辨識天氣穿適當的衣服。

(4)社會：會投票、認識節慶與習俗、會使用社區服務系統，例如公車。

(5)健康：衛生習慣、均衡飲食、看病、簡易護理或急救等。

(七)溝通與行動課程

有些身心障礙生若是無法使用口語溝通或是有很大的行動上的困難，那麼我們所需提供的可能是溝通與行動課程。教育的目標則著重在提供孩子動作以及行動上的協助；語言與溝通訓練；科技輔助的使用；擴大溝通系統的使用以及生活自理訓練。除非主張「完全融合」，不然目前極重度的身心障礙學生被安置於特殊學校或在家教育的機率應該較大。

三、結語

　　近年來，無論國內外的特殊教育政策決策者或是學者，皆有人主張若是身心障礙學生的能力許可，學校應該儘可能讓他們能接受一般普通班學生所使用的課程，一方面固然是因為主張融合教育之故，另一方面也是因為實徵研究的發現告訴我們，降低對身心障礙學生的期待水準，對激發他們的學習潛能並無好處。而若是普通班課程真的是不適合身心障礙學生學習，那麼我們應該運用各種調整的方式，讓身心障礙學生也能在普通教育的課程架構下學習。例如國內特殊教育課程學者盧台華（民92）即在教育部的委託之下，研擬如何以九年一貫課程的架構為主體，進行課程調整，以適合各類身心障礙者學習。

　　職是之故，盧台華（民92）將特殊教育法所明列的十二類身心障礙以及六類資賦優異，重新依據學習以及教學上的需求對所有特殊需求學生進行如下分類，以便進行普通班課程的調整：(1)純感官障礙：視障、聽障、語障；(2)純肢體障礙：上肢障礙、下肢障礙、腦性麻痺；(3)認知功能輕度缺損：智障、學障、情障、高功能自閉症；(4)認知功能嚴重缺損：智障或智障兼其他障礙；(5)認知功能優異：資賦優異或資優兼其他障礙。盧台華（民92）進而將課程調整的原則依前述不同學習者的需求規範如下：(1)加深：代表加深能力指標的難度；(2)加廣：代表增加能力指標的廣度與多元性；(3)簡化：代表降低能力指標的難度；(4)減量：代表減少部分能力指標的部分內容；(5)分解：代表將能力指標分解成幾個小目標，不同的階段或同一階段

分開學習；(6)替代：代表原來的指標雖然適用，但需以其他方式達成。

除了上述七種課程調整的方式之外，假若教育決策單位與學校行政人員願意有所變革話，可與教師合作，進行下列課程的規劃與設計：

1.增加選修科目、合併或減少必修科目，讓學生有較多選擇的機會，以配合自己的能力、性向與興趣。

2.增加實用性科目，例如實用數學、實用語文等科目供不再升普通高中者學習，使學生覺得學習是有意義的。

3.擴大基本學科的學習內涵，即應重視學科的整合與應用的能力（例如批判性思考以及問題解決的能力），經營的能力（使用電腦）、擴展的能力（自我學習的能力），以及建立人際關係的能力。

4.創立一個同時具有「團體共同性」與「個別差異性」的課程，即以較廣義的「活動」（activities）取代較狹義的「行為目標」（behavior objectives），使得共同性與差異性能並存。例如自然科中，「溫度是什麼？」這個主題可適合常態編班裡的每個學生，因為他們可以有共同的「活動」，卻可以有不同的「學習目標」，即大多數學生可以學習如何使用華氏、攝氏量度溫度，而少數學生可以學習在不同溫度下的分子運動，另外則可能有一、二位學生可學習如何分辨和使用冷和熱的東西。又如學生同樣在學習三或四位數的乘除，可能有些同學只要學會認識三位數，能從 1 數到 100 即可，另有些同學則可學習簡化的三位數乘法，像 300 × 20 等。（Stainback & Stainback, 1992）。

5.重視潛在課程的學習。在課程中應融入互信、溝

通、支持、彼此尊重，從別人的角度看事物、能進行自我指導。

　　⑴讓學生感受到教室是個安全的地方，一個很好的學習環境。

　　⑵能讓學生有彼此合作的機會。

　　⑶能讓學生自我認同、肯定自己與別人的價值與差異性。

　　⑷讓學生有作決策和選擇的機會。

　　⑸設計體驗活動，幫助學生以同理心的方式理解各種不同的身心障礙者在學習或生活上可能會遭遇到的困境。

　　隨著九年一貫、統整課程以及融合教育理念的逐步推展與落實，教師處理課程的能力也需跟著成長，即未來的教師應具備使用、選擇、修正與設計課程的能力，乃能勝任教學工作。

第六章 教學的策略

在教室裡，你擁有很大的權力──營造課室氣氛的權力，
讓孩子在教室裡悲慘或喜樂的權力。
（Katafiasz, 1997；林鶯譯）

　　想要帶好班上的每位學生，需要運用適當的教學策略。然而在選擇適當的教學策略之前，需先掌握何謂優良的教學品質。本章擬先說明優良教學品質的指標，再論述教學策略可選擇的類別。

一、教學品質層次指標

　　Dunne 和 Wragg（1994）分析「有效教學」的重要元素包含：

　　⑴對學生有關懷與熱忱。

　　⑵能充分準備與組織教材。

　　⑶能激發學生思考與興趣。

　　⑷講解清楚。

　　⑸有豐富的知識，並且熱愛知識。

　　不過 Dunne 和 Wragg 認為好教師並非五種特質都需具備不可，但至少要有一項特質，而這些特質是可以培養的。在回顧歷年來有關「有效教學」的文獻之後，Porter 與 Brophy（1988）指出有效教學的特徵有：

　　⑴對自己的教學目標很清楚。

　　⑵有豐富的學科知識，並使用適當的教學策略。

　　⑶與學生溝通你對他們期望，並說明理由。

　　⑷有效地運用教材，並充實學科知識。

　　⑸了解學生、適應學生的需要、注意學生的迷思概念。

　　⑹教導學生使用後設認知技能。

　　⑺教導各層次之認知目標。

　　⑻偵測學生理解的程度，並給予回饋。

(9)統整各學科知識。

(10)接受學生的表現或問題是老師的責任。

(11)會反思與反省。

Porter 與 Brophy 更進一步認為這些有效學的特質相當明確，是可以透過職前與在職訓練而獲得的。

Rosenshine 與 Stevens（1986）曾經回顧大量有關「有效教學」的文獻，歸納出「有效教學」具有下列特徵：

(1)復習：復習與檢查作業、復習相關的先前知識、復習與當節課有關的知識與技能。

(2)教學：說明該課的目標並提供大綱、以較小的階段或步驟教學、示範程序、提供一系列具體的正例與反例、說話要清晰易懂、經常檢查學生理解的程度、避免傷害學生的自尊。

(3)指導學生練習：問問題與練習的次數要頻繁、儘可能讓全班學生有反應的機會並能得到回饋、能給學生高的成功率、持續練習直到學生能熟練。

(4)矯正與回饋：給予過程性回饋——正確反應但遲疑、給予延宕回饋提供暗示或再教學——學生反應錯誤、如果有必要的話再教一遍。

(5)獨立練習：開始時可協助學生練習、練習至學生相當熟練為止、教師要積極監督、建立常規並協助學生依循。

(6)週復習和月復習：定期檢查和復習學習過的教材。

Rosenshine 與 Stevens（1986）更進一步指出對學習較慢者應使用較多的復習、較少的新教材、較多的練習指導、較多的獨立練習，至於對學習較快者則可使用較少的復習、較多的新教材、較少的練習指導、較少的獨立練

習。與前述學者一樣，Rosenshine 與 Stevens 也認為有效教學的特質是可以訓練，也學得會的。

　　Bigge、Stump、Spagna 和 Silberman（1999）更進一步指出好的教學品質所應具有的十一項重要指標：

　　⑴經常定期地評量學生的學習與成就：包含形成性評量以及自我與同儕評量。

　　⑵允許學生以多元方式表達自己的理解：運用多元智觀，並滿足學生個別需求。

　　⑶確認學生能主動參與：提供學生有互動的機會、進行合作學習或配對學習、鼓勵學生問問題、避免公開批評、讓學生有扮演領導的角色。

　　⑷提供暗示、線索、協助或鷹架教學：提供多元練習機會、讓學生覺得有挑戰性、聯結學生先前知識或經驗、教學時說明要明確以及有結構、能提供立即與特定的回饋。

　　⑸準備各種不同難度、廣度與類別的學習教材以配合學生個別需求：教材編選考慮多元文化、不同能力、不同興趣學校與社區本位的教材。

　　⑹加強問題解決與批判思考：訓練學生後設認知能力、提供以學生為中心以及以教師為中心的均衡教學、高度結構與開放式活動、鼓勵學生確知自己的思考歷程與問題解決策略、提供學生將知識應用於真實情境的機會、教導學生問題解決策略。

　　⑺提供具系統性的學習機會：透過工作分析提供整體－部分－統整的有系統教學，以滿足學生的優勢以及需求與興趣、安排課程經驗讓學生的能力得以充分發展、維持學習成果。

(8)善用教學時間：事先計畫、組織、準備，有效利用教學時間。

(9)選擇並進行有意義的課程活動：所進行的學習活動對學生目前以及未來的生活有意義。

(10)創造一個支持、滋潤與安全的學習環境。

(11)協同教學、專業團隊與親師合作。

但作者並非要求老師在此十一項指標皆要具備，而是希望老師以此指標作為提昇教學品質的努力向度。

二、一般教學策略

教學策略可分為跨學科的一般性教學策略與特定學科領域的教學策略，但無論是跨學科的一般性教學策略或特定學科領域的教學策略，多多少少都受到心理學的影響。茲先就一般性教學策略討論如下。

(一)不同學派的教學策略

從心理學的角度來看，教學策略大約可區分為行為學派、認知學派、認知行為學派以及社會建構論，近年來認知學派與社會建構論相當受到重視，尤其是由社會建構論所發展出來的建構式教學更是受到國內新一波教育改革者的重視。然而，筆者認為建構式教學並不是要取代傳統式教學，其實兩者應可相輔相成，尤其是對初學者與學習較遲緩者而言，宜先採用傳統式或較為行為取向的教學法，因為此種教學法較具結構性，雖以教師為中心，但學習者較容易有依循的方向。等學習至一定程度之後再改換建構

式教學，並不嫌遲。至於建構式教學與傳統式教學到底有
何不同呢？雖然兩者並不適宜作二分法的比較，但為方便
讀者理解，並作適當選擇、調整或融合，茲參考Brooks和
Brooks（1994）的歸納如表6-1。吾人可利用此表所提供的
訊息及其特色，在適當的時機選擇適當的教學法，以滿足
學生的特殊需求。

表 6-1　傳統與建構式教學之比較
（修改自 Brooks & Brooks, 1994）

傳統教學	建構式教學
強調基本技能學習	強調重要概念學習
課程呈現方式是由部分到整體 　　　由下而上	課程呈現方式是由整體到部分 　　　由上而下
按課程進度教學	按學生學習進度教學
重視課本或教師問的問題	重視學生間的問題
重視教科書所提供的訊息	重視原始資料的蒐尋
重視作業本的練習	重視可操弄的作業
視學生是知識的被動接收者	視學生是問題的主動思考者
老師是講述、傳遞知識者	老師是學習中介者，與學生互動
老師是知識的權威	老師是知識蒐尋的協助者
老師尋求學生的正確答案	老師尋求學生的觀點與概念
學習、評量與教學分離	學習、評量與教學密不可分
學生獨自學習	學生透過合作學習
較強調競爭	較重視合作

1.行為取向的教學

　　以行為學派的理論作為基礎的教學法其實相當多，有
些教學法也曾流行過一段時間，例如完全學習、精熟學
習、編序教學等，然而最受肯定的應該是「直接教學
法」。而「直接教學法」也有很多種，其中以由Carnine、
Silbert 和 Kameenui（1990）等人所發展的「Direct Instruc-
tion」（簡稱 DI）最為有名，因其不只重視教學的有效性

以及教材的結構化,而且強調教學要與課程密切配合以及重視評量的及時性。其教學步驟為:

　　⑴短暫復習先前學習。

　　⑵陳述教學目標。

　　⑶以小的步驟教新的教材,每教一小步驟即給學生練習。

　　⑷給予清晰、仔細的指導語與解釋。

　　⑸提供高主動的練習機會給每一位學生。

　　⑹問許多問題以檢核學生理解的程度。

　　⑺初步練習時要給予引導。

　　⑻提供有系統的回饋與矯正。

　　⑼提供明示教學與練習。

　　由此教學步驟中可看出其與 Rosenshine 與 Stevens(1986)所列舉的有效教學特徵相當吻合,而經由實徵研究也證實此教學法的有效性(Hallahan, Kauffman, & Lloyd, 1999)。

2.認知取向的教學

　　互惠教學法與學習策略教學皆屬於認知取向教學,由於在前一章已介紹了學習策略課程,故在此僅簡略說明互惠教學法的特點。

　　互惠教學法(Palincsar & Brown, 1984)主張:⑴引導學生;⑵結合先前知識;⑶鼓勵學生使用策略,並運用師生對話的方式來訓練學生熟練與活用各種學習策略。以閱讀理解策略教學為例,其教學過程為:

　　⑴每天在師生開始對話之前,同學們先復習一遍老師所介紹過的閱讀策略。

(2)同學們先看看文章的標題是什麼，然後老師鼓勵同學利用背景知識來預測這篇文章可能會談些什麼？

(3)老師和同學一起朗讀或默讀第一段。

(4)老師或同學提出問題，其他人回答。

(5)老師或同學摘錄該段重點，並請其他人加以修改或潤飾。

(6)閱讀時，若任何人有疑惑時，可隨時提出問題進行討論，以澄清疑慮。

(7)最後，經由小組討論的方式探討同學們在繼續閱讀下去之前，對下一段文章所作的預測是否合理。

在進行互惠教學的最初幾天，老師負起帶領對話的主要責任，換言之，老師先示範閱讀策略的正確使用方法。漸漸地，當學生熟練了閱讀策略的使用與對話問答的方法之後，老師便把主導對話的責任逐漸轉移到學生身上，但老師仍須隨時提供回饋與修正。由於在教學過程中，老師可從學生的反應中獲得了解學生的重要資訊，故稱「互惠教學法」，有教學相長之意。

3.認知行為取向的教學

認知行為取向的教學策略係以「自我行為管理訓練」為主軸，而「自我行為管理訓練」的內涵可包括適應行為的建立與不適應行為的消除，訓練的過程則運用自我交談、自我覺知、自我控制、自我記錄、自我增強、自我引導等方式進行自我指導。以自我語言之訓練為例，其步驟為：

(1)老師一面操作，一面大聲說話。

(2)孩子操作，老師用口語指導。

⑶孩子操作，一面自己用口語大聲說。

⑷孩子操作，一面自己用口語小聲說。

⑸孩子操作，一面自己在心裡不出聲地說。

而要發展有效的自我指導方案需注意下列十項原則：

⑴仔細分析要改變的目標行為。

⑵列出學生先前使用的策略，檢驗這些策略是否合適。

⑶要訓練的作業，儘可能與要改變的行為關係密切。

⑷要與學生討論並合作。

⑸確定學生是否有使用自我指導的必要技能。

⑹要給學生回饋。

⑺要明示使用的場合與時間。

⑻使用不同訓練者、場合、時間，以促進類化能力。

⑼慎重處理失敗的問題。

⑽訓練至達到合理的目標為止（請同時參考前一章「後設認知課程」）。

4.社會生態取向的教學

以 Vygotsky（1978）的觀點為主軸的社會建構論，其對學習與發展之間的關係的主要論點與 Piaget 或行為學派的理論有所不同。

其中 Piaget 的認知發展理論認為「學習與發展是兩個分開的實體」，即發展才是主要的過程，學習則跟隨在後，學習所扮演的角色，只是在已發展的結構上再淬煉與精進而已，所以應將兒童視為是積極主動的學習者，而社會環境需避免干擾兒童的自然發展。

至於行為學派，則認為「學習等同於發展」，即發展

完全源自學習，社會環境應負起所有發展的責任，兒童則吸收現成的東西，因此兒童只是個被動的學習者。

　　然而，Vygotsky 卻指出「學習引導發展」的觀點，他認為學習扮演發展的主要角色，當兒童在他們的「最近發展區」（zone of proximal development）內進行活動時，若能得到有能力者的協助，則學習可引導發展向前進。換言之，Vygotsky 對兒童與社會環境的看法是，發展之所以能發生，在於「主動的兒童」與「積極的社會環境」彼此合作之故（Berk & Winsler, 1995，引自谷瑞勉譯，民 88）。

　　其實，Vygotsky 思想與理論的特質與精髓在於他指出：

　　⑴人類心智發展是相互依賴的（intellectual interdependency）。

　　⑵學習的產生在於學習者能積極主動地參與真實社會生活，並建構意義的過程。

　　⑶學習乃眾人之事，它是一種共享的活動。

　　⑷學習的新典範在於學習者與教學者之間的界線模糊了，它是學習者與教學者共同建構對他們有意義的教育情境（侯天麗，民 89）。

　　而此 Vygotsky 的學習觀，正可做為吾人發展互動式教學的理論與實徵基礎。

　　鷹架教學（Scaffolding Teaching）的發展即來自於 Vygotsky 社會建構論的觀點與對人類學習的深切體認。侯天麗（民 89）歸納 Vygotsky 及其後來的研究者之觀點，並結合其實際教學經驗指出鷹架教學所具有的特徵為：

　　⑴與孩子一起解決問題。

　　⑵透過溝通的方式與孩子達成共識。

(3)給予孩子溫暖而正向的反應。

(4)成人的支持必須在兒童的「最近發展區」間內。

(5)必須要同時提昇兒童的自我規範能力。

因此，Vygotsky 強調老師必須與兒童頻繁的互動並與之互助合作，且在此互動與合作中，小心地選擇適合孩子「潛在發展水準」的教材與活動，就能真正促進孩子實際上的發展（Berk & Winsler，1995，引自谷瑞勉譯，民88）。

以社會建構論為根基或以社會生態論為取向的教學法，目前以合作式學習（Johnson & Johnson, 1994）和同儕教學（Maheady et al., 1988）較受重視。

(1)合作式學習：合作式學習係利用小組教學，學生透過彼此互相合作，將自己以及其他同學的學習最大化。競爭與個別化學習只是合作式學習中的一部分。小組可以是兩人或兩人以上。其特徵為：正向的相互依賴；考慮個別學習績效；同儕之間彼此有互動的機會；人際關係訓練；重視團體歷程。而其重要學習內涵則為：學習成果是經由共同合作產生的；小組成員要互相幫忙；必要時小組成員要知道如何尋求協助；達到共識之前，要充分討論；小組中的每位成員都要對自己所分配到的工作負責；小組中的每位成員都要參與小組的活動；小組中的每位成員都要對進行的學習活動有貢獻；除團體互動之外，個人績效也很重要。

合作式學習的設計方式相當多樣化，教師可依據學生以及學科學習的特質選擇或設計適合的方式進行，但無論是用「學生小組成就區分法」、「小組遊戲比賽法」、「拼圖法第二代」、「小組協助教學」或「小組探究

法」，其共同的特徵就是合作式學習重視不同能力學生之間的彼此合作與學習，相當符合尊重「個別差異」的融合教育理念。其實教師也可自行設計適合班級氣氛的合作式學習。

(2)同儕教學：同儕教學是個可創造三贏（教師、小老師、被教者）局面的教學，除被教者受益外，老師經由有效時間的運用，可落實個別化教學與重視個別差異，而小老師也可從教學中獲益，因為要把別人教懂之前，自己要先充分理解，而在教同學的同時也可檢驗自己是否真理解了。

同儕教學要慎選小老師，而且要對小老師施以訓練或提供實際演練的機會。同儕教學可以兩個人一組（一位教學者與一位被教者），也可以多人一組（一位教學者與多位被教者）（Maheady et al., 1988）。在班級人數過多的情況下，也許運用一位教學者與多位被教者的方式較為可行。

綜合而言，沒有任何一種教學策略是萬靈丹，老師要能靈活運用各種教學法，才能達到事半功倍之效。

(二)與教學以及學習有關的成語

除了從心理學原理發展教學策略之外，筆者與洪儷瑜（民 88a）發現有不少吾人常用的成語當中，可以用來幫助吾人思考與設計有效的教學策略，以因應個別差異之需。茲列舉數項成語說明之。

(1)勤能補拙：訓練學生的弱處或利用其殘存能力，有些學習可能有量變產生質變的一天。但亦不可存有不切實

際的幻想，量力而為，以避免過度挫折。對孩子的弱處接受、面對，但不放棄。

(2)截長補短：以學生的長處補學生的弱處，例如以其較優勢的視覺學習協助其較弱的聽覺學習。

(3)因勢利導：遷就學生弱處，例如好動的孩子，讓他在學習活動中能有動的機會，使好動的行為也有正當性的時候，以減少挫折。

(4)迂迴而行：細步化教學與評量之意，例如山路的開墾方式，路雖較長但坡度較小，較好走。給予充分的時間學習。

(5)另闢蹊徑：利用另類或逆向思考找出學習的其他路徑，例如口足畫家利用口或足亦可作畫。

(6)如虎添翼：利用其優勢學習，充分發展其潛能。

(7)多管齊下：除用「多感官學習」的概念外，亦涵蓋多種教學策略並用之意。

(8)鉅細靡遺：詳細講解或多舉例之意。

(9)鍥而不捨：持續關心、不輕易放棄之意。

(10)防患未然：事先規劃與經營，以預防不適當行為發生或學習的困難出現。

(11)亡羊補牢：永不嫌遲，從任何時間皆可開始協助學生之意。

(12)快馬加鞭：當學生有很好的進展時，不妨速度加快，有效運用學習時間之意。

(13)現身說法：以過來人的身分說明學習的意義、重要性與方法，作為學習的楷模。

(14)深入淺出：利用生活中的實例，將複雜的概念以淺顯易懂的方式解說。

⒂通權達變：教學或評量方式應考慮學生的特殊狀況而作適當的變通。

⒃畫龍點睛：提供適當的暗示或線索協助學生學習。

⒄溫故知新：使舊知識保存並與新知結合。

⒅深根固柢：將基礎打好、不讓困難累積。

⒆瑕不掩瑜：不要只看學生的缺點。

⒇明察秋毫：對學生的困難要有敏銳的感受力與觀察力。

㉑感同身受：即同理心的運用。

㉒念茲在茲：真誠的關心孩子的學習。

㉓愛屋及烏：接納學生的缺點。

㉔雪中送炭：學生有困難時能伸出援手。

㉕和衷共濟：創造生命共同體以及有歸屬感的教室氣氛。

㉖教學相長：有可從學生的身上獲得學習的信念，認為教與學是互惠的觀念。

三、學科特定教學策略

(一)閱讀問題的處理

補救教學之前，應先預防不適當的教學。而補救教學進行之前，先要了解學生的學習特質與困難之處，才能對症下藥。若以學習障礙者為例，他們的閱讀特徵有解碼認字、掌握語法與理解語意等困難。對初學閱讀者的教學，教師應考慮如何開始、何時開始、使用何種教材、如何進行班級經營等問題。

　　至於如何進行閱讀教學呢？其實學者們對閱讀教學有不同的看法，爭議最大的莫過於全語言（Whole Language）教學（Goodman, 1986）與聲韻取向（Phonics Approach）的教學（Adams, 1990）兩大陣營。

　　目前採取折衷教學法的學者愈來愈多（例如，Hallahan, Kauffman, & Lloyd, 1999；Strikland, 1998）。Strikland（1998）即提出整體－部分－統整（Whole-Part-Whole）的教學法，來指導初學者閱讀，此種教學法主張先用全語言教學法，透過進行有意義的聽、說、讀、寫統整性的活動，讓學生從接觸並了解全文開始，然後再將學習的焦點放在語言特定知識與技能方面的教學與訓練，例如語音、語形、語法與語意的學習，接著再回到全文理解的教學，以統整的方式培養學生精熟的閱讀技能與靈活運用語文的能力。

　　Strikland（1998）更進一步的指出此種折衷的教學法有如下的幾個教學原則：

　　(1)技能的教學必須與有意義的學習相結合，不能孤立或隔離地來教。

　　(2)教學必須要有系統，不能隨機，但亦不能太僵化。

　　(3)特定技能與策略的精進教學，必須以學習者有需求為前提。

　　(4)必須以形成性的評量結果作為選擇教學內容與教學策略的依據。

　　(5)應與教育決策單位所頒布的課程目標相結合。

　　此種教學法期使學童能在有意義的學習情境中，同時習得閱讀的基本技能與高層次的閱讀理解、學科學習與多元思考的能力。

　　若針對解碼認字有困難者，除提供豐富的語言學習情境之外，教師可先進行直接而且有系統的教學生解碼認字，再運用應用行為分析法以增加學生認字的流暢性與自動化，進而使用互惠教學法透過上下文訓練以增強學生對全文的理解。除此之外，老師不妨蒐集並嘗試各種不同識字教學法以因應學生的特殊需求，例如大陸學者郝嘉杰（1997）即整理了至少二十一種識字教學法（集中識字、隨課文識字、注音識字、韻語識字、字族文識字、字根識字、漢字標音識字、成群分級識字、字理識字、部件識字、聽讀識字、科學分類識字、奇特聯想識字、快速循環識字、猜認識字、字謎識字、趣味識字、立體結構識字、雙拼計算機輔助識字、多媒體電腦輔助識字、四結合識字）供教師參考。

(二)書寫問題的處理

　　書寫不只是許多特殊需求學生的難處，亦有不少一般學生不喜歡寫字。然而對書寫障礙的學生而言，寫字更是夢魘。一位書寫障礙學生的媽媽（白可，1997）觀察到他的孩子寫字有下列特徵：一筆劃一筆劃地描寫、無法記憶筆順、無法掌握筆劃的高低與長短、同一行中字的大小差距大、字無法對齊、字的結構歪斜散亂、常寫出線外、抄寫速度慢、需要口頭提示部首或字的特徵、拼注音能力較寫國字能力好、仰賴視覺來監控手寫、無法一邊寫國字一邊思考、描寫與默寫能力相差懸殊、偶爾有鏡影字、反轉字、同音異字、較容易記住形聲字、容易眼睛疲倦、常常掉筆、拿鉛筆時手抓得很緊、使用橡皮擦的次數過於頻繁。

學者們發現寫字能力與智商較無關，但寫字技巧和視知覺以及視動協調有關（Hallahan, Kauffman, & Lloyd, 1999）。寫字有困難也會影響寫作，因寫錯字則文章不易被理解，且因寫出的詞彙有限，也會影響作文品質。寫字與閱讀也有密切的關係，若過度依賴語法與語意，閱讀能力也會受影響。

除了傳統的寫字教學法之外，教師需要仔細觀察與分析學生寫字的特徵與困難，並進而設計有效的寫字策略教導學生運用。若實在有困難，允許學生使用電腦文書處理，也是個好的變通方式與替代方案。

Hallahan、Kauffman 和 Lloyd（1999）指出寫字教學較無效的方法包括：死記、將字放在句子裡、使用學習－評量（study-test）方式、忽略錯誤、每週教很多字、視寫字是沒有趣味的活動、書空練習。

而較有效的方法則有：列成字表、提供寫字學習策略、使用評量－學習－評量（test-study-test）的步驟、指出錯誤、每日生字不要太多、設計寫字遊戲、學習組字規則等。

至於一般教學原則則包括：可將一般學生常寫錯的字列出，並給予充分的練習各種組字規則；每天都要練習寫一些字，且要將字分解成部件；利用分配練習法，重複寫字練習；要練習利用組字規則來寫字；要強化類化能力以及促進自我矯正能力。

(三)寫作問題的處理

有些學生可以字寫得很工整、字也寫得正確，但寫出

來的文章，別人很難理解。寫作和口語表達並不完全相同，如果孩子有困難將口語表達轉換成書寫表達，則有可能顯示書作障礙。寫作的問題有：整篇文章的字較少；每個句子的字較少；語法的正確性與抽象性較差；閱讀能力差而影響寫作能力；詞彙與整體成熟度、字的使用、風格、寫作技巧皆較差；較少使用複雜的句子結構；使用的不同字也較少；段落的組織性也較差；文章內涵蓋較少的概念；故事體文章所涵蓋的重要成分亦較少；人、事、地點、情節的變化亦較少；標點符號、文法運用能力較差（Hallahan, Kauffman, & Lloyd, 1999）。

　　書寫表達能力的成分包含：流暢性、內容、格式、語法與詞彙，因此教學策略也需涉及這些成分的指導。除了一般寫作技巧訓練之外，還可用看圖說故事；用一個句子描述；用兩個句子描述；注意標點符號的使用；用三個或更長的句子寫段落；教導如何開頭、使用主題句、描述時間順序；評估自己的作品；計畫要寫些什麼；寫大綱；將計畫轉換成文字；修改初稿等。至於補救過程有時只要求學生多寫，就足以改進學生的寫作能力，但是還是要教學生如何寫作，合作練習策略或獨立執行策略皆可運用，也可鼓勵學生使用電腦寫作（Hallahan, Kauffman, & Lloyd, 1999）。

(四)算術與數學問題的處理

　　算術和數學不只包括計算技巧和知識，而且還包括推理和解決問題的能力。

　　以往數學較不如閱讀和語言問題受到重視，現在則較

受重視是因為它與學習中的認知有關。以數學學習障礙者為例，其困難包含缺乏計算能力以及缺乏使用數學符號的能力。Kosc（1974）進而指出他們的困難有下列各種類別：有困難指明東西的數量；無法比較事物的大小；閱讀數學符號有困難，包括運算符號與數字；有困難書寫數學符號與數字；有困難理解數學概念彼此間的關係；有運算困難。Kosc的這種分類可告訴我們，數學學習障礙學生有很多不同的困難和問題。

數學教學的一般原則是老師需要思考：要教什麼？怎麼教？建構式教學重視數學概念結構的理解與數學解題推理能力的訓練，並強調能讓學生享受解題成功的樂趣，而傳統教學則較重視基本運算能力的培養，即計算正確而且快速。

直接教學法（依據行為學派所發展的教學法）大師Cannine（1989）在進行多年的教材編輯與實際教學以及實徵研究之後，歸納對於學習數學有困難的學生，必須注意下列原則，以使教學成效能順利達成。

1.有效數學教學的原則

（Cannine, 1989；http://www.conknet.com/~p_bliss/math.htm）

⑴避免記憶負荷量過大。

⑵提供每日的復習與引導式的練習，避免錯誤的學習。

⑶避免同一時間學習概念與運用，以免混淆。

⑷新舊概念與技能的關聯性需要直接教學。

⑸要按照難易順序教學。

(6)讓學生的反應能流暢精熟。

(7)確保學生能有成功的機會，並能獨立完成作業。

2.數學教學的調整原則（Cawley et al., 1978）

Cawley等人（1978）亦指出對於數學學習有困難的學生，教師必須在教材以及教法上作適度的調整，以幫助學生能進行有效的學習。其在刺激與反應方式的調整原則如下：

(1)在刺激呈現方面：使用實物、固定的視覺展示、使用口語陳述問題、使用文字或符號呈現問題。

(2)在反應方式方面：用操作式反應、提供答案選擇、使用口頭回答、使用文字或符號表徵。

3.數學科的預防與補救教學的原則

至於在預防與補救教學方面，教學者所需考慮的向度，有下列六項。

(1)決定知識的形式：詞彙、概念、計算技巧與規則、認知與解題策略。

(2)決定舉例的範圍：寬或窄。

(3)決定舉例排列的順序：將實例整理、分類與排列。

(4)設計練習與評量的問題：學過的與未學過的。

(5)儘可能用實物來學習，例如點、角、邊、圓、平面。

(6)利用操作方式來理解數學的概念。

4.功能性數學

對於落後較多的學生，若不適用普通班的課程，老師

可考慮改用功能性課程,以達學以致用之效。

功能性數學所涵蓋的領域,可包含金錢使用、時間、容量與體積、長度、重量／質量、溫度等(Patton & Cronin, 1997),而應用的範圍則有:

(1)就業:使用交通工具、工時計算、薪資所得、紅利、午餐。

(2)升學:學費、時間管理。

(3)居家生活:開銷預算、附帳單、購物、維修、財務管理、投資、烹飪、布置、清潔、洗衣。

(4)休閒生活:旅遊、消費、會員會費、體能活動、看電影、買彩券、收藏、蒐集。

(5)個人責任與人際關係:約會、節慶、禮物、行程表。

(6)健康:身高、體重、營養、看醫生、用藥。

(7)社區參與:投票、公共交通工具使用、出外用餐、使用公共設施、危急事件處理。

若進一步以數學領域區分,則可分為:

(1)算數:數與計算。

(2)代數:比例尺、食譜、所得稅。

(3)幾何:度量、地圖閱讀、房間空間規劃、禮物包裝。

(4)概率:宴客前預估食物準備量、玩橋牌、排隊。

(5)三角:房間布置、打高爾夫球、搭帳棚。

(6)統計:價格、股票、飲食量以及營養計算、溫度等(Patton & Cronin, 1997)。

教師亦可將功能性教材融入普通班課程中的議題,可讓特殊需求學生以及普通班學生同時受益,由於此種教學

內容，可讓班上的所有學生皆能將其所學立即應用於日常
生活中，而產生成就或滿足感。

(五)社會技巧的訓練

　　一般普通班教師所需面對的特殊需求學生的學習問
題，可能不只學科方面，可能還有行為問題以及社會適應
方面的困難，因此普通班老師們可能也需要提供這方面的
教學。目前洪儷瑜（民 88b）在社會技巧方面發展了一系
列適合國小與國中的訓練課程，相當值得參考，其課程架
構與具體訓練內容包含如下項目：

| 基本溝通 |

一、傾聽一

　　1.我看著對方

　　2.我表現專心聽話的樣子

　　3.我聽到對方說什麼

　　4.說出我聽到的重點

二、傾聽二：表達

　　1.我表現專心聽話的樣子

　　2.我聽到對方說什麼

　　3.我什麼時候可以說

　　4.說出我聽到的重點

三、發問

　　1.我要知道什麼

　　2.我要問誰

　　3.用什麼方式問

  *4.*在什麼時間問

四、標定情緒

  *1.*看看他

  *2.*聽聽他

  *3.*為情緒命名

五、標定他人的情緒

  *1.*標定情緒

  *2.*反應對方的情緒

  *3.*核對對方的情緒

六、如何表達自己的情緒

  *1.*表達情緒的方式

  *2.*表達情緒的目的

  *3.*不同表達方式的可能後果

  *4.*評估最符合目的的方式

  *5.*我決定

七、表達對他人情緒的了解

  *1.*揣摩他人的情緒

  *2.*有哪些方式可以表達我對他人情緒的了解

  *3.*表達我對他人情緒的了解的目的

  *4.*評估各種表達方式的後果

  *5.*選擇表達的方式

情緒處理

一、表達對他人的好感

  *1.*辨認好感的感覺是什麼

  *2.*我要表達好感的目的

  *3.*我可以用什麼方式

  *4.*評估不同表達方式的後果

　　5.選擇表達的方式

二、處理自己的憤怒

　　1.看看自己、聽聽自己

　　2.停下來、冷靜一下

　　3.想一想我可以怎麼做

　　4.我決定怎麼做

三、處理他人的憤怒

　　1.確定對方是否生氣

　　2.表現專心聽話

　　3.想一想我可以怎麼做

　　4.我決定怎麼做

四、處理自己的焦慮

　　1.確定自己是否緊張

　　2.我在緊張什麼

　　3.想一想我可以怎麼做

　　4.我決定怎麼做

五、獎勵自己

　　1.找出自己值得鼓勵的事

　　2.決定一件值得鼓勵的事

　　3.口語獎勵自己

　　4.想一想還有什麼獎勵的方式

　　5.我決定如何獎勵自己

衝突處理

一、如何抱怨

　　1.我對什麼事不滿

　　2.是誰引起我的不滿

　　3.向那人表達不滿的方式

4.提出我個人對此問題積極的建議

5.詢問對方的感受

二、處理抱怨

1.傾聽抱怨的內容

2.詢問不了解的地方

3.同理對方的情緒

4.想出可能解決的方式

5.選擇解決的方式

三、處理抱怨——協商

1.判斷自己是否與他人意見不一致

2.用友善的方式說明自己對問題的看法

3.詢問對方的看法

4.討論可能的方式

5.決定處理的方式

四、處理嘲弄

1.判斷別人是否真的在嘲笑我

2.處理嘲笑的理由

3.處理嘲笑的方式

4.選擇處理的方式

五、避免捲進麻煩

1.評估事情的正負後果

2.決定要不要避開這件事

3.如何避開的各種方式

4.決定避開的方式

六、處理別人打我的小報告

1.判斷他人報告的事情是否屬實

2.對方打小報告的理由／原因

3. 處理打小報告的方式

4. 決定處理的方式

七、處理團體壓力

1. 團體是否給我壓力

2. 團體要我做什麼

3. 自己想做什麼

4. 拒絕團體壓力的方式

5. 決定處理團體壓力的方式

四、結語

　　經由多年實徵研究結果的累積，有效教學已有了明確的指標，它們大多相當具體而且可以學習。教學策略一般可分成跨學科與學科特定兩大類別的策略，而這些策略除了具有實用性之外，也都有其學理基礎。不過卻難有單一的策略是唯一的萬靈丹，通常需要教師靈活的運用，以因應學生的特殊需求以及學科的特性。

第七章 教材的編選

> 資訊不等於知識，知識不等於智慧
>
> 曾志朗（民89）

　　目前教科書雖然已經開放，而各種不同版本也各有其特色，但若要滿足個別差異如此之大的學生需求，其實並不容易。因此，身為一位教師應具備有調整與編選教材的能力。

　　調整教材的方法很多，但基本的原則應該是在改變最少的情況下仍能滿足學生的特殊需求。因此，大致上來說，教材調整的方法可以之歸類為三種：利用現有的教材，不更動它，但提供輔助教材或學習策略；修改現有的教材；以及教師自編教材。茲分別說明並舉例如下。

一、利用現有教材，提供輔助教材或學習策略

(一)劃重點以及找出關鍵字

　　老師可協助學生將課文中的重點或關鍵字找出來，以協助學生掌握需要特別注意的學習重點。

> 生物因構造繁簡不同，生殖的方式亦不盡相同，這些不同的生殖方式可歸納成無性生殖與有性生殖兩大類。無性生殖只要單一個體就能完成，且無需配子的參與。有性生殖則需由生物的雌性與雄性個體分別提供雌配子（卵）和雄配子（精子或經細胞），兩者合成一個受精卵，受精卵再發育成一個新個體。
> （國民中學《生物》教科書下冊，國立編譯館，民88）

(二)提供課文大綱

教師可將課文的大綱列出，讓學生知道該課的主要架構、內涵及其層次，以幫助學生理解該課各個主要學習項目之間的關係，並能組織與統整學習內容。大綱的呈現方式可以有很多種，可以用主題概念式的（topic outline），也可以用句子式的（sentence outline）方式。例如「人類與環境」的課文大綱如下：（國民中學《生物》教科書下冊，國立編譯館，民88）

人口問題與環境倫理

環境污染

空氣污染

水污染

固體廢棄物污染

自然資源的保育

生物多樣性

生態平衡

人類與自然界的平衡

(三)使用概念圖

將課文內容用概念圖方式呈現，以協助學生理解課文中概念與概念之間的關係以及有效的記憶。例如下列框內短文，即可用圖 7-1 的概念圖有結構地呈現出來。

大多數綠色的植物都有莖，莖包含**韌皮部**與**木質部**。韌皮部能將食物由上往下輸送，而木質部能將水分與礦物質由下往上輸送。輸送食物與輸送水分、礦物質，都叫**輸送作用**。輸送作用是綠色植物莖的最大特徵。

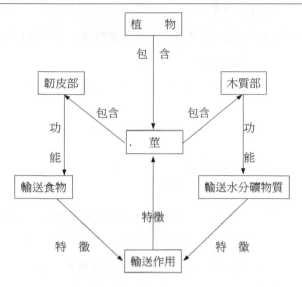

圖 7-1　綠色植物的莖（謝兆樞，民 78）

㈣提供逐段課文之閱讀指引

　　老師可將每段課文的重點轉換成問題問學生，以引導學生閱讀該段課文並理解其重點。例如我們可將環境污染這節課文（國民中學《生物》教科書下冊，國立編譯館，民 88）提供逐段課文之閱讀指引如下。

環境污染

這一節主要是要我們認識：

　　環境為什麼會被污染？

　　環境污染對我們的生活或健康會造成什麼影響？

　　有哪些種類的環境污染？

＊想一想我們要怎樣避免環境被污染？

第一段請你找出「人類的經濟活動愈發達，環境污染會愈嚴重」的實例。

第二段請你仔細找找看什麼叫做「生態系」、「食物鏈」和「生物累積」？

　　　　並說說看為什麼環境污染對人體健康有害？

第三段請你找找看空氣的污染源有哪些？

　　　　請舉出至少四種由空氣污染產生的廢棄物，並說明這些廢棄物對環境造成什麼傷害？

第四段請說出台灣水污染的情形。

　　　　請說明農藥、動物糞便以及清潔劑是如何造成水污染的？

第五段請舉出至少三項你家所產生的固體廢棄物。

　　　　請說明為什麼生活條件愈優裕的國家，人民產生的廢棄物愈多？

伍列出閱讀或學習步驟

將閱讀課文的程序或步驟臚列出來，以供學生依循。而且也可將此閱讀或學習步驟作成卡片，讓學生隨時參照，使用多次後，自然就自動化了。

(1)仔細讀這一段的<u>每個</u>句子。

(2)辨識這些句子是以下列哪一種方式的解說：**描述、定義、舉例、比較、排序、因果關係或問題解決。**

(3)認真思考這些句子或段落的真正意思，並檢查自己是不是真的理解這些句子的意思了。

(4)把這些句子變成問題問自己，並且試著自己回答這

些問題。

　　(5)檢查自己回答的是否正確。

　　(6)再把整段課文從頭看一遍，看看有沒有遺漏或不懂的地方。

㈥增加實例、圖片、圖表

　　將課文的內容整理成圖或表，或另找合適的圖表補充，其形式可以相當多樣化與具有創意，以引導學生整理與組織知識，進行有系統的學習。

卵生與胎生的比較

種類	受精方式	受精卵發育場所	養分供給	卵的大小	實例
卵生	體內或體外受精	母體外	卵黃	大	魚類、兩生類、爬蟲、鳥類
胎生	體內受精	母體內（子宮）	母體血液	小	哺乳類
卵胎生	體內受精	母體內	卵黃	大	毒蛇

㈦提供錄音帶、錄影帶、光碟片或網路資訊

　　將上課朗讀或解釋課文錄音或錄影，並製作成錄音帶、錄影帶、光碟片，然後借同學或請同學自行拷貝帶回家使用，也可教導學生使用網路上的資訊進行學習。

二、修改現有教材

(一)改寫教材

將教材重新改寫，例如，對重要的概念多作說明、多舉實例、多與日常生活經驗結合；將罕用字用同義的常用字取代；改變課文順序；簡化或減少課文分量等。

(二)整理、組織教材

將教材以學生較易理解的順序重新整理或組織，如表7-1 沙漠單元組織、表 7-2 綠色植物的葉子所示。

表 7-1 沙漠單元組織表：以寒帶沙漠為例

（修改自 Lenz, Bulgren, Schumaker, Deshler, Boudah, 1994）

自我評量
1. 請指出熱帶、溫帶、寒帶、半乾燥沙漠的不同處？
2. 沙漠中的植物如何得到水分？
3. 沙漠中的動物如何抵擋酷熱？
4. 請舉出三種沙漠氣候的農作物？
5. 什麼是寒帶沙漠的特徵？
6. 寒帶沙漠對植物造成什麼樣的影響？
7. 動物們如何在寒帶沙漠中生活？

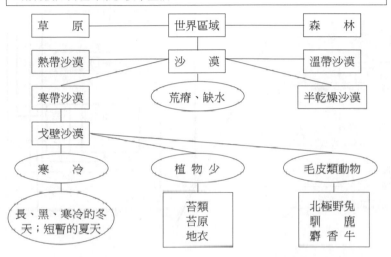

表 7-2　綠色植物葉子的結構功能（謝兆樞，民 78）

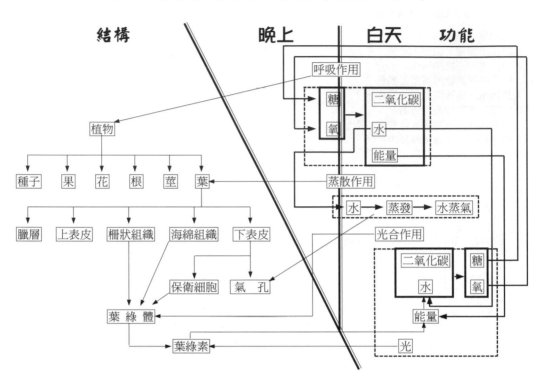

(三)增寫學習指引

　　將該課文的主要學習內涵與步驟重新規劃，以明確清晰的圖表呈現，如表 7-3 分數概念圖解所示。

(四)提供視聽媒體

　　包括電腦軟體、多媒體光碟、網路化教材等學習材料。

(五)減少學習材料

　　將較難、較不常用、學生較無興趣或較不具關鍵性、

表 7-3　分數概念圖解（修改自 Platt & Olson, 1997）

	永遠成立	有時成立	不成立
	分子代表部分	分子小於分母	分母是零(X)
	分母代表整體	分子大於分母	
	以線分隔分子與分母	分子等於分母	

1. 概念：分數
2. 頂層概念：數
3. 關鍵字：分子／部分；分母／整體；等值；1/2；10/2；線；10/10；10/0；1/0；分子小於分母；分母是零
4. 特徵分析：

5. 範例：

實例	非例
1/2	1/0
10/2	10/0

6. 新範例練習：

7. 定義：分數就是一個數，它有分子代表部分，分母代表整體，中間有一條線分隔分子與分母

較不影響未來學習的教材先刪除。

㈥簡化課文中的詞彙

漢字中有許多同義詞,因此若遇到罕用字或較艱澀的
字,可改使用學生較熟悉的詞彙。

三、教師自編

教師自編教材可分為「傳統式的」與「網路化」自編
教材。後者可上網並可與他人分享。在教材資源方面,教
師可蒐集各種不同版本的教科書及其相關參考資料,以作
為自編教材之用。當然教師也可自己創作或選擇較具功能
性的教材來源,例如:報章雜誌、食譜、菜單、工作申請
書、電視週刊等皆可作為教材編製的重要素材。

編選教材的原則包括應配合學生的年齡與程度;要與
課程理念整合;容易取得與使用;有作業以及評量的設
計;沒有性別以及文化歧視。教材的編選可以很正式,也
可以配合需要時在進行教材編製,一般而言,用非正式的
教材編選方式即可滿足教學與學習的需求。以下是筆者歸
納的較正式的教材編製原則,即編製教材時可考慮教科書
的評鑑標準、法定依據、可能的內涵以及編製的程序。

㈠中華民國課程與教學學會教科書評鑑標準（民 85）

1.內容特性

⑴理論基礎：教育哲學；學科知識。

⑵目標：明確性、時代性、前瞻性、周延性、法制性。

⑶內容：包含學科基本且重要之事實、概念、原理、原則、方法和價值、包含課程標準之教材綱要、正確性、時宜性、實用性、生活化、多元文化觀、符合學童身心發展、可讀性、分量適中、難易度適中。

⑷組織順序性：繼續性；統整性。

⑸其他：親子共同學習園地；使用說明；索引；參考資料。

2.教學特性

⑴教學設計：教學目標；教學模式；學習主動性；學習的適性；趣味性。

⑵學習評量：配合教學；多元化；知情意兼顧；不同認知層次；診斷補救措施。

⑶教學資源：①教學指引；②教具或媒體。

⑷其他：親子學習手冊。

3.物理特性

⑴版面設計：外觀；圖文配置、色彩安排；字體、類型、大小及間隔。

(2)印製、裝訂、紙質。

(3)其他：目次。

4.出版特性

(1)作者。

(2)發行人。

*(3)發展過程：實驗、試用及評鑑、修改。

(4)費用。

(5)附屬服務。

(二)教材編製的依據

1.國民中小學課程綱要

參考各學習領域的階段指標、分段能力指標、以及十大基本能力，作為自編教材的重要依據。

2.普通與特殊教育理念（舉例）

(1)每個孩子都有學習的能力；教師要尊重孩子的學習權。

(2)每個孩子都不能被排除在外，部分參與和相互依賴也有其教育價值。

(3)每個孩子無論其障礙程度為何，都能對社會有所貢獻。

(4)教育方案應為每個孩子的真實生活而準備：居家、社區、職業、休閒。

(5)每個孩子應該有與一般正常人接觸的機會。

(6)父母的參與是相當重要的。

3.課程模式（舉例）

⑴學科教學模式（基本學科知識）。

⑵歷程訓練模式（基本心理能力訓練、學習策略教學）。

⑶生活核心模式（特定技能、行為目標）。

⑷發展性課程模式（動作、認知、語言、社會技能）。

⑸功能性課程模式（以活動為主軸、社區本位、替代性方案、部分參與）。

4.實證研究、文獻探討

參考各學習領域有關教材編選的實徵研究報告以及相關文獻，編製教材。

5.實際教學經驗

透過教師個人以及同儕的教學經驗，獨自或共同編製教材。

㈢教材可能可包含的內容

1.教學技巧的基本原則（各領域、各學科、行為目標、技能、活動）。

2.教學目標、教學活動、適合年齡（例如，行為目標、活動目錄、學科或領域知識之書面資料、圖片、資源等）。

3.選擇優先教學目標的原則（能配合個別化教育計

畫）。

4.學生的表現水準與學習成效的評量（診斷與評量）。

5.教學場所的設計與選擇（零推論原則）。

6.替代性方案的設計（包含輔具）。

7.相關領域的整合（例如實用語文、實用數學）。

8.相關服務與轉銜（例如語言治療、就業安置）。

9.親師合作：家長如何參與。

10.地方教學資源的取得。

11.撰寫個別化教育計畫的原則與實例。

12.備註、補充、空白、索引、參考書目。

13.使用方法說明。

㈣教材編製程序

1.澄清個人的普通教育與特殊教育理念。

2.選擇個人偏好之課程模式。

3.瀏覽課程綱要（基本學力指標、課程目標、分段能力指標）。

4.選擇學科領域與學習主題。

5.蒐集並分析國內外現有之相關教材教學資源。

6.確定教材編製之範圍。

7.進行社會生態評量、文獻探討。

8.構思教材編製架構與內涵。

9.蒐集教材編製素材。

10.試擬一主題或單元教材。

11.試用或與同儕討論。

12.修正教材。

13.正式編製系統化教材。

14.試用。

15.修正。

16.定稿。

目前，高雄市教師會（許建雄，民 89）為推展九年一貫與統整課程，特別訓練種子教師發展「網頁化」教材，其內容大約包含下列主題：

⑴主題名稱：所要學習的單元名稱。

⑵教學指引：包括教學方式的介紹；教學資料的運用；教學近程的引導；相關教具之提供；教學相關資訊。

⑶單元目標：參酌課程綱要，能力指標自行訂定。

⑷能力指標：九年一貫新課程綱要與能力指標。

⑸時間配置：以節為單位。

⑹適用年齡：可以跨年級。

⑺核心課程：用統整課程的概念，選擇某一學習領域為核心課程。

⑻文字資料：與學習主題有關的文字資料。

⑼圖片資料：與學習主題有關的圖片資料。

⑽聲音資料：口語表達、朗誦、自然界聲音、歌曲等。

⑾動態影像：動畫、錄影影像。

⑿學習作業：說明作業內容與方式。

⒀學習評量：說明評量內容與方式。

⒁參考資料：以分類方式呈現與學習單元有關之資料搜尋。

⒂相關網站：提供與學習單元有關之網址。

⒃意見箱：作為作者與使用者交流之用。

⒄註解：名詞、主題、概念、人名等相關資訊之搜尋的提供。

⒅作者：獨立作者或作者群之相關資訊、版權宣告。

　　高雄市教師會的這種作法，相當能激發教師自編教材的潛能與創造力，相當值得肯定。老師們若對他們所發展的九年一貫網頁化教材有興趣，可在下列網址 http://www.idea-tw.org.tw 找到相當好的教材，因其教材內容生動有趣，且創發性很高，非常值得參考。

　　相信未來科技輔助學習會愈來愈成熟，可以提供教師許多有利的幫手，例如所謂全方位設計的學習環境（Universal Design for Learning，簡稱 UDL）就可以用來幫助各類學習障礙者進行有效的學習（陳郁仁，民 90；http://www.cast.org on line）。其理論依據有下列三項：(1)認知神經科學的研究發現：沒有任何兩個人的學習是相同的。吾人可透過對人腦的辨識系統、策略系統以及情意系統的了解，掌握人類如何產生學習以及為何產生學習的差異性與困難。(2)數位化多媒體的學習設計使多元化、多管道與彈性化的學習成為可能。(3)網際網路學習使學習超越時空、無國界，一位學生可以在同時擁有很多老師的情境下進行學習。

　　此外，目前也有不少優良網站，值得教師們上網瀏覽。

• 中文網站

教育部

　　（https://www.edu.tw/）

教育部國民及學前教育署

　　（https://www.k12ea.gov.tw/）

教育部學生事務及特殊教育司

　　（https://depart.moe.edu.tw/ed2800/）

全國特殊教育資訊網

　　（https://special.moe.gov.tw/）

教育部特殊教育通報網

　　（https://www.set.edu.tw/）

教育部國教署特教網路中心

　　（https://www.aide.edu.tw/）

教育部無障礙全球資訊網

　　（http://www.batol.net/）

教育部國民及學前教育署優質特教發展網絡系統暨教學支

　　援平台

　　（https://sencir.spc.ntnu.edu.tw/）

有愛無礙融合教育網站

　　（https://www.dale.nthu.edu.tw/）

身心障礙 e 能網

　　（http://20.enable.org.tw/）

教育部學習加油站

　　（http://163.28.10.78/content/）

身心障礙者服務資訊網

（https://disable1.yam.org.tw/）

教育部大專校院及高中職視障學生教育輔具中心

（http://assist.batol.net/）

大專校院及高中職聽語障學生教育輔具中心

（https://cacd.nknu.edu.tw/cacd）

教育部大專院校及高中職肢障學生教育輔具中心

（http://www.eduassistech.org/）

中華民國特殊教育學會

（https://sites.google.com/view/speassroc）

台北市東區特教資源中心

（http://www.terc.tp.edu.tw/）

國家教育研究院

（https://www.naer.edu.tw/）

學障學會討論團

（https://reurl.cc/OXRxrD）

亞斯伯格症（AS）關懷團體

（https://reurl.cc/8yb1Xg）

香港特殊學習障礙協會

（https://www.facebook.com/asld.org.hk）

學思達教學社群

（https://reurl.cc/1gkrXm）

國立台灣大學科學教育發展中心：開放式課程

（https://reurl.cc/MZMn6L）

● **英文網站**

美國特殊教育

（https://reurl.cc/E2bOV0）

歐盟特殊教育

　　（https://www.european-agency.org/）

澳洲特殊教育

　　（https://www.education.vic.gov.au/）

日本特殊教育

　　（https://reurl.cc/raKNEx）

網際網路特殊教育資源

　　（http://seriweb.com/）

個別化教育計畫

　　（https://reurl.cc/NXNzY9）

融合教育

　　（https://en.unesco.org/themes/inclusion-in-education/）

學前特殊教育

　　（https://www.parentcenterhub.org/preschoolers/）

閱讀問題

　　（http://www.read.net/）

差異性教學

　　（https://reurl.cc/XeavAR）

全方位設計

　　（https://reurl.cc/R69aYx）

轉銜計畫

　　（https://reurl.cc/8yb19y）

第八章 作業的設計

容忍孩子在發展過程中的遲緩或迷惑，不要急於驗收成果

（Katafiasz，1997；林鶯譯）

　　適當地調整作業的形式、內涵與難度，以符合學生的能力，並考慮他們的專長、弱處與興趣，將可增加學生完成作業的機率以及從作業中獲得真正的學習。本章擬分別從作業設計的基本思考原則以及實例，說明因應個別與特殊需求的作業設計。

一、作業設計的基本原則

　　關注學生已有的知識、技能、態度與信念，是因應個別與特殊需求之作業設計的基本思考方向。因此，吾人在設計作業之前首先要思考：學習理論有用嗎？什麼是真正的學習？我們期待學生學到什麼？如何讓學生願意主動學習？如何讓學生享受學習的樂趣？如何有效幫助學生學習？如何因應學生的個別差異？如何知道學生真有學習？如何運用學生在學習單上的表現（所顯示的訊息）於進一步的教學？

(一)學習理論

　　Thorndike 的情境與反應聯結論，主張知識的性質是情境與反應的聯結，即 S（刺激）— R（反應）— R（增強），而知識的成長是依據經驗（練習）與效果率（增強）。因此，充分練習與對增強有所反應是學生適應教室學習的方法。

　　Piaget 的生物建構論，則以基模（schemes）概念與結構來界定知識。而知識具有四種層次與成長，此成長是經由抽象、同化與調適歷程而得。其發展歷程係經由：同化

與調適（由個體而環境）。因此，取得均衡（equilibration）是學生適應教室學習的方法。

　　基模理論（Schema Theories）主張知識是由基模組合而成的，而基模則是經由抽象歷程而形成，它們也會因對新經驗作反應而發生改變。基模可幫助我們：分類、理解、記憶與解決問題。因此，有適應能力的學生，在於他們具有較豐富的基模群（schemata）以及能透過經驗而修正基模。

　　訊息處理理論（Information Processing Theories）重視 S － O（個體內的各種認知活動）－ R 中的 O，即個人知覺、注意、記憶、語言、理解、推理、後設認知、情緒以及社會認知進行了什麼活動。而所謂知識、技能以及情意的變化主要是生理成熟、環境事件以及個人塑造其認知歷程內在變化的結果。因此，適應能力好的學生是指能使用策略以處理與儲存訊息以及監控自己的表現。

　　Vygotsky 的社會建構論強調 S － H（協助者）－ O － H（協助者）－ R 中的協助者的角色與功能。而人類知識的成長是由環境而個體的發展歷程，即透過他人支持→自我支持→內化（自動化）→去自動化（回到原來的發展區或進入下一個發展區）。因此，適應能力好的學生能使用自我語言（egocentric speech）與內在語言（inner speech）來幫助自己保持在學習的軌道上。

　　Gardner 的多元智能理論主張吾人應認識智能的多樣性與廣泛性；而同樣的教學內容也可以通過不同的方式和手段，來幫助學生理解與掌握知識；不要期待每一個孩子在同一個時間達到同一個目標；使用優勢學習，使學習者有較多成功的機會，並避免過多的挫折；尊重個別差異，每

個人都有其獨特的智能結構與學習方式；學會「如何學習」重於學會「特定學習內容」；不要將時間耗在將學生排名，而要將精力放在認識學生學習的特點和需求，並協助孩子學習；教育的根本任務在於創造有利的條件，使每位受教者都能充分發展其潛能。至於 Gardner 的多元智能係指：語文；邏輯—數學；視覺—空間；內省；音樂—節奏；肢體—動覺；人際關係；自然觀察；性靈（存在）等九種，每一種智能都有其特定的符號系統（圖像、文字、數字、符號、旋律與節奏、動作、表情），並藉其進行表達。

　　Nooplasis：「心智的形成」假說（Demetriou, 1998）是最近被提出來的學習理論。Demetriou（1998）認為人類知識的形成有下列十一項假設：假說一：人類的心智是個具階層性、多元系統，以及多向度的。假說二：心智的層次與模組是依據不同的形成規則。假說三：心智的發展是依循多元的路徑。假說四：心智的發展有許多面貌。假說五：在不同的發展層次或心智系統，皆需要不同的發展機制。假說六：個別間的差異與個體內的差異是發展的規則。假說七：不同階層或系統的學習，彼此差異頗大。假說八：不同類別的學習儘管已有明顯的區分，但卻會彼此限制。假說九：個人心智與教育系統中的知識結構，並沒有一對一的對應關係。假說十：教室的情境像個「發展攪拌器」，它不斷地形塑個別間與個體內心智發展的動力。

　　Nooplasis：「心智的形成」假說（Demetriou, 1998）十加一：學習與發展是建構的，但卻也受到不同系統、不同層次間的彼此限制。因此，有適應能力的學生，在於能有效建構知識，且能克服來自不同系統或層次的限制，甚至化阻力為助力，以增進不同系統、不同層次的學習。

　　至於主張大腦本位學習者則認為人類學習的三大條件為：有一個能使學習者充分浸淫於各種學習經驗的環境；學習者處於清醒，但又放鬆、不過度緊張的學習狀態；學習者能主動積極地參與學習的歷程。

(二)學習理論的應用

　　作者依據上述各種學習理論，歸納有效學習應包含下列特色：

　　1.練習與對增強做有效反應是學生適應教室學習的方法。

　　2.取得均衡（equilibration）是學生適應教室學習的方法。

　　3.有適應能力的學生，在於他們具有較豐富的基模群（schemata）以及能透過經驗而修正基模。

　　4.適應能力好的學生能使用策略以處理與儲存訊息以及監控自己的表現。

　　5.適應能力好的學生能使用自我語言（egocentric speech）與內在語言（inner speech）來幫助自己保持在學習的軌道上。

　　因此，老師們若要設計作業以幫助學生進行有效學習，應考慮下列基本原則：練習是重要的；學習必須是有意義的；新知識的獲得依賴先前知識。

二、作業設計的實例

　　下述實例及其內容，主要係參考 Platt 和 Olson

（1997）所提供之各種作業調整實例的形式，再參酌國內
學生可能的學習內容修改而成。

(一)明示步驟

```
┌──────────────────┐
│   原來的寫字作業   │
└──────────────────┘
```

┌───┐
│ 每個星期一要交回寫字作業，如果全都做對將可以得到 100 分，內容包括： │
│ 每一個字要寫 3 遍；按照共同的部件排列；將每個字的注音寫上；將每個 │
│ 字造一個詞，並完成練習頁（用所的詞再造一個句子）。 │
└───┘

```
┌──────────────────┐
│   調整後的寫字作業   │
└──────────────────┘
```

┌──┐
│ 姓名：＿＿＿＿＿＿＿ 日期：＿＿＿＿＿＿＿ 分數：＿＿＿＿＿ │
│   │
│   ┌──────────┐   │
│   │ 寫字作業 │   │
│   └──────────┘   │
│   │
│ 步驟 1   步驟 2   │
│ ┌──────────────┐ …… ┌──────────────────┐   │
│ │ 將每一個字寫 3 遍：│   │ 將字列按共同的部件 │   │
│ │ 1. 爬爬爬   │   │ 順序排列：   │   │
│ │ 2. 媽媽媽   │   │ 1. 爬 肥   │   │
│ │ 1. 抱抱抱   │   │ 2. 媽 罵   │   │
│ │ 2. 肥肥肥   │   │ 3. 抱 跑   │   │
│ │ 3. 罵罵罵   │   │   │   │
│ │ 4. 跑跑跑   │   └──────────────────┘   │
│ └──────────────┘   │
│   │
│   步驟 3   │
│   ┌──────────────────┐   │
│   │ 把每個字的注音寫上：│   │
│   │ 1. 爬   2. 媽   │   │
│   │ 3. 抱   4. 肥   │   │
│   │ 5. 罵   6. 跑   │   │
│   └──────────────────┘   │
│   │
│ 步驟 4   步驟 5   │
│ ┌──────────────┐   ┌──────────────────┐ │
│ │ 每個字造一個詞：│   │ 練習頁：用詞造句   │ │
│ │ 爬：爬山   │   │ 昨天，我們全家人都去爬山。│ │
│ └──────────────┘   └──────────────────┘ │
└──┘

··（修改自 Platt & Olson, 1997）

(二)提供線索

可依學生的程度提供不同層次的暗示，由不提供任何暗示、提供答案在課本中的頁碼、提供答案的關鍵概念以及在課本中的頁碼等大量暗示，舉例如下。

獨立的作業指導（原先的作業）

請舉出下列各類現代發明的用具名稱（每類至少兩種）：
1. 家庭用具
2. 農業生產用具
3. 工業生產用具
4. 交通工具
5. 傳播工具
回答下列問題：
1. 各種用具發明後，生活會發生怎樣的改變？
2. 為什麼政府要鼓勵用具發明人申請專利？

提示的作業指導（提供部分協助的作業）
請舉出下列各類現代發明的用具名稱（每類至少兩種）：
1. 家庭用具（p.6-9）
2. 農業生產用具（p.10-12）
3. 工業生產用具（p.13-15）
4. 交通工具（p.16-22）
5. 傳播工具（p.23-25）
回答下列問題：
1. 各種用具發明後，生活會發生怎樣的改變？（p.26-27）
2. 為什麼政府要鼓勵用具發明人申請專利？（p.28-29）

直接的作業指導（提供較多協助的作業）
請舉出下列各類現代發明的用具名稱（每類至少兩種）：
1. 家庭用具（p.6-9）：電鍋
2. 農業生產用具（p.10-12）：插秧機
3. 工業生產用具（p.13-15）：織布機
4. 交通工具（p.16-22）：火車
5. 傳播工具（p.23-25）：人造衛星

回答下列問題：
1. 各種用具發明後，生活會發生怎樣的改變？（p.26-27）
   滿足與改善生活。
2. 為什麼政府要鼓勵用具發明人申請專利？（p.28-29）
   權益受到保障，才有更多人樂意創造與發明。

....（修改自 Platt & Olson, 1997）

㈢提供協助

　　老師亦可設計各種協助的方式，以幫助學生有能力完成作業，例如告知解題的策略與步驟。

百位數估算計算程序的協助

1.在十位數的下方畫一條線。（3<u>4</u>5）（7<u>6</u>8） 2.問自己這個數是不是大於或等於 5？（3<u>4</u>5=不是）（7<u>6</u>8=是） 3.如果是，把它的百位數進一位，十位數和個位數都寫 0。（768=800） 4.如果不是，保持它的百位數字，十位數和個位數都寫 0。（345=300）

....修改自 Platt & Olson（1997）

㈣提供實例

　　老師可舉一實例，幫助學生按照此實例完成作業，以學習中文詞彙為例，說明如下。

1.找出課文中的新詞 2.發出此新詞的音 3.探討此新詞的定義 4.把此新詞寫在空白 1 處 5.把詞義寫在空白 2 處 6.寫出可以幫助你記憶的詞於 3 7.畫出一個可以幫助記憶此詞的圖於空白 4 中

1.猙獰
2.凶惡的樣子
3.強盜
4.

（修改自 Platt & Olson, 1997）

(五)提供結構

　　提供結構化的作業，以供學生按此結構找尋作業的解答，茲以故事體的閱讀理解作業為例，教師可提供一故事體文章結構圖，學生可按結構圖中所列舉的項目從課文中找尋與此項目相符的訊息，以完成作業。

故事結構圖

```
題目：狼來了
場景：山坡上的草地
角色：男孩　村民
　　　羊　　野狼

問題：說謊的後果

事件1　牧羊的男孩每天趕羊到山坡吃草
事件2　牧羊的男孩覺得日子過得很無聊
事件3　牧羊的男孩向村民謊稱野狼來了
事件4　村民該來要幫男孩子趕野狼
事件5　村民被男孩子騙了，男孩子覺得很得意
事件6　村民被騙，覺得很生氣
事件7　大野狼真的來了
事件8　村民沒有去幫男孩子趕大野狼
事件9　羊都被大野狼吃光了
結論：排遣無聊要用有意義的方式；開玩笑要適度；
　　　說過謊後，要再取得別人的信任是很難的。
```

....（修改自 Platt & Olson, 1997）

(六)提供選擇

　　通常教師都只設計一種作業，學生並無選擇權，因此有時確實較無法配合學生的能力、程度與興趣，因而學生完成作業的動力並不大。假若教師能設計一種以上的作業供學生選擇，甚至鼓勵學生自己設計作業，並與老師討

論，進而經由老師修改或同意作作業的形式與分量，相信
學生作作業的動機會提昇，而完成作業的機率亦會增加。

(七)簡化

簡化的方式很多，可依學習或學科的特質而變化，例
如減少題數、次數；書寫改成剪貼或口頭報告（可用錄
音）；降低作業的難度等等皆可。

第九章 評量的適配：多元的評量
與變通的考試

學生的聰明才智會在不同的地方表現出來

（Katafiasz，1997；林鶯譯）

　　普通班裡有特殊學生，最困擾老師的問題之一便是評量或考試的方式，有時會為了表面上的公平，老師無法隨心所欲地調整評量或考試的方式以適應特殊學生的需求，而造成身心障礙學生適應上的困難或很難有成就感。因此，吾人要繼續努力以促使教育行政當局容許教師有較大的評量自主權。其實，我們期待的只是希望能讓孩子有個能真正讓他們展現能力的評量方式，他們要的不是「特權」，而是「平權」（林素貞，民 89）。

　　此外，教育學者目前對所謂「評量」的觀點，也有別於過去較狹義的看法，作者認為新的評量觀，可歸納為下列幾項特點：

　　(1)以「能力剖面圖」取代「缺陷模式」的學習診斷，不要只看學生的弱處，或找學生的缺點，而要仔細覺察每個孩子有什麼學習的優勢，以建立每個學生的學習「能力剖面圖」。

　　(2)「創造」優勝者更勝於「挑選」優勝者，評量的目的並不在於彰顯優勝者，而在於設計評量情境，使各種不同能力的學習者都有成功的機會。

　　(3)讓學習、教學與評量三者「環環相扣」，並可「同步進行」，即評量的同時，亦可達成教學與學習的目標。

　　(4)「微觀」成長與「鉅觀」成長同等重要，有些學生學習較慢，在短暫的時間內，不易看到明顯大步驟的進步，評量者需仔細觀察學習者細微的進步，並給予回饋與肯定，以增進學習者的信心。

　　(5)「部分學習」與「完全學習」同樣有意義，即不必急著期待每位學生都在同一個時間達到相同的學習目標，也不必期待一次的教學，所有的學生就都完成所有的學

習，任何時候都還有學習的機會。

(6)「個別表現」與「合作表現」都需肯定，亦即評量不一定需要採取個人間的競爭，合作學習的能力，亦值得重視，而給予適當的評量。

茲依據上述觀點，分別以多元的評量與變通的考試兩個議題說明如下。

一、多元的評量

(一)從《電視冠軍》談起

有個日本製作的電視節目叫做《電視冠軍》，它設計了很多競賽的主題，諸如：

畫漫畫、做甜點、做麵包、櫥窗設計、壓花、陽台設計、玩具屋設計、噴漆、刻印章、放風箏、文具使用、縫製布偶、蔬菜裝飾、漢字比賽、修改衣服、雕刻等活動。吾人若仔細檢視此電視節目的內涵，當會發現其製作原理相當符合多元評量的精神。筆者分析了這個節目的內容，歸納了至少具有多元評量的六項特徵：

(1)多元智能（學科知識統整、多感官、各行各業的）。

(2)多元作業（有意義的、創意的、本土的、趣味的）。

(3)多元階段（多次機會、歷程的）。

(4)多元評量者（各種專家、實際消費者、立意的、隨機的）。

(5)多元計分（創意、速度、精密度、複雜度、變通程

度、實用性、美感、知識豐富程度、精熟度、合作程度、感性的）。

(6)多元情境（時間、空間、被評量者、評量者、可以合作的、實作、真實）。

筆者擬從這些特徵來探討多元評量的真正意涵與作法。

(二)使用多元評量的法定依據

目前我們可以同時在普通教育與特殊教育中，找到多元評量的依據，茲分述如下。

1.國民中小學暫行課程綱要實施要點（草案）（教育部，民 89）中的多元評量

(1)地方政府依權責訂定「學生成績評量辦法」，再由各國民中小學依實際需求訂定「學生成績評量辦法補充規定」。

(2)學習評量應掌握多元評量之精神與作法，並以學習領域為單位登錄成績，包括必修與選修成績。進行多元評量時應注重學習困難之診斷，而非以取得某一資格或選拔條件為主要目的。

(3)學習評量之內涵，應涵蓋認知、技能、情意等三種層次，不應偏重認知層次的評量，而忽略技能或情意目標之評量。

(4)學習評量應設計多元評量方式，可採用紙筆測驗、實作評量與檔案評量等方式進行，重視形成性和總結性評量結果，並定期提出學生學習成果報告，學期評量結果亦

應主動通知家長。

⑸各校應積極鼓勵教師提昇專業自主觀念，對於教師採用之評量及命題方式應給予尊重。學校定期考查（段考）之題目，可由校內年級或班級教師聯合命題，或由各班任課教師單獨命題。

⑹家長或校方對教師評量及命題方式提出質疑時，應交由相關領域課程小組評議，家長、教師及學校相關人員應予遵守評議結論。

● **國中基本學力測驗**

⑴教育部為配合高中職多元入學制度之推動，應依據本課程綱要內容舉辦「國中基本學力測驗」，據以檢視學生學習成效，其成績得作為入學之參考依據。

⑵有關國民中學基本學力測驗之命題、題型、標準化題庫及施測事宜，應參照國民中小學暫行課程綱要之能力指標及基本學力測驗相關法令之規定辦理。

2. 《身心障礙及資賦優異學生鑑定原則鑑定標準說明手冊》（張蓓莉，民 88）

張蓓莉（民 88）在其所主編的《身心障礙及資賦優異學生鑑定原則鑑定標準說明手冊》中指出多元評量的意涵包括：⑴情境的多元：學校、家庭、社區；⑵方法的多元：標準化測驗、觀察、晤談、作業分析、作品分析、考卷分析、活動或競賽表現、重要人士觀察推薦；以及⑶人員的多元：行政人員、學校教師、領域專家。

(三)用多元評量的原則

多元評量的要義不在於內容或方式的「多樣化」，而是評量方式與評量目的與內涵的「適配性」（洪碧霞，民88）。只有當我們對多元評量有較正確的認識，才不會無所適從或濫用多元評量。筆者將洪碧霞（民88）的理念再進一步延伸為在進行多元評量與決定用何種方法評量時，應審慎思考：(1)配合不同學科領域的學習本質；(2)配合不同學習者的特質；(3)配合不同學習歷程或成分；(4)配合不同學習階段；(5)配合不同學習目標；以及(6)配合不同學習情境。

(四)多元智力的評量

1.智力測驗：以魏氏兒童智力量表的結構為例

目前，信度（可靠的意思）與效度（能測量到所要測量的能力）較佳的個別智力測驗，通常所欲評量的能力，一般不會只侷限於某一個特定的能力，而是儘可能考慮各種能力，以達周全的目的。但有時為求客觀以及必須在特定時間內完成測驗，因而割捨了可能重要的能力，例如學習動機或情緒，目前已被證實對學習有很關鍵性的影響，但由於無法客觀以及在短期內觀察得到，因此這些與學習有重要相關的特質大都不會出現在正式的標準化測驗裡。

今日最受肯定的標準化個別智力測驗當屬魏氏兒童智力量表，它的主要結構，如圖 9-1（中國行為科學社，民86；陳心怡，民86；Wechsler, 1997）。

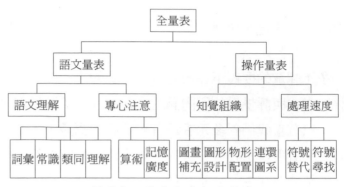

圖 9-1　魏氏兒童智力量表
（中國行為科學社，民 86；陳心怡；民 86；Wechsler, 1997）

　　從圖 9-1 可看出整個魏氏兒童智力量表是由十二個分
測驗，也就是需要接受測驗的兒童進行反應與操作的作業
所組成，而這十二個作業又可分屬於「語文量表」與「作
業量表」兩大部分，然後這兩大部分再組合成整個魏氏兒
童智力量表的「全量表」，進一步再透過因素分析的統計
處理之後，十二項作業可分成「語文理解」、「專心注
意」、「知覺組織」與「處理速度」等四個主要智力因
素。若從此結構圖窺之，魏氏兒童智力量表亦有多元智力
的實質內涵，只是它可能不能涵蓋兒童所有可能的智能。

2.多元智能理論

　　以 Gardner 的多元智能理論為例，他認為人類的智能
是多元的、多向度的。目前他已將多元智能加至九種
（Gardner, 1983; 1999），其中第九種為性靈、存在（宗
教、道德情操）。除第九種智能尚未明確界定之外，其他
八種智能分別為：

　　(1)語文：透過語言、文字理解、思考與表達，並能欣

賞語言的深奧意義。

　⑵邏輯—數學：透過符號或數字思考、計算，建立並驗證假設、邏輯推理。

　⑶視覺—空間：透過圖像、空間關係來思考或創作。

　⑷內省：能建構自我覺知能力，並善用知識來計畫與引導自己的生涯。

　⑸音樂—節奏：能對音準、旋律、節奏和音質敏銳感受。

　⑹肢體—動覺：能精密處理物體和調整身體的技能。

　⑺人際關係：善解人意，能與人有效相處。

　⑻自然觀察：能敏銳觀察、辨識或分類自然界的各種型態。（Gardner, 1983；1999，馮建華，2000；Lazear, 1999，郭俊賢、陳淑惠譯，民 89）

　　由於 Gardner 本人並不贊成用標準化的紙筆測驗來測量兒童的智能，因此若要了解學生的各種智能需透過長期有系統地觀察，並設計情境引發學生展現該智能，Lazear（1999；郭俊賢、陳淑惠譯，民 89）歸納出發現孩子各種不同智能的方法，例如：

　⑴學生行為日誌，記錄每日學生重要事件的思考方式或行為表現來分析學生在哪項智能具優劣勢。

　⑵設計智能技巧遊戲：依據學生在遊戲中表現的許諾、舒適、快樂、理解、勝負、策略、專注的程度，以評估學生在該項遊戲中所涉及之智能。

　⑶利用討論與觀察，注意學生對某一主題所關注的智能焦點，如興趣、記憶、鑑賞、分析、關聯，是歸屬於哪類智能。

　⑷分析學生對複雜問題的解決策略，係運用哪項智

能。

⑸從學生的作品或發明，分析其計畫構想係偏向哪項智能。

換言之，教師需以「複合」的方式評量學生的知識和能力的成長。其中最簡便的初步評量方式，即是透過檢核表或評定量表。茲舉曾才銘（民90）所發展之「國小學童多元智能取向量表」，以供教師在這多種智能中，幫助學生初步審視自己的長處與弱處，以作為進一步觀察、評量以及診斷、教學的依據。若將量表中的「我」字改成「他」字，則可由教師、家長以及同儕來共同評定個案學生的多元智能剖面圖。

國小學童多元智能取向量表

編製者：曾才銘（民 90）

我是：_____ 性別：□男○女 就讀：____縣市____國小__年__班__號
我喜歡讓哪位好朋友評我的能力：_____ 今天是： 年 月 日

> **作答說明**：小朋友，這分量表是用來讓你了解自己在生活中的表現情形。
> 每個題目有三個答案，如果題目說的行為「沒有」出現過就圈 1，「有時
> 候」出現就圈 2，「總是」出現就圈 3。這不是考試，也不會影響你的成
> 績，請依據「行為出現的次數」，圈選一個合適的答案。這樣，你才能知
> 道如何幫助自己表現得更好。讓我們開始圈選吧！

語文

	沒有	有時候	總是
1. 我很容易了解別人說的或寫的事	1	2	3
2. 我聊天時會常說到聽過或看過的事	1	2	3
3. 我認得很多的字詞，很少讀錯字或寫錯字	1	2	3
4. 我能修正自己和別人的話或文章中不好的地方	1	2	3
5. 我可以將報告寫得或說得很好	1	2	3
6. 我學習新的語言（如：英語）進步很快	1	2	3
7. 我很會說道理來說服別人	1	2	3
8. 我很會玩文字遊戲（如：猜字謎、語詞接龍）	1	2	3
9. 我很快就能記住聽到或看到的事	1	2	3
10. 我能很有創意地運用語詞或成語於生活中	1	2	3

邏輯數學

	沒有	有時候	總是
1. 我能又快又正確地數數和計算	1	2	3
2. 我在生活中很會換算錢幣或其他數量單位（如：長度）	1	2	3
3. 我能運用數學方法來解決生活問題（如：平分糖果）	1	2	3
4. 我能很快知道東西間的關係而正確分類（如：圖書分類）	1	2	3
5. 我能在腦中計畫事情，安排做事的時間表	1	2	3
6. 我常問為什麼，並努力找出事物的原因	1	2	3
7. 我能給任何事物作合理的數量猜測（如：同學的身高）	1	2	3
8. 我很清楚時間觀念（如：年月日、季節的順序變換）	1	2	3
9. 我很會下棋、玩益智遊戲或預測偵探故事 （如：名偵探柯南）	1	2	3
10. 我常用心思考事情而有自己的看法	1	2	3

空間

	沒有	有時候	總是
1. 我很會玩拼圖、積木或走迷宮	1	2	3
2. 我很會認路，方向感很好	1	2	3
3. 我很會看地圖或圖表	1	2	3
4. 我很會製作立體模型（如：捏陶）	1	2	3
5. 我很會用圖畫來說明事物或思考 （如：課文重點用畫圖表示）	1	2	3
6. 我可以畫出從家到學校的來回路線和重要景物 （如：商店）	1	2	3
7. 我能把看過的東西照樣畫出來	1	2	3

8.我畫圖很有立體感，能注意比例的關係 ……………… 1　2　3
9.我可以觀察到非常微小的東西 …………………… 1　2　3
10.我可以在環境中很快找到需要的東西 ……………… 1　2　3

肢體動覺　　　　　　　　　　　　　　　　　　沒有　有時候　總是
1.我至少有一種體育運動很好 ……………………… 1　2　3
2.我很會模仿別人的動作或表情 …………………… 1　2　3
3.我能分辨不同觸感的東西 ………………………… 1　2　3
4.我很會動手做東西（如：摺紙）
　或組裝玩具（如：軌道車）……………………… 1　2　3
5.我很會用手勢或動作來表達自己的感覺 ………… 1　2　3
6.我能走一直線而不會東倒西歪 …………………… 1　2　3
7.我能放鬆身體而不會緊繃 ………………………… 1　2　3
8.我容易記住親手做過的事 ………………………… 1　2　3
9.我的動作很協調，左右手都很靈活 ……………… 1　2　3
10.我很快就能學會新的運動項目或動作 …………… 1　2　3

音樂　　　　　　　　　　　　　　　　　　　　沒有　有時候　總是
1.我很容易聽出不準的音調 ………………………… 1　2　3
2.一首曲子聽過幾遍我就可以記得 ………………… 1　2　3
3.我可以聽出音樂的律動感（如：快慢、強弱）……… 1　2　3
4.我能哼唱出生活中聽到的曲調或聲音（如：學校鐘聲） 1　2　3
5.我能跟著音樂打出它的拍子 ……………………… 1　2　3
6.我唱歌不會走音 …………………………………… 1　2　3
7.我可以聽出是何種樂器或自然界的聲音 ………… 1　2　3
8.音樂很容易引起我的想像或情緒（如：喜怒哀樂）… 1　2　3
9.我很會彈奏樂器（如：吹笛子）………………… 1　2　3
10.我能分別不同風格的音樂（如：快樂或悲傷）……… 1　2　3

人際　　　　　　　　　　　　　　　　　　　　沒有　有時候　總是
1.我常幫助和關心別人 ……………………………… 1　2　3
2.我能和別人溝通意見或討論問題 ………………… 1　2　3
3.我有很多的好朋友 ………………………………… 1　2　3
4.我能解決自己和朋友間的爭吵 …………………… 1　2　3
5.我常參與團體的活動或遊戲（如：捉迷藏）……… 1　2　3
6.我很快就能融入一個新的群體 …………………… 1　2　3
　（如：搬家能很快交到新朋友）
7.我能考慮到別人的立場，尊重對方的看法 ……… 1　2　3
8.我能和別人分享自己的感覺或東西 ……………… 1　2　3
9.我為了和別人合作，不會堅持自己的意見 ……… 1　2　3
10.我能察覺別人的臉色而做適當反應 ……………… 1　2　3
　（如：知道他生氣不鬧他）

內省　　　　　　　　　　　　　　　　　　　　沒有　有時候　總是
1.我了解自己的優缺點和興趣 ……………………… 1　2　3
2.我能清楚了解和表達自己的感覺 ………………… 1　2　3

		沒有	有時候	總是
3.	我能夠反省自己的行為和想法 ……………………	1	2	3
4.	我能對生活訂立清楚的目標，並努力完成 ………	1	2	3
5.	我有很強的自尊心、道德感、正義感 ……………	1	2	3
6.	我能控制自己的情緒，不會隨便發脾氣 …………	1	2	3
7.	我能對自己的行為負責 ……………………………	1	2	3
8.	我會對自己的時間作適當的安排 …………………	1	2	3
9.	我有自己的作法，不會刻意去學別人 ……………	1	2	3
10.	做錯事我會認錯，並儘量不再犯同樣的錯誤 ………	1	2	3

博物

		沒有	有時候	總是
1.	我能指出自然環境的變化（如：四季的不同） ……	1	2	3
2.	我知道很多自然萬物的現象（如：彩虹的成因） ……	1	2	3
3.	我知道很多世界各國不同的文化（如：美國人的飲食）	1	2	3
4.	別人討論任何話題我都能參與 ……………………	1	2	3
5.	我可以和任何年齡的人聊天 ………………………	1	2	3
6.	我對任何事都有興趣 ………………………………	1	2	3
7.	我常參加戶外活動去接近大自然 …………………	1	2	3
8.	我很會種植花草樹木或養動物 ……………………	1	2	3
9.	我能說出很多動植物的名稱和特徵 ………………	1	2	3
10.	我熱心環保或資源保育的工作 ……………………	1	2	3

得獎檔案

你曾得過什麼獎？請在得獎空格中打勾！

比賽項目	演講	朗讀	注音比賽	數學	心算	科展：　　類	畫圖	卡片設計	書法	體育：　　類	舞蹈：　　類	話劇　　類	歌唱　　類	模範生（原因：　　）	班上幹部：　　長	學校學生代表	自然	其他

評量感想

在填完這份評量表後，你覺得：

＊比填表前更了解自己在各方面的能力？　　1.是　　　　　　　2.否
＊發現了有自己以前沒有注意到的能力？　　1.是，如：_____　2.否
＊你喜歡別人用這種方式來看你的能力？　　1.是　　　　　　　2.否
＊你以後會用這種方式來看別人的能力？　　1.是　　　　　　　2.否
＊學校的學業成績能真正代表你的能力？　　1.是　　　　　　　2.否
＊你會選擇以哪種方式來評定你的能力？　　1.這份評量表　　　2.學業成績
理由是：

㈤多元評量，量什麼 ── 認知取向的教育診斷

1.認知歷程與認知成分的診斷與評量

從認知心理學的觀點來看學生的學習表現或其學習的困難，可從學習某一特定教材所涉及的認知歷程或認知成分來分析，透過此種認知歷程與認知成分的分析，我們較能掌握學習內涵的具體成分，進而定位學生學習困難之所在，並發展有效的教學策略。以數學解題為例（Mayer, 1985），解題歷程可分為下列四個認知成分：

⑴問題轉譯？學生能不能找出問題中的已知條件以及問題的解題目標？

⑵問題整合？學生是否能認識問題的類型、與問題有關或無關的訊息？

能否決定解答問題所需的資料、會不會用圖示或圖表來表示問題？

⑶解題計畫與監控？會不會以數學語句或方程式或必須的運算列表來表徵問題、會不會建立次目標、會不會下結論與驗算？

⑷解題執行？會不進行單純或連續計算？

再以閱讀為例，它的成分可先分成識字與理解，然後這兩大成分又可再細分為如下所列。如果我們將閱讀能力細分為下列這些認知成分，那麼我們將比較能夠細看學生學習發生困難之處，以及清楚我們要幫助學生學習的認知成分是什麼，當然我們不能只培養學生這些片段的能力，完整的學習終就要將這些能力整合起來。

⑴識字（解碼認字）

　　視覺字形編碼

　　聲韻字音編碼

　　　　聲韻覺識能力

　　　　語音分割（segmentation）

　　　　語音的融合（blending）

　　　　押韻（rhyming）

　　　　聲調（tone）

　　　　語彙字義編碼

⑵理解

　　字面本義的理解

　　推論理解

　　理解的監控（Gagne, 1985）

2.知識結構與知識類型辨識能力的評量

　　我們希望學生所習得的知識不是片段而是統整的，因此我們需要重視知識本身的結構以及知識的歸納與分類。認知心理學者（Chi & Glaser, 1980）發現專家們的知識結構具有下列特徵：

　　⑴有較多的概念節點。

　　⑵有較多的關係語可用來定義每一個概念節點。

　　⑶節點與節點之間有較多的相互聯結關係。

　　⑷節點與節點之間的聯結性較強，因此知識檢索所需的時間較短、較有效率。

　　此外，認知心理學者亦發現專家和新手在知識結構上的差異有：

　　⑴知識結構的大小。

　　⑵組織層次的多寡。

(3)知識組織的和諧性。

(4)知識組織的向度（Naveh-Benjamin et al., 1986）。

我們將可利用上述專家之知識結構的特徵，以及專家和新手在知識結構上的差異，評量學生學習進步的情形。再者，我們還可運用至少三種途徑來改變學生的知識結構：

(1)添增（accretion），當學生的知識缺乏時。

(2)調整（tuning），當學生的知識不夠完整時。

(3)重建（restructuring），當學生的知識有錯誤時（Rumelhart & Norman, 1985）。

圖 9-1 是有關四邊形的一個簡單的知識結構圖。

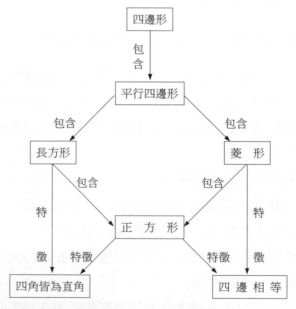

圖 9-1　四邊形概念圖

至於透過知識類型的辨識、歸納與分類，可幫助教師以周全的方式來思考完整的知識體系所涵蓋的內涵為何，

進而據以作為教學以及評量的基礎，例如認知心理學者
（Marshall, 1987）即將四則運算的文字題大約可分為：

(1)改變型（change）：小華有八顆糖，吃掉五顆，還
剩幾顆？

(2)比較型（compare）：小華有八顆糖，小明有五顆
糖，小華比小明多幾顆糖？

(3)結合型（combine）：小華有八顆糖，小明有五顆
糖，兩人一共有幾顆糖？

(4)單位型（unit）：一粒蘋果五元，六粒蘋果要多少
元？

(5)重述型（restate）：媽媽的年紀是女兒的五倍，媽
媽今年三十歲，請問女兒幾歲？

等五大類題型。而這五大類題型，大約可涵蓋百分之
九十以上的四則運算文字題。

3.認知層次的診斷與評量

除了認知歷程與成分、知識結構與類型，知識的學習
也可以有層次，例如以二十以內的數數為例，Siegler
（1978）將學習者的數數方式分為幾個認知層次：

(1)全部計數（counting all），例如五加六，孩子會從
一數到十一。

(2)相接計數（counting on），同樣的五加六，孩子會
腦袋裡先記住五，然後拿出六個手指頭，從六數到十一。

(3)事實衍生（derived factors），同樣是五加六，孩子
會將六分成五和一，然後用五加五加一等於十一的方式運
算。

(4)事實已知（known factors）；五加六，可直接說出

十一,已經自動化,不用計算了。

因此,我們可從觀察孩子的計算方式,推測其運算層次,並據以發展協助他的策略。

又如在閱讀領域中,亦可找出識字或理解的認知層次,以英文字的識字為例:

⑴孩子會先從字的外型如字的長短、上凸還是下凸開始認字(configuration)。

⑵然後會用與字相結合的圖形來認字(context analysis)。

⑶再到視覺全字型的認字(sight words)。

⑷形音對應的認字(phonics analysis)。

⑸音節的辨識(syllabication)。

⑹字的結構分析(structural analysis)。

⑺最後到字典的使用(dictionary analysis)。(Mercer & Mercer, 1998)

4.學習策略的評量與錯誤類型分析

學生學習的方式亦可作為評量的主題,例如孩子到底運用何種策略來解碼認字與進行閱讀理解的,或他是用什麼方法把課文背起來的,或他是用什麼步驟將幾何證明題解出來的。例如閱讀學者即用所謂的線索導向分析(Miscue Analysis)(Goodman, 1973)來分析孩子們在朗讀文章時所發生的錯誤,例如用替代字、省略字、添加字、閱讀時的停頓、將字詞唸顛倒或重複讀等線索,分析孩子的閱讀策略。並進而以此訊息,作為協助孩子學習閱讀的依據。至於數學方面,亦有多位學者進行所謂的數學加減錯誤類型分析,例如周台傑、陳麗玲(民82)即發現國小學

生計算的錯誤類型有：

(1)無法將乘式與類加的式子相聯結。

(2)容易將商的零省略，導致計算錯誤。

(3)對整數四則混合運算的順序感到困難。

(4)小數的乘法計算，容易在位數上發生錯誤。

(5)在分數的減法中，常忽略借位後整數部分需要重整。

(6)在帶分數計算中，常忽略整數部分。

上述這些學習策略與錯誤類型分析，除參考學者們的分析之外，教師們亦可利用多年的教學經驗，透過對學生的作業以及考卷的作答進行分析，進而進行訪談學生如何作答，或透過學生的放聲思考，當可獲得相當有助於診斷問題與教學的重要訊息。

5.情意、歸因與信念系統的診斷與評量

近年來即使是研究認知的心理學者，亦不否認情意、歸因與信念系統對於學生是否能進行有效學習的重要性，其中歸因論者以 Weiner（1979）的自我歸因論最為完整，他建立了一套從個體自身的立場解釋自己的行為結果，提出四方面的歸因：能力、努力、工作難度、運氣。而這四類歸因又可由穩定性（穩定－不穩定）、內外在（內在－外在）及控制性（可控制－不易控制）等向度來解釋，可用下表來表示（引自林建平，民 84）：

	內在	外在
穩定	能力 （不易控制）	工作難度 （不易控制）
不穩定	努力 （可控制）	運氣 （不易控制）

　　Weiner（1979）認為能力、努力與身心狀況是屬於學習者個人內在因素，而工作難度與運氣，則是屬於學習者個人因素之外的因素，學習的成功或失敗的歸因方式，影響內在動機的高低。若學生將自己的失敗的原因歸因為個人內在、穩定而又不容易控制的能力因素時，他就會覺得自己非常無助、沒有希望，而放棄努力。

　　因此我們若要全面掌握影響孩子學習的各種變項，了解孩子的情意、歸因以及其信念系統，是不可或缺的。然而，由於有關情意以及信念的特質，並不容易以量化的方式評量，教師有需要透過多元評量的策略，例如利用觀察、自陳量表、晤談等方式來了解學生在這方面的特質。

㈥多元評量的評量策略

　　多元評量的方式或策略本身即需符合多元的特質，因此標準化測驗、觀察、晤談、作業分析、作品分析、考卷分析、活動或競賽表現等皆是（張蓓莉，民88）。本章僅選擇下述六類加以說明。

1.動態評量

　　所謂動態評量是指透過介紹評量內容與方式的特性，

並給予必要的指導或協助，使受試者的操作水準提高。而在評量過程中，所提供的協助程度與方式，是經由評量者與受試間頻繁的雙向互動結果來決定的。它是一個跨越多個時間點以偵測受試者在表現上之演變的一種結合教學與診斷的評量。

動態評量所欲達到的評量目的，不僅是要評估受試者「目前」所表現的水準，他還企圖了解受試者是「如何」達到目前的水準，以及受試者「可能」可以達到的水準。莊麗娟（民85）曾依據多位學者們的看法，歸納出動態評量的特性如下：

(1)兼顧學習結果的評估與學習歷程的剖析。

(2)兼重回溯性的評量與前瞻性的探討。

(3)兼併鑑定與分類、診斷與處方的評量功能。

除此之外，動態評量的特點還可包括：

(1)施測程序可依實際需要而改變。

(2)重視情緒、動機、社會文化因素對受試者的影響。

(3)它是耗時、重質、沒有歧視、不參照任何標準（如常模參照、效標參照），很人性化、較少挫折感的評量。

動態評量除了具有傳統典型的教學評量所具備的功能之外，尚擁有三項最特殊性的功能：

(1)區辨力：透過逐步增加的協助的提示系統或中介訓練以及部分給分的計分方式，使原本在傳統評量方式得分相同的受試者在動態評量精密的計分下，程度再被細分，而增加其精緻性。也由於動態評估涵蓋了學習能力與遷移能力的評量，區辨力範圍擴大，更由於動態評量企圖排除文化不利、動機與情緒的干擾，以防低估受試者能力的可能性，使得區辨力更具正確性。

(2)助益力：動態評量的中介訓練或提示系統能有效地提昇受試者的學習與遷移能力。動態評量可視學習材料的難易與受試者的能力，提供不同的介入方式，而達最大的助益力。

(3)預測力：結合傳統教學評量的解釋量，動態評量是一定量地提昇對受試者未來表現的預測力，使評量與教學者更能精確地掌握受試者的學習動向，而據以提供更適切、有效的協助。

動態評量的程序，大抵以「前測—訓練—後測」之順序為之，其中 Campione 和 Brown（1985）則在「訓練」與「後測」之間增加了一項「遷移」。茲簡介如下：

(1)前測：不提供任何協助，有如傳統測驗，據以獲得受試者的基準表現，可用以評估受計者「目前的表現水準」。

(2)訓練：提供一個事先設計好的協助系統，以一個平行式的作業進行訓練，以了解受試者「如何」達到「目前的表現」、「為何」只達到「目前的表現水準」以及需要「什麼」以及「多少」協助，可達到較高的表現水準。

(3)遷移：提供與前項平行作業稍作變化（近遷移）以及較大幅度變化（遠遷移）的題目，用以測試受試者真正理解的程度以及運用先前知識，即已習得之原理原則的能力。

(4)後測：用以評估受試者「最大可能的表現水準」。

在動態評量中扮演關鍵角色的中介協助系統究竟應如何去發展與設計，的確是一門大學問，但卻是值得我們深入去探討的問題；尤其是要發展涉及領域特定之學科知識的中介協助系統，則更是個高難度、很具挑戰性但卻具有

意義的工作。若依據Campione（1989）的看法，協助系統
的來源可由下列方式而得：

(1)對學習的作業作很仔細的認知成分分析或操作程序
分析，即分析完成此項作業所需之每項特定的知識訊息與
所需具備的認知能力。

(2)對生手與專家進行其正在進行特定作業時的直接觀
察與臨床晤談，透過放聲思考的方式蒐集發展協助系統所
需要的訊息。

(3)評量者透過反省思考的方式，整理分析協助系統所
必備的訊息。

(4)透過認知心理學的文獻或教學指引、教材教法、課
程分析等資料，蒐集相關訊息。

依筆者之見，若要發展有效的協助系統，除了要有領
域特定的學科知識之外，還要能掌握受試者的學習特質，
並融合相關學科（例如認如心理學、心理測驗）的技能。
總之，通往成功之路沒有捷徑，除了用心努力之外，還要
培養敏銳的洞察力。

國外所進行的動態評量主要以非語文的智力測驗為
主，近年來亦有以領域特定的學科為評量內容，但亦限於
數學科。反觀國內，目前的文獻除了有非文字推理測驗之
外，已有以數學科、國語科以及自然科作為動態評量的內
容，以下僅就國內文獻抽取三篇研究，供讀者們參考：

● 吳國銘（民 83）的數學文字題解歷程的動態評量

(1)受試：國小五年級在高年級學術性向測驗中之焦點
題成績未達精熟水準者。

(2)評量內容：數學文字題。

(3)提示系統：①提供對錯之回饋；②提供解題邏輯；

③提供平行題目教學；④提供原題目教學。

(4)實例舉隅：

試　題：4公升高級汽油的價錢和10公升柴油的價錢相等，如果高級汽油1公升15元，那麼柴油1公升多少元？

說　明：小朋友，你把題目看完後，就在第一題的第一格作答！（若做對了，則在分卷上第一題的第一格中✓，並告訴小朋友：「你做對了，好，我們第二題」）

提示一：小朋友，我看你很認真在做（想），不過有些地方不太對，你把題目再看一次，想一想，再試試！把計算過程寫在第一題的第二格。

提示二：小朋友，老師告訴你一些重點，請一面看題目一面注意聽老師講。題目已經告訴我們1公升高級汽油的價錢，那我們就可以算出4公升高級汽油的價錢，那我們再從題目中知道4公升高級汽油的價錢和10公升柴油的價錢相等，所以我們就可以求出1公升柴油的價錢了。好，再做一次，這次把解答寫在第一題的第三格。（若做對了，則在計分卷上第一題的第三格中打✓，並告訴小朋友：「你做對了，好！我們繼續作第二題」。）

提示三：小朋友，老師現在舉一個類似的題目做給你看，你注意看我怎麼解，等一下你再做原來的題目。

平行題：2公升高級汽油的價錢和5公升柴油的價錢相

等，如果高級汽油 1 公升 10 元，那麼柴油 1 公
升多少元？我們解這題的第一個步驟要知道 1
公升高級汽油 10 元，第二個步驟就算出 2 公升
高級汽油的價錢是 10 × 2 ＝ 20 元，第三個步
驟要了解 2 公升高級汽油的價錢 ＝ 5 公升柴油
的價錢，第四個步驟可推出 5 公升柴油的價錢
＝ 20 元，第五個步驟就算出 1 公升柴油的價格
為 20÷5 ＝ 4。好，現在你再將原來的題目算一
次，把答案寫在第 1 題的第四格。

提示四：原題目教學

原題目教學：小朋友，老師現在把這一題解給你看。

第一個步驟要知道 1 公升高級汽油 20 元，

第二個步驟就算出 4 公升高級汽油的價錢是 15 × 4 ＝ 60
元，

第三個步驟要了解 4 公升高級汽油的價錢 ＝ 10 公升柴油
的價錢，

第四個步驟可推出 10 公升柴油的價錢 ＝ 60 元，

第五個步驟就算出 1 公升柴油的價格是 60 ÷ 10 ＝ 6 元。

好，我們繼續作第二題。

• 莊麗娟（民 85）的浮力概念動態評量

(1)受試：國小六年級。

(2)評量內容：自然科浮力概念。

(3)提示系統：①簡單回饋；②題意說明；③關鍵提示
（配合提示卡）；④直接教學。

(4)實例舉隅：

①試題：假如冰塊的密度為 0.9/cm³，水的密度為 1g/
cm³，油的密度為0.7g/cm³，今若將冰塊放入油
和水混合的杯中，會有什麼現象？請選出正確
的答案。

②提示系統：

a.簡單回饋：「答案對嗎？要不要再檢查一遍？」

b.題意說明：「了解題目的意思嗎？」

c.關鍵提示：

判定浮沈要比什麼？

密度愈大，愈在（ ）層，密度愈小，愈在（ ）層

水密度最大，在（ ）層，冰密度在第二，在（ ）層，

油密度最小，在（ ）層

d.直接教學：「水密度最大在下層，冰密度第二，在中
層，油密度最小，在上層，所以答案是
2。」

• 徐芳立（民 87）的閱讀理解動態評量

為協助國中國語文低成就學生發展閱讀理解的策略，
徐芳立（民 87）設計了自問與自答的「動態評量提示系
統」，其「動態評量提示系統」的序階及其提示卡設計如
下：

自問策略「動態評量提示系統」序階

簡單回饋

提示基本發問句型

提示基本發問句型與文意概念圖（見圖9-2與圖9-3）

實例說明與示範一次

　　　　實例說明與示範二次

　　　　直接教學

　　自答策略「動態評量提示系統」序階

　　　　簡單回饋

　　　　釐清題意

　　　　口頭提示線索

　　　　口頭提示線索並呈現文意概念圖、語意關係圖

　　　　（見圖 9-2 與圖 9-3）

　　　　直接說明答案或提供經驗

　　動態評量是諸多教學評量的新嘗試之一，它源於對傳統評量方式的不滿意，遂運用俄國心理學家 Vygotsky 之社會認知發展論中的「社會中介」與「內化」以及「近側發展區」的概念，發展一套較具區辨力、助益力與預測力的評量系統。它透過「前測－訓練－（遷移）－後測」的施測程序，提供受試者一標準化或臨床取向的協助或提示系統，企圖評量受試者的「最大可能表現水準」。它是一個費時、費力具高度挑戰性，但卻是精緻的、人性的、協助式的無歧視評量。它可能適用於任何年級、任何學科，然而其評量者的素養恐需超越傳統評量方式所需具備的基本能力。目前國內在各個學科領域上已有一些些研究成果，但它是否能擴及至老師每日的教學評量情境，仍有待研究者與實務工作者共同的努力。

2.檔案評量

　　檔案評量的意義是指長時期持續不斷地蒐集學生的作品，並且有系統地加以整理與建檔，最後以最令人賞心悅

故事體基本發問句型卡

字面層次

1. 故事中主要（曾經）提到哪些……？（如：人物、地點、事件等）
2. 故事發生在？（時間、地點）
3. 故事中，為什麼？？（文中提及）
4. 故事中的……（事件、問題）經過情形如何（或如何被解決）？

推理層次

1. 由……可知，……（全文、段落、句子）主要的意思為何？
2. 請解釋為什麼……？（文中無明示之因果關係）
3. 文中哪些句子或例子可以說？（主角的個性、情緒、感受；事件；道理）
4. 故事中「……」這句話代表什麼意思？或「……」比喻著什麼意思？

評鑑層次

1. 如果你是……，你會……？
2. 請用自己的經驗舉例說明？
3. 你同意故事中的……嗎？為什麼？請說出你的理由。
4. 從故事中的……，你學到什麼？

說明體基本發問句型卡

字面層次

1. 請說明……的意思？（定義、原理）
2. 為什麼……？（由文章上的字可以找到答案）
3. 從文作者如何描述（或認為）……？
4. 作者舉了哪些例子說明……？

推理層次

1. 從文中的……可知，……（全文段落、句子）主要的意思為何？
2. 請舉類似的例子說明……的意思？
3. 請解釋物什麼……？（問中並沒有明白寫出來的部分）
4. 請比較……的異同（或優缺點）？

評鑑層次

1. 你認為文中……哪一個較好（重要）？為什麼？
2. 你同意作者的……看法？請說出你的理由。
3. 從文中的……，你得到哪些啟示、感想或心得？
4. 從文中……，你認為作者這樣寫的用意為何？請說明你的理由。

圖 9-2　基本發問句型卡（徐芳立，民 87）

自問部分及自答部分文意概念圖卡

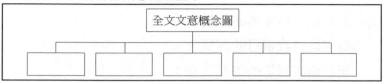

自答部分語意關係圖卡

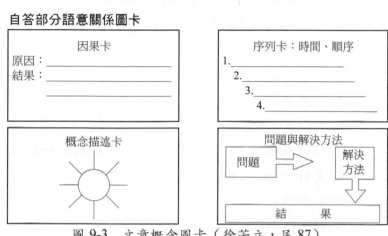

圖 9-3　文意概念圖卡（徐芳立，民 87）

目的方式呈現之（林千惠，民 81）。其目的在於評量學生
的：目前的表現；進步的情形；正在發展的能力。檔案評
量的特徵：

　　⑴重視正向的、鼓勵性的、最佳表現的評量。

　　⑵強調長時期的經常性評量。

　　⑶過程與結果兼具的評量。

　　⑷主張在真實學習情境中評量。

　　⑸教師和學生共同合作的評量。

　　⑹量與質兼具的評量。

　　⑺多向度的評量。

　　⑻重視親師溝通的評量。

　　⑼常模與效標兼具的評量。

⑽同時重視成就、進步與努力的評量。

⑾尊重個別差異的評量。

⑿可以自我省思的評量。

至於檔案評量的優點則有：

⑴能提供給學生一個很明確的學習目標。

⑵能讓學生很清楚地看出自己進步的情形。

⑶能讓學生比較自己學習成果的優缺點或好壞。

⑷能促進師生互動關係。

⑸能促進學生高層思考的能力。

⑹能激發學生的創造力。

⑺能提高教師與學生的自覺力。（Shaklee, Barbour, Ambrose, & Hansford, 1997）

而其缺點是：

⑴費時、費力且花錢。

⑵評分標準不易客觀。

⑶老師執行意願可能不高。

⑷不宜作為唯一的評量方式。（張麗麗，民 87）

然而，檔案評量的內容相當豐富而多元，而且有很大的彈性與自主權，幾乎可以說沒有什麼限制，舉凡：⑴標準化測驗成績；⑵平日評量成績；⑶作業、作品；⑷學習活動的照片、錄影帶；⑸軼事記錄；⑹朋友感言；⑺口語錄音帶；⑻獎狀等皆可（Shaklee, Barbour, Ambrose, & Hansford, 1997）

3.實作評量

實作評量是種介於評量所學知識的紙筆測驗和將學習結果應用於未來真實情境的實際活動之間的評量方式（吳

裕益，民 88）。根據 Wheeler 和 Haertel（1993）的定義，實作評量是個有別於紙筆測驗的變通性評量，受試者必須要將完成某項作業所需具備的技能表現出來，而非僅僅用書面或口語的方式回答問題，它的評分相當依賴專業的觀察與判斷。從此定義來看其評量內涵較檔案評量為窄。

至於實作評量的特徵則有：

⑴能讓學生在真實或虛擬情境中表現其知識或技能。

⑵較能要求學生證明其較高層次之思考與問題解決能力。

⑶不僅重視最後結果或作品的呈現，亦強調獲致最後結果所經歷的過程。

⑷學生需統整其所學的知識與技能，並以整體的方式表現來；較能從各種不同的角度反映學生的個別差異。（鄒慧英，民 86）

4.真實評量

真實評量與實作評量雖然十分相似，但實作評量可在虛擬情境或人為的工作站中進行，但真實評量則在真實的情境中，涉及真實的人、事與物之評量。Wiggins（1993）即指出真實評量的結構與邏輯是：⑴以公開的方式行之，例如有觀眾、有評論小組；⑵不依賴不實際和任意的時間限制；⑶提供已知、不是祕密的問題或作業；⑷有時需要與其他人合作；⑸可重做；需要學校提供全面性的協助。

至於真實評量在設計上的特質有：

⑴強調所評量的問題是很具重要性的，而非一些不必要的侵入性、任意性的、或設計用以淘汰學生的評量項目。

(2)讓學生能很精緻的表現他們的技能或知識，不在時間上作太大的限制。

(3)在真實而複雜的情境中評量，而非在孤立的作業情境。

(4)所要評量的是學生本人的知識使用情形，評量的內容只是方法而非目的。

(5)也要評量學生的習慣，而非僅僅認知或記憶的能力。

(6)強調深度甚於廣度。

(7)具有吸引學生的特性，且具有教育性。

(8)作業或問題有時故意設計成較為模糊，以啟發學生的創造力（Wiggins, 1993）。

5.生態評量

生態評量或稱功能性評量（functional assessment）乃是重視學習環境以及學習者如何與環境互動的評量，而非僅僅評量學習者本身的特質與表現。

生態理論者（Bronfenbrenner & Crouter, 1983）將環境分為四種系統：

(1)微系統（microsystem）：目前與學習者直接立即互動的對象，例如家庭或學校。

(2)中系統（mesosystem）：學習者的父母與學校的互動。

(3)外系統（exosystem）：學習者父母的工作場所或及其與朋友的互動。

(4)鉅系統（macrosystem）：社區或整個社會大環境。

現以教師提問技巧為例，說明如何進行教室生態評量：

(1)選擇所要評量的現象或行為：教師提問技巧。

(2)選擇所要評量的對象：國語科教師。

(3)選擇所要評量的時間與場所：國語課上完一整課課文的時間，共計五堂課。

(4)選擇評量的方法：課堂觀察與記錄、評定量表、晤談老師與學生。

(5)界定評量的現象或行為。

(6)發展及設計所欲觀察、評定或晤談的類目。

(7)執行評量計畫。

(8)分析並解釋資料。

(9)應用評量結果，調整提問技巧。（Good & Brophy, 1986，引自吳文忠譯，民86）

6. 非正式評量（以閱讀為例）

非正式評量或教師自編測驗亦是重要的評量策略之一，例如前面論及之線索導向分析即是非正式閱讀評量中的一種。設計方式是選擇一篇適度長度的短文，讓學生朗讀，但在學生朗讀前，可先測量學生的先前知識（四至五個問題），而朗讀時要記錄學生閱讀的時間以及運用線索導向分析，記錄學生朗讀時所發生之錯誤，例如用替代字、省略字、添加字、閱讀時的停頓、將字詞唸顛倒或重複讀等線索，評量結束後再分析孩子的閱讀策略。

學生完成朗讀後，可再要求學生自由回憶文章內容，以檢驗學生記憶與理解的情形；接著，可再問學生一些理解性的問題，而學生回答問題時可分為可看該篇文章或不可看該篇文章，再次檢驗學生理解的程度。

經由實務與實徵研究結果，美國的閱讀學者（如Goodman, 1973；Fush, Fush & Deno, 1982）以識字率、閱

讀速度以及理解程度，歸納出該篇文章適合學生閱讀的程度為：(1)獨立閱讀水準；(2)指導閱讀水準；(3)挫折閱讀水準；或(4)聽覺理解水準等四個等級，而最適合用來教學的則為被歸類為「指導閱讀水準」的文章。我們不難發現此種評量方式相當具有診斷性與實用性。

總結本章所論及的認知取向多元評量觀，若以閱讀閱讀能力的評量為例，可歸納如表 9-1。

表 9-1　閱讀診斷模式

評量內容：

認知歷程與成分	......
閱讀歷程	文本導向（由下而上）；概念導向（由上而下） 交互模式；循環模式
基本認知能力	視知覺：辨識；記憶；組字規則 聽知覺：辨識；記憶；聲韻覺識 口語詞彙與理解
閱讀表現	識字：認字；解碼 理解：字面；推論；評鑑；欣賞
認知結構	先備知識；文本結構知識
認知層次	識字：字的外形；字的旁邊有輔助圖形； 　　　　視覺全形辨識；字的形音對應； 　　　　字的組織結構；字的各種變化 理解：詞彙；句子；段落 　　　　字面；推論；評鑑；欣賞 閱讀階段：文字的概念；解碼認字； 　　　　　　自動化認字；流暢的閱讀； 　　　　　　經由閱讀學習；多元觀點的閱讀； 　　　　　　自我建構的閱讀
學習策略	識字：形；音；義 理解：預測；澄清；自問自答；摘錄重點
錯誤類型	朗讀：替代；省略；添增；停頓；顛倒；重複
情意、動機、信念	興趣；性向；歸因；自我效能

評量策略：（標準化測驗；非正式評量清單；差異線索分析）

動態評量	協助系統的設計
檔案評量	評量項目的選擇
實作評量	作業情境的設計
真實評量	作業與情境的選擇
生態評量	評量類目的設計

二、變通的考試

　　考試的變通方式很多，要看學生的特殊需求與考試的目的。一般而言，變通的方式包括改變試題呈現的方式，例如可以唸題目給學生聽，或改變試題反應的方式，即容許學生用口頭回答問題，也可以允許學生重考或提供實例與改變題型。美國國家教育績效中心（The National Center on Educational Outcomes, 1996，引自 Tindal, 1998）即從時間、施測場所、試題呈現與反應方式、試題指導語等向度提出了考試調整的原則。

時間
彈性考試時間
允許考試中間有小段休息
允許延長時間
分段考試
一日中的特定時間考試
分日考試

施測情境或場所
個別施測
小組施測
提供調整式或特殊家具
在較少干擾情境下施測
小組但在個別學習桌內施測

試題呈現方式
用點字或大字體

用錄音帶

增加題目行距或減少每頁題數

留較大的空格給學生填答

問題要用完整的句子敘述,且句意要明確

允許學生修改答案

幫助學生了解題意

允許學生發問以澄清題意

可將試題的關鍵字標示出來

試題呈現方式——協助式設計／支持

題目放大

提供模版以限制閱讀範圍

聲音放大設計、提供助聽器

利用錄音帶施測

用膠帶固定考試卷

大聲朗讀問題給學生

提供較黑的鉛筆

其他協助式設計,例如可以彎曲的鉛筆

請人代抄答案

反應——協助設計／支持

使用電腦文書處理回答

學生用錄音帶回答

用打字機

利用溝通板

用替代性反應,如口頭回答、用手語反應、打字或用手指出

用點字

用較粗的鉛筆

請人重抄答案

用錄音帶

計算機、九九乘法表

使用字典或拼字檢查

試題指導語

可請助理代讀試題指導語

可重讀指導語

簡化指導語

把指導語中，重要的關鍵字標示出來

明確的指導語

提供答題線索

提供額外例子

試題反應方式

試卷設計

增加空格

提供具有格子的答案卷

可用電腦文書處理或點字

允許學生在試卷上做記號

　　目前在台灣，由於學術界、家長團體以及教育行政機關的共同努力，在許多正式的考試，也已有了變通的方式，例如將肢體障礙學生的考場設在一樓，並有醫護人員進駐考場；腦性麻痺學生在填寫選擇題時，可以容許由他人代填，而其考試用的桌子桌面較大以及加長考試時間等措施。相信未來會有更完善的措施，來協助各類身心障礙學生應試，而班級中的評量，也能透過多元化的設計，讓身心障礙學生有充分一展所學的機會。

第十章　個別差異的因應

差異是人性的特徵，更大的歧異代表更豐饒人性

楊元享（民81）

　　在第四章，作者介紹了特殊教育法中所界定的各類特殊需求學生的學習、人格或情緒特質，而從第五章至第九章則分別討論課程、教學、教材、作業以及評量方式的一般調整原則，此章則提供普通班教師對各類特殊需求學生可能的因應策略，茲綜合國內外熟悉各類特殊需求學生之學習特質的學者們（例如，許天威、徐享良、張勝成，民89；Kirk, Gallagher, & Anastasiow, 1997；Hallahan, Kauffman, & Lloyd, 1999）以及作者從網路上所蒐集到的相關資料，歸納如下的因應策略。

一、智能障礙

　　目前有愈來愈多的智能障礙學生，尤其是輕度智能障礙學生，被安置於普通班或身心障礙資源班，普通班教師可依據其特質，即智能發展遲緩以及學習與生活適應能力較差等特質，調整課程與教材內容與難度。一般而言，對智能障礙者應注重學科的實用性；日常生活技能、社會技能以及工作技能的學習，而教學策略方面可應用行為分析、作業分析、楷模、示範、放聲思考教學與自我管理訓練等策略。同時也可運用同儕學習、小老師與合作式學習的教學法來促進智能障礙者與班上同學之間的良性互動。

　　依據教育部（民 88b）所頒布的《國民教育階段智能障礙類特殊學校（班）課程綱要》中，提及有一課程編製原則為「融合原則」，即課程應強調對普通教育學習活動之充分參與。此外，亦提及其教材編選應重視功能性、學生的興趣、要有彈性以及與社區結合為原則。而教學原則有個別化原則、類化原則、協同原則、安全原則、實作原

則、啟發原則以及增強原則等。至於教學策略或方法則可以各種不同分組方式進行，例如個別指導、班級內小組教學以及跨班級、年級或學校之分組教學。普通班教師可靈活選擇適當的教學策略與方法，協助智能障礙學生在普通班級內進行學習。

二、視覺障礙

除特殊學校外，視覺障礙學生通常會就近就學於普通班，然後接受縣市政府教育局的視障巡迴輔導員的定期輔導。針對視覺障礙學生，普通班教師可考慮下列措施來協助他們：

在一般性考慮方面：

⑴告訴學生當他需要幫忙時，要告知老師或同學。

⑵儘可能讓學生參與所有的活動，不必太限制他的行動。

⑶不要假設不需要做任何學習情境的調整，他們也可自動學會。

⑷座位要做適當的安排，以最適合學生學習為主要考量。

⑸鼓勵學生用殘餘視力。

在教室管理方面，老師可以：

⑴分派班上學生協助視障學生行動。

⑵教導一般學生如何引導視障學生行動。

⑶讓視障學生熟悉教室、校園內的環境。

⑷學生進教室或出教室時要告知視障學生。

⑸指導學生在教室或校園裡練習行動。

(6)告知學生教室內的布置情形。

(7)不要隨便移動教室的設備。

(8)櫥櫃的門要關好，以防碰撞。

(9)如果有新的設備加入要告訴學生。

(10)避免聽覺干擾。

(11)安排在他坐在聽得最清楚的地方，並使用殘餘的視力，最好是教室的前面中間。

(12)使用適當燈光。

(13)給予較大的空間以便使用設備（點字機、筆記型電腦）。

另一方面，課程與教材的調整，學者們建議：

(1)避免印製雙面，改成單面，以免字透過另一面，干擾閱讀。

(2)要孩子回答問題時先叫學生的名字。

(3)不要讓孩子過度勞累、疲倦，以免無法專心學習。

(4)變化教學方法，以配合教材與學生的特質。

(5)使用大字體的教材，以方便學生閱讀。

(6)避免字寫得太擠，以防學生閱讀困難。

對於視覺障礙學生，社會情緒環境的調整也是很重要的，所以老師可以：

(1)鼓勵學生獨立學習。

(2)肯定學生的努力。

(3)幫助學生發展健康的自我。

(4)幫助學生獲得適當的社交技巧。

(5)教導學生用肢體語言。

(6)矯正學生的習癖動作，例如時常眨眼睛等。

目前有許多高科技輔助或教育工學的設計可協助視覺

障礙學生學習,例如盲用電腦、闊視鏡、放大鏡、視觸轉換器等,但這些設施有些較為昂貴,有時不是每個學校或學生皆能擁有,教師可向縣市政府教育局所設立的教學資源中心取得或借用。即使是有聲圖書、大字體的讀本或書籍等資源以及錄音或報讀服務也可運用,教師可向相關單位取得或自行找尋與製作。

三、聽覺障礙

目前除啟聰學校與啟聰班之外,也是有愈來愈多的聽覺障礙學生就讀於普通班與資源班,又由於有高科技與先進醫療的協助,未來預期會有更多的聽覺障礙學生就讀於普通班,因此普通班教師可參考下列措施,協助班上聽覺障礙學生。

在物理環境方面,老師可考慮:

(1)學生的座位靠近老師。

(2)避免視覺或聽覺的干擾。

(3)用手語或口語翻譯員協助教學。

(4)容許學生用旋轉椅,以調整方位。

(5)容許學生在上課中自己移動位置。

(6)減少噪音(可鋪地毯)。

(7)適當的燈光。

(8)提供視覺提示。

(9)利用合作式學習。

老師除需要使用適當溝通方式之外,教學時應該要:

(1)確定學生有注意,提供短時清楚的指示。

(2)說話清晰但不要過度誇張,你的臉孔要讓學生看得

見，講話時不要常常移動，站在明亮的光源下，使用手勢跟面部表情協助孩子理解，眼光接觸學生。

(3)經常檢查學生是否理解，鼓勵學生問問題。

(4)重複指令，上完一段後作摘要，把重要的概念或訊息寫在黑板上。

(5)教課文時先解釋新的詞彙或概念。

(6)使用示範、引導練習、獨立練習。

(7)活用各種不同教學策略，強調重點時同時使用口語與大量視覺輔助，提供摘要大綱、錄影帶，可用文書處理檢查拼錯字等功能。

在社會情緒環境方面，則可考慮積極支持的環境，鼓勵全班參與或小組討論，幫助正常孩子能了解聽障學生，幫助學生發展問題解決能力，幫助學生發展對自己有較真實的期待。另外，科技輔助的應用也很重要，例如助聽器或方便聽覺障礙者使用的電腦及其周邊設備。

四、語言障礙

目前語言障礙學生大多就讀於普通班，部分學生會接受語言障礙資源班的服務，即部分時間前往資源班接受語言治療或語文科教學。其實，在一般語言情境中，與一般孩子學習語言，對語言障礙的學生而言亦是相當重要的。因此，普通班教師除可提供一般孩子的語言學習機會外，還可注意下列策略：

(1)利用同義字讓學生識字。

(2)詳細解釋片語、成語。

(3)用到多義字時要確定學生了解字的意思。

(4)特定涵義的詞彙要明確說明。

(5)在開始閱讀時先把詞彙解釋清楚。

(6)避免用填充題的方式考試。

(7)要給予簡單而精確的提示。

(8)提示後請學生用自己的話再說一遍確定他懂。

(9)每次新的學習都要跟舊的學習產生聯結。

五、肢體障礙

肢體障礙學生，若其智力或學習能力未受損害，則普通班教師的協助可較偏重於學生行動、生活自理及部分涉及動作的課程或活動上的協助。所謂無障礙環境的提供，不只限於物理環境，還包含心理及社會環境的無障礙。

一般而言，對於肢體障礙學生，在物理環境方面的調整是重要的，因此老師應考慮：

(1)教室位置的安排，最好在一樓，並且離各種學習場所較方便到達的地方。

(2)讓學生擁有適當大小的活動空間。

(3)適當安排座位，以方便輪椅或其他助行器移動。

(4)適當安排桌面，如固定紙張以方便書寫、置放書架以便閱讀或做其他安排，以利學習活動，如美勞等。

(5)學生移動動線的規劃，以方便取得各項學習資源或進行學習活動。

(6)上廁所的行動協助，如入口與走道的安排。

(7)科技輔助，如書寫或用餐等輔助器、溝通板等。

在社會與情緒環境方面，老師需要幫助學生建立自信與自尊，並教導學生社會與情緒適應技能。而在課程與教

學策略方面的調整，則可包含：

(1)動作與移動技能的教學。

(2)生活自理能力的訓練。

(3)增進其他一般學生對障礙特質的了解。

(4)強調生活品質的重要性。以及

(5)增進自我管理的能力。

六、腦性麻痺

依據中山醫學大學身心健康中心資源教室（民93）所提供的腦性麻痺學生之輔導原則，摘要如下：

(1)學習活動空間的安排：(a)學校應提供符合「建築物無障礙設施設計規範」的設施；(b)教室與其他空間需足以讓學生方便進出與輪椅迴轉；(c)班級教室內可設置方便學生存放書籍與設備；(d)座位儘量安排在前排，以方便和老師做溝通。

(2)學習資料的提供：(a)課堂使用之投影片或相關的輔具教材，宜依學生學習狀況於課前或當場提供；(b)給予較寬裕的時間，以便有助於獨立完成任務。

(3)提供彈性或部分參與機會，除考慮安全因素外，勿因其活動能力受限，而減少其參與活動的機會。

(4)對學生的期望：對於學校中各項學習活動或要求，盡可能採用一般學生一樣的期望與標準，且無需過度保護，以避免其獨立學習的機會，惟允許腦性麻痺學生有較充裕的工作時間或使用輔具來完成學習任務。

七、身體病弱

對於智力或學習能力沒有問題的身體病弱學生，關心點會放在生理狀況的處理，其處理方式會因疾病的性質及嚴重程度而有所不同。但仍有一般協助通則如下所列：

⑴了解孩子疾病的症狀，並與醫生保持聯繫。

⑵確定孩子是否有正確的服藥以及服藥的時間。

⑶了解藥物的副作用對學習以及行為的影響。

⑷允許孩子休息。

⑸注意或避免對孩子不適宜的學校學習活動。

⑹避免可能造成的意外傷害，例如癲癇發作時。

⑺孩子缺課太多時，給予個別教學或運用同儕以及小老師教學。

⑻建立孩子自信心。

⑼向家長以及孩子表達你對孩子健康的關心。

⑽幫助班上其他同學了解特定疾病的真實面貌。

⑾與同學討論可以幫助身體病弱同學的方法。

⑿與學生討論生命的意義。

八、情緒行為障礙

情緒障礙者的治療與教學，吾人可運用心理學的原理原則，大致上來說，各種不同心理學取向，都有其應用價值，例如「行為取向」可幫助我們對情緒障礙的孩子進行「行為功能分析」，以了解學生所表現的行為，會對自己或他人產生什麼樣的作用或後果，而引起這些行為的情境

或條件又是什麼。「心理分析取向」則可幫助我們了解孩子的潛意識衝突與動機為何。「心理教育取向」可指導我們若要幫助情緒障礙者進行有效的學習，老師應如何教學。「社會認知取向」讓我們注意到環境與行為的互動。「人本取向」使愛、信任與接納充分發揮它的影響力。至於「生物基因取向」也可讓我們透過飲食、藥物與生物回饋，改善或控制情緒障礙孩子的情緒或行為問題。

　　普通班教師協助情緒障礙學生處理行為的方法，大致上都會應用行為改變技術、應用行為分析或所謂的行為管理方式來進行，它的方法大約可分成四大類：

　　(1)預防不適宜的行為發生，透過建立班級規範、示範、練習、執行、指示、監控、處置等策略。

　　(2)增加適宜行為，利用自我管理訓練、社會性增強、示範、簽約、各種增強等方法。

　　(3)減少不適宜行為，利用行為改變技術中的區分性增強、撤除增強、口頭申誡、口頭指示隔離、過度矯正、身體限制、改變環境與刺激、自我管理訓練等措施。

　　(4)建立新適應行為，可用示範與直接教導方式進行。

　　進一步在教室管理方面，普通班老師可以：

　　(1)調整教室管理，建立一般教室規範（要有禮貌、要幫助一般同學、要把自己的空間管理好、要保管自己和學校的財物、先舉手才發言、離開座位時要經過老師允許）。

　　(2)調整物理環境，應可透過座位安排減少干擾，安排學生座位以利教師偵測所有學生，把有情緒障礙的孩子放在較接近老師的地方，提供安靜學習區。

　　(3)行為管理的策略可用預防式管教，即告知學生你對

他們的期望,建議積極正向的學習氣氛,提供有意義的學習經驗,避免威脅學生,公平,建立學生自信心,稱讚學生好的特質,提供楷模,提供結構化課程與教室環境。

(4)提供社交技巧教學,確認學生的社會能力,教導社交技巧,透過楷模、直接教學、提示、練習。

(5)使用適當而有效的藥物治療。

(6)使用科技輔助,幫助學生學習。

九、注意力缺陷過動症(可包含在情緒行為障礙或學習障礙)

目前在特殊教育法中,注意力缺陷過動症學生,大部分被歸類到情緒行為障礙類,部分則被放在學習障礙類,普通班教師會教到注意力缺陷過動症學生的機率不低,而有些教師或同學,甚至學生家長相當排斥注意力缺陷過動症同學。下列措施,可供普通班教師參考。

在一般原則方面,老師可以:

(1)當你要叫孩子做什麼事的時候,你要確認他有沒有注意在聽、注意看?

(2)把燈關掉起引他注意。

(3)重複給學生指導語,把複雜的指導語分成許多小步驟,跟孩子說話時眼光要接觸。

(4)座位的安排遠離有干擾性的刺激(最好是第一排中間,也就是遠離窗戶跟門或看不到其他同學之處)。

(5)要了解但是不要一直注意到學生身體移動的需求(例如:離開座位、咬鉛筆、閒蕩)。

(6)可走到學生旁,把手放在他的手臂上提醒他注意。

⑺儘量使用具體和視覺性的教材幫助學生注意手邊上的作業。

⑻要給予明確的線索幫助孩子辨別重要的訊息（例如：跟他說「這個很重要喔」）。

⑼若作業很多，完成時間很長，要求其分段報告。

⑽家庭作業條列明確。

⑾準備額外的鉛筆、課本、紙張以備不時之需。

⑿一堂課時間可切成幾個時間較短的時間進行。

⒀為幫助其保持注意，鼓勵其使用自我交談的方式。

在學習環境管理方面，可分：

⑴團體管理方面：以正向的語詞要說明班規，班規要簡單讓學生容易理解，班規不要超過五、六條，班規要張貼在教室內容易看到的地方，每條班規要經過練習跟討論，讓孩子透過角色扮演了解班規，遵守者給予增強，避免誤解，跟學生討論每日的作息，活動量大與活動量小的學習活動要交替出現，安排的工作要在時間內可以完成，完成一件工作後再開始新的一件，當學生注意力持久時要稱讚他，學生尚未完成一件工作時不要指派新的，讓學生清楚你對他的期待，不要任意改變你對他的期待，經常提供回饋，如果需要變更時刻表時要跟孩子討論。

⑵物理環境方面：教室不能太小，讓他有足夠的空間活動，有個人的空間，桌子的安排也很重要，不要故意排在靠近老師以方便隨時懲罰，不要放在刺激太多的地方。

⑶行為管理方面：確定目標行為或活動，確認增強方式，明確訂定需要專心注意的時間長度，使用明確而簡單的語言，學生、老師、家長簽同意書，明確記錄學生行為，提供增強，如果必要的話重新簽約。

　　至於在教學方面可作的調整有：調整老師教學行為，要用有感應的教學策略，例如：說話移動身體、經常問問題，使用多元的、短時間的練習，容許學生與其他同學合作，高度興趣與較沒興趣的作業交替出現，使用錄音帶、投影機、其他視覺輔助教材，運用遊戲來練習，容許學生作有限度的選擇，可以與學生的興趣結合。

　　而在課程方面的調整，則可調整為以經驗為本位的學習或以問題為本位的學習之課程。

　　另外，相當重要的是，我們很需要教導注意力缺陷過動學生學習自我調整策略，即幫助學生修正自己的衝動反應，增加選擇性注意力，利用口語中介方式促進學科與社交技巧的學習，進一步老師可教導注意力缺陷過動學生自我指導，並提供策略幫助他們發展有效的社會行為，以改進學生同儕關係，至於讀書、記憶與組織知識的策略，亦值得嘗試。再者，老師亦無須排斥藥物治療，若經由醫生處方，老師則可與家長配合學生在校服藥。

十、學習障礙

　　依據教育部（民92）的統計報告顯示，全台灣地區學齡階段特殊需求學生中（學習障礙學生的人口略少於智能障礙人口，是出現率較高的一類特殊需求學生）。而這些學習障礙學生又大多被安置於普通班中，因此普通班老師除必須對學習障礙學生的身心特質有所理解之外，亦要多關注各種不同的因應策略。

　　與情緒障礙學生類似，對於學習障礙者學習上的協

助，也可借用心理學的原理原則，使用一些學習策略的教學，如第四與第五章所述，像自我管理策略訓練，可讓學生學習自主學習的技巧；一般認知策略訓練，可讓孩子學習如何讓自己的注意力、記憶力與理解能力提昇；特定學科學習策略訓練，可幫助孩子學習認字或解題等技巧；動機策略訓練，可促進較有學習的動力；透過學科知識細步化、精緻化的教學，能讓孩子的學習較沒有挫折感；另外可利用步驟分析與成分分析，能確認孩子的學習瓶頸在何處；引導式作業的設計，能協助孩子順利完成作業；此外利用合作式學習與同儕教學，讓學習障礙孩子能與其他孩子有較好的學習上的互動。

　　若學習障礙學生的組織能力較差時，老師可運用下列策略協助孩子學習：

　　⑴發展特定的常規讓學生遵守。

　　⑵要學生做的事情用條列式列舉出來。

　　⑶幫助學生做如何分類排序（作業、考試等）。

　　⑷鼓勵學生作作業時會排序。

　　⑸給孩子充分的時間抄黑板，避免過多的口頭指示。

　　⑹老師在講解時給予輔助的大綱。

　　⑺利用小老師幫助孩子。

　　⑻教導他們一些記憶的策略。

　　⑼要給予明確的線索幫助孩子辨別重要的訊息（例如：跟他說「這個很重要喔」）。

　　⑽定期檢查學生的作業，以提供立即的協助，讓孩子有成功表現。

　　若學生在聽知覺處理（有困難理解所聽到的訊息）上有缺陷時的教學策略則有：

⑴避免多重的口語提示，除了告訴學生要怎麼做之外，還要讓他看要怎麼做？

⑵提供視覺大綱或是圖示。

⑶鼓勵學生利用錄音帶重複練習聽。

⑷交代作業的時候避免只用口語說明，寫在黑板或是寫在紙上給學生。

⑸小學生回答後，要求其重複問題，再要其回答。

⑹讓其坐在遠離窗戶、門口或其他會受干擾之處。

⑺接受孩子具體的答案。

⑻給予充分的時間回答。

⑼學生拼錯字時不要懲罰他。

⑽碰到較抽象的名詞時，用比較口語的方式解釋。

⑾所有的口語指示都利用視覺線索增強。

⑿沒有必要給予口語測驗時就不要用。

⒀鼓勵學生用各種不同的視覺學習材料，例如：電腦、影片、幻燈片等。

若學生在視覺動作協調與視知覺上有缺陷時的教學策略如下：

⑴讓學生使用錄音帶、打字機、電腦作功課。

⑵閱讀時建議學生利用索引卡片協助。

⑶調整施測方式，例如：老師幫助學生把答案寫在試卷上、延長考試時間、可以用另外的答案紙寫答案、允許學生用口頭回答、允許學生在考卷上做記號。

⑷考數學時允許學生畫圖或畫線。

⑸容許同學用複寫紙幫他記筆記。

⑹讓學生坐靠近黑板。

⑺一次給的訊息量不要太多。

(8)給學生足夠的時間抄寫。

(9)容忍學生寫字潦草。

(10)視覺提示時給予口語線索。

(11)叫學生起來朗讀時不要讓他覺得尷尬。

(12)上自然課時如果使用顯微鏡等器具，可改用幻燈片代替。

(13)社會課時，問問題應該有表格或地圖協助參考。

(14)鼓勵學生用口語及重複書寫的方式來記憶。

若要因應學生有記憶上的缺陷，則教學要注意：

(1)不要一次增加太多新的教材。

(2)提供過度學習的機會。

(3)鼓勵學生把要記的東西做成卡片，並要經常去看。

(4)作數學時，容許學生用計算機。

(5)教導學生各種不同的記憶策略。

(6)確定學生上課時專心聽講。

(7)鼓勵學生用多感官學習等。

其他策略，例如調整教科書、用替代式教科書，即提供錄音帶、提供閱讀指引、利用錄影帶、提供直接經驗、利用小老師、合作式學習、小組討論、簡化教科書、減少課文篇幅、給予課文大綱或摘要、找一些內容相似但是較簡單的其他教材、提供關鍵概念、讓孩子了解閱讀的目的與建立閱讀的目標、閱讀前明確告知學生要達成的目標、閱讀前先復習圖表、圖示、詞彙、關鍵概念以及減少作業分量等策略。

十一、多重障礙

　　有些多重障礙的孩子雖然生理上或肢體上有嚴重的障礙，但在認知能力上卻是正常的。我們除了要透過醫療的協助，以儘量減輕其障礙程度，身為教師的我們更要避免因原來的障礙，而造成二級障礙，因此我們要提供學生充實的學習環境，並用補救與補償的方法來幫助他們學習。下列原則可供普通班教師參考（Guiltinan, 1986）：

　　⑴在同班中，一般與身心障礙學生應保持合理比例。

　　⑵要強調與利用學生的優勢能力。

　　⑶有時必須給予格外的協助。

　　⑷利用同儕教學或小老師制。

　　⑸與其他同學或同事談及身心障礙學生時，要用較正向的態度等方法。

十二、自閉症

　　要對自閉症學童進行有效的教學，確實難度相當高，老師必須對自閉症者的特質用心的去觀察與理解，並且要向專家們多請益或多參與相關的研習活動，更要多與其父母溝通。至於一般因應原則，則包含：

　　⑴採用協同教學。

　　⑵要認識自閉症孩子的發展行為特徵。

　　⑶教師要彼此分擔責任。

　　⑷不要一開始就認為自閉症孩童是智障。

　　⑸不要過度責備或埋怨家長。

(6)協助同儕能了解自閉症孩子的行為。

至於在教學上，老師則需：

(1)清楚而簡單。

(2)必要時要提供協助或暗示。

(3)提供矯正式回饋與增強適當行為。

十三、發展遲緩

發展遲緩主要是指六歲以下障礙類別尚不明確或不宜過早給予標記之有特殊需求兒童的總稱。大多數發展遲緩兒童相當適合於學前融合班的安置，提供給他們良好的教育，永不嫌早。因應的一般原則是要提供他們一個充實性的學習環境，茲參考並歸納 Cicci（1995）給父母以及教師的建議如下：

(1)提供正向情緒支持的穩定學習環境，充分表露對孩子的關愛。

(2)免除不適當的壓力、提供愉悅的學習氣氛，有適當的期待、不苛求。

(3)提供具有營養的食物，蛋白質、維他命、礦物質、熱量，不要養成偏食的習慣，新食物要用漸進的方式處理。

(4)刺激所有的感官，如視覺、聽覺、嗅覺、味覺、肌肉動作感覺，但不必同時刺激所有的感官，要視學習的性質與目的而定。

(5)提供能激發嬰幼兒透過各種感官，如能以視、聽、觸、嗅與味覺探索事物的豐富環境。

(6)避免過度刺激，因為同一時間給予太多刺激並不適

宜，嬰幼兒也需要有安靜或空白的時間，使大腦有時間處理所接收的訊息。

⑺進行活動或遊戲，不要讓孩子過勞，過勞會喪失注意力與興趣。

⑻所進行的遊戲或活動，要注意安全，不能對孩子造成傷害，例如搖晃孩子的身體。

⑼呈現一系列難易度適宜的、具新奇挑戰性的活動或作業，避免無趣。

⑽讓孩子有社會互動的機會是很重要的，互動中的學習對孩子認知以及社會行為的發展很重要。

⑾增進孩子發展廣泛興趣與技能的機會，心智、身體、美育、社會和情緒。

⑿給孩子選擇、修正與努力的機會，更要允許孩子有犯錯的機會。

⒀提供孩子可以探索的情境並享受學習的樂趣。

⒁協助孩子主動參與學習活動，而非被動的觀察者。

⒂使用重複原則，能使技能自動化。

⒃鼓勵玩躲躲貓的遊戲。

⒄鼓勵模仿動作。

⒅鼓勵模仿語音。

⒆鼓勵注意周遭事物：形狀、顏色、大小、軟硬等。

⒇玩具的選擇，應重視玩具的多重玩法，並能激發孩子的想像力與幻想力。

(21)鼓勵自由探索，但也要教導孩子學習新的技能。

(22)孩子若沒有興趣學習，可等一段短暫時間後，再做新嘗試。

(23)孩子學習在時間與環境的安排上需要有組織與一致

性，使其認知學習的。

㉔價值與組織的重要性。

㉕從小養成收拾整潔的習慣。

㉖幫助孩子了解在團體中所使用的詞彙、命令與指示語。

㉗要花時間與孩子玩。

作者依據上述原則進一步歸納出要給孩子一個好的學習環境，必須涵蓋生理的、物理的、心理的、教育的以及社會的向度，其中心理的向度，還可再包含認知的、情緒的以及後設認知等三個層面，茲分述如下。

(一)生理的環境

好的生理環境首先應有均衡的營養（李玉瑾，民82；〈如何吃出IQ〉，《康健雜誌》，1999，9，1），即每日的飲食中要注意攝取各種不同但須均衡的營養素：

(1) DHA：吃魚、吃菜。

(2)澱粉質：可使腦部鬆弛。

(3)葡萄糖：吃早餐很重要。

(4)維生素B群：少吃氧化、油炸食品，因其對記憶力與情緒有影響。

(5)卵磷脂：麥芽、大豆、肝臟、蛋黃、白米、味噌、大白菜、花椰菜，可滋補腦力。

(6)維生素C：蔬菜、水果，與注意力有關。

(7)維生素E：與警覺性、情緒、思考有關。

(8)鐵質：肉、魚、黑砂糖、青扁豆、大豆、葵花子、菠菜、甘藍菜，其與動作、注意力、學習、思考、精神分

裂有關。

(9)鋅：肉、海鮮，與昏沈、味覺、嗅覺、衰老有關。

(10)脂肪：對神經系統發育和活力都很重要。

(11)勿飲食過量、三餐正常、維生素、低糖、低碳水化合物。

(12)運動下顎：吃硬少吃軟。

(13)拒絕「快感食物」，例如含有咖啡因的飲料。

除均衡飲食之外，經常的運動；充分的休息與睡眠，使肌肉放鬆；預防疾病；遠離毒害，並可透過遊戲或運動，觸摸身體，使身體獲得適當以及充分的刺激。

(二)物理的環境

在物理條件方面，可規劃的學習環境包括：

(1)提供音樂、避免噪音。

(2)要讓兒童接觸適量陽光與遠紅外線。

(3)學習空間要保持清新空氣、充足的陰離子與氧氣。

(4)提供安全的學習空間，儘量避免造成意外傷害。

(5)不要任意前後大力搖晃兒童，以免造成嬰兒震盪症，嬰兒震盪症會導致失明、發育緩慢和腦部永久性損害。（《新聞週刊》，1998春季特刊）

(三)心理的環境

1.一般認知環境（《新聞週刊》，1998春季特刊）

孩子需要長年累月累積經驗，不斷地觀察、聆聽、玩

要和大人溝通，這樣他們的腦部神經網路才得以發展成熟。因此，家長與老師應儘量做到：

(1)與孩子說話時，要瞧著他的眼睛，以增進孩子的注意力、面部表情的學習與情緒的互動。

(2)要多與孩子說話、說話、多說話，除增加孩子語言學習的機會之外，還可增進思考能力。

(3)可用較高的聲調、說得慢一點、發音準確一點、強調或重複說一個字，用短句，但無須棄用複雜的句子、重複幼兒的發音、把幼兒的話重整後再說一遍、多點機會讓孩子接觸代名詞。

(4)加點音樂：兒童在一連串指法和琴鍵動作中產生韻律，使負責方位、空間、時間和聲音的神經細胞之間的聯繫得以加強，全腦學習。

(5)鼓勵探究、多重感官學習。

(6)各種物件加上各種標記，以促進認知概念學習。

(7)進行有挑戰性的活動。

(8)幫助孩子作決策、採取行動、主動思考。

(9)孩子表現好時，勿忘稱讚。

(10)不要停止關心孩子。

(11)讓孩子能在輕鬆、鼓勵、潛移默化以及隨機中快樂地學習。

2.語音與語言的環境

對學前特殊需求孩子的學習特別重要，而且對未來的發展更具關鍵性，因此父母與老師無論如何一定要給孩子一個好的語言學習環境。其方法有如下述：

(1)把你正在進行的動作或活動，同時用語言描述，幫

助孩子將語言與動作配對。

⑵當孩子未有語音模仿能力時，先要建立孩子模仿非語音的模仿能力（例如模仿動作）。

⑶語言表達學習要結合真實情境與生活經驗，以便於溝通與應用。

⑷可先使用較短的句子，以便於學習。

⑸要有一對一單獨相處的語言學習時間，以專心學習。

⑹提供重複唸名或指名的練習機會，以增強學習。

⑺動詞學習配合動作，以增進記憶以及提昇學習效率。

⑻在適當的時機教導情緒性、社會性或感官性詞彙。

⑼使用適當的疑問詞：誰？什麼？哪裡？為什麼？

⑽變化各種不同的問句，引發孩子不同反應型態。

⑾提供字或詞組合的示範。

⑿對孩子提出要求時，要確定孩子了解你所說的話。

3.分類與分類遊戲

分類是一項很重要的認知能力，在學前階段可透過遊戲的方式，幫助兒童發展分類的認知能力，其方法有：

⑴發展組合或分類的能力：相同的放在一起；我們是同一國的。

⑵玩各種分類的遊戲，例如玩具、動物、食物、大小、形狀、顏色。

⑶鼓勵孩子玩扮家家酒遊戲。

⑷提供孩子各種不同的玩偶。

⑸玩沙坑、玩水、繪畫，使用各種工具與材料、動作

遊戲、積木、拼圖、視覺辨識與記憶的遊戲。

　　⑹圖片的學習：與實物結合、與繪圖結合。

4.閱讀學習

　　近年來，由於實徵研究結果的發現，一般正常兒童比我們預期的還早就能發展閱讀能力與閱讀興趣，因此我們也不能忽視對學習遲緩的孩子提供一個好的閱讀學習環境。例如：

　　⑴讀圖畫書給孩子聽。

　　⑵要求或協助孩子指出書中的圖片或物件。

　　⑶說故事前可先問問題。

　　⑷讓孩子或協助孩子預測故事內容或結局。

　　⑸幫助孩子學習自己翻頁。

　　⑹當孩子有傾聽能力時，要開始培養孩子聽故事的理解與注意力。

　　⑺要孩子感受故事的結構性與組織性。

　　⑻當孩子還是嬰兒時，你就可以抱著他，唸故事給他聽，以建立好的閱讀親子關係。

　　⑼建立孩子對書本的概念：封面與封底間藏有豐富的訊息，即未來所要學習的知識與技能。

　　⑽讓孩子對文字的意義有所感受：文字攜帶訊息，如媽媽看了書，就會做蛋糕了。

　　⑾唸童謠、歌謠，幫助孩子掌握押韻的涵義。

　　⑿讓孩子享受熟悉的讀本或故事，不必擔心重複。

　　⒀讓孩子了解語音與文字之間的關係。

　　⒁與孩子討論文字的特質。

　　⒂閱讀可配合動作或歌曲。

(16)與孩子玩文字遊戲。

然而進行閱讀學習的同時，也需重視語音的遊戲，即可透過鼓勵孩子注意押韻；玩押韻的遊戲；鼓勵孩子找同韻字；玩同音字的遊戲等遊戲來增進孩子的語音能力。

5.數字遊戲

數字學習亦是學前兒童重要的認知學習活動之一，因此幫助兒童學習數東西、閱讀數字書、進行重複數數練習以及教導與空間、數量以及時間方面有關的詞彙是值得進行的學習活動或遊戲。

6.協助孩子成為主動而有效的知識處理者

目前無論是企業界或教育界，皆相當重視知識管理的學習，因此如何從小培養兒童如何獲得知識、處理知識、儲存知識以及檢索知識與使用知識等，下列的建議可供家長以及老師們參考：

(1)透過隨機教學以及實地參觀動物園、科學博物館、各種展覽、自然景觀等方式來幫助孩子獲得廣博的知識。

(2)經常與孩子討論他們的經驗，例如一天的例行活動、週末的休閒活動或特定假日的特殊活動，以訓練兒童的記憶、分析、歸納組織以及其他高層思考能力。

(3)直接指導並鼓勵孩子對週遭事物觀察與思考，培養兒童警覺的注意力、敏銳的觀察力及縝密的思考能力。

(4)讀故事給孩子聽，可培養兒童的注意力、記憶力、詞彙以及閱讀理解能力。

(5)不要提早寫字，但可提早寫作，並說故事、討論或給予實際經驗等方式提供寫作材料，且用繪圖、剪貼或錄

音的方式，作為寫作的前置活動。

⑹鼓勵孩子看有教育價值的電視節目或上網路，並與孩子討論內容，但是還是需要監控孩子看電視與使用電腦的時間。

⑺鼓勵並協助孩子獨立閱讀。

⑻要持續關心孩子的成長。

7.情緒的環境

兒童的情緒發展很重要，因此提供孩子一個健康且有利於發展的情緒環境是很重要的，好的情緒發展環境有如下的特質與內容：

⑴提供孩子一個安全的、支持的感覺被尊重的環境。

⑵讓孩子有歸屬感。

⑶主動的、反思的傾聽、面對孩子的感覺。

⑷幫助孩子了解自己的情緒、管理情緒、激勵自己、了解別人的情緒、維繫圓融的人際關係。

⑸幫助孩子學習批評的藝術、說出心底的感覺，要從小開始培養。

⑹對孩子實施人性而有效的行為管理。

⑺無條件的尊重、真誠的關懷。

⑻利用行為的後果處理孩子的行為問題，如把牛奶打翻了，就要自己把桌子和地板擦乾淨。

⑼進行有效的雙向溝通、耐心等待、給予時間、給予再學習以及犯錯的機會。

若能依據上述原則，則可發展孩子有自信、能自律、能獨立又有安全感的心理健康小孩。

㈣教育環境

家長幫孩子選擇一個好的學前教育環境,而老師能提供孩子一個好的教育環境,對學習發展遲緩的幼兒都是相當重要的。有效的學前教育方案,可以預防學習問題擴大或惡化,好的學前教育甚至可以幫助孩子未來能在普通教育中順利學習。好的普通教育、特殊教育以及融合教育的理念、好的課程、好的師資、好的教學、好的教室經營,使有效的特殊學前教育得以實現。

王天苗(民 90)發現好的學前融合教育具有下列特質:
(1)有個案管理員運作專業團隊。
(2)有專業團隊評估學前特殊幼兒的需求。
(3)能依需求對班級教師提供專業諮詢。
(4)有效運用義工老師。
(5)特殊教育學前班改用「學習資源中心」方式運作,以達資源有效運用與共享的目的。

㈤社會的環境

在社會環境方面,政府與民間應共同努力,做好早期預防以及早期療育的工作,例如在醫療方面要做好優生保健與早期預防、篩選與療育發現等公共衛生的工作;社政單位可做好社會福利工作,提供好的個案管理工作;教育單位也應做好學前特殊教育以及親職教育。

若從整個社會生態系來看,從家庭、社區、學校以及

整個社會都需有正確的認識與努力，一方面儘量減少發展遲緩兒的出現率、早期發現並及早介入，另一方面若已有明顯障礙，則也需盡快安置於適當的教育或訓練機構，讓障礙減至最低。

在親職教育與親師合作方面，老師可進行的工作如：

(1)鼓勵父母發展內在因應策略。

(2)協助父母支持其他家庭成員，尤其是兄弟姊妹，公開討論發展遲緩的問題以及尋求協助的方式與內涵。

(3)促發家庭尋求外在支持，例如各種相關服務、教材以及情緒上的支持。

(4)發展個別化家庭服務計畫（IFSP），提供能因應個別家庭之相關服務，並建立家庭支持網絡。

(5)了解家庭動力，以提供適合其需求的服務。

(6)了解家庭結構在不同文化上的差異，對不同文化有充分的知識與敏感度，以建立協助或提供服務的優先順序。

(7)使用直接教學法、示範與參與式引導，以支持家庭成為協助發展遲緩兒的重要角色。

(8)運用有效溝通技巧，讓早期介入方案能有效進行。

(9)與家庭建立互信、尊重、主動傾聽與協商機制。

(10)透過合作諮詢等方式，提昇家庭執行早期介入方案的能力。

(11)增進家庭調適能力，鼓勵家庭表達其內心真正情緒。（Raver, 1999）

十四、資賦優異

其實上述許多類身心障礙學生中也可能同時具有資賦優異的特質,甚至智能障礙、自閉症學生中也有極少數是具有特殊才能的。反之,資賦優異學生中亦有低成就或嚴重情緒障礙者,更有所謂不同文化的資賦優異者,例如原住民學生具有資賦優異特質或特殊才能,因此適切之個別差異的因應措施也適用於資賦優異學生。

一般除了加速學習、加深內容難度與豐富學科內容的基本原則之外,也可調整課程的複雜度與新奇性(Kirk, Gallagher, & Anastasiow, 1997)。此外,透過認知策略的教導,觸發資賦優異以及特殊才能學生的問題發現與解決能力、掌握知識的架構以及創造力等亦是必要的。在人格發展、情緒管理、社交技巧以及社會關懷與生命議題方面亦應重視,例如除自身學習之外,協助班上其他同學學習,當小老師是可行的雙贏策略。

十五、結語

綜合而言,各類特殊學生雖各有其不同的特質以及教師需要運用不同因應策略以滿足其特殊的需求,但是他們的特質與需求仍有相同之處,而這些特質與需求甚至與一般正常孩子亦有共通的地方。他們都需要一個能讓他們享受學習樂趣與充分發揮其潛能的學習環境。只要教師時時刻刻以「每位學生的學習最大利益」著想,腦力激盪、尋求必要的協助,相信多少能找出一個平衡點,以滿足每位學生的學習需求。

第十一章 教師支持系統的開展

向其他的教師尋求支持、理解、建議與歡笑，他們會是智慧與力量的來源

（Katafiasz，1997；林鶯譯）

一、支持的定義

支持是指提供一些資源或策略，以增進一個人的利益，幫助他從統合的工作或生活的環境中，獲得必要的資源、訊息與關係，進而使個人的獨立性、生產性、社區統合性與滿足感都得到提昇（Schalock, 1999）。因此，吾人若將 Schalock 對支持的定義用於教師支持系統的提供，我們將可將之延伸為提供教師一些資源或策略，以增進教師從統合的教學工作或生活的環境中，獲得必要的資源、訊息與關係，進而使教師的教學獨立性、生產性、與學校及學生家庭的統合性以及對工作的滿足感都得以提昇。

二、支持的功能

支持的功能會因支持的目的為何，而有所不同。吾人提供給普通班教師的支持系統，應該是希望他們能帶好班上的每位學生，因此給普通班教師的支持系統其功能可涵蓋下列項目：

1.建立諮詢管道

讓普通班教師知道當他們遇到疑惑或困難時，知道有哪些地方可以獲得協助，例如各教育大學的特殊教育中心、教育部特殊教育工作小組、各縣市政府教育局（有的縣市已有特殊教育科、股或課）、各縣市特殊教育中心學校或資源中心、各級學校輔導室特殊教育組、學校內個別教師或民間教育機構等。

2.獲得同事協助

透過校內教學研究會、教學研討會、教師讀書會或教師成長團體等活動,以獲得同事的必要協助,例如課程、教材或教學策略的支援等。

3.獲得教學行為的支持

透過支持系統的服務,教師可學習各種適切的教學策略,以因應各種不同學生的需求,更可透過實踐而獲得必要的肯定。

4.獲得教學與教材的資源

透過支持系統的協助,普通班教師可獲得已發展之必要或相關的教學與教材資源,不必一切從頭做起。

5.獲得進修機會

經由需求評估與透過支持系統的設計,普通班教師可獲得必要的進修機會,以增進處理班級各項學習與行為問題的能力。

三、支持的來源

支持系統的來源可以有:(1)教師本人;(2)他人;(3)行政體系;(4)社會資源;與(5)科技輔助。

主動積極、有熱情,且具有問題解決導向的教師,通常其本人即可自行開發支持系統,尋求可用資源,並依實際情況之需求,將資源分析、歸納並轉化成適用其教學所

需的資源。

　　他人則泛指學校同儕、特殊教育教師、相關專業人員（例如心理諮商師、社工師、物理治療師、語言治療師等）、家長等，這些相關「他人」亦是很好的支持來源。

　　行政體系則算是較正式的支持來源，它可包含學校與中央及地方教育行政單位，而行政體系所提供的支持有可分為正式的與非正式的支持。

　　至於社會資源則涵蓋學術團體以及民間各種教育、家長組織或相關服務機構，透過他們所提供的服務以及累積的經驗與資料，教師亦可獲得相當的支持。

　　而科技輔助則是近年來無論是政府或民間所共同努力的方向，教師可透過所研發的科技輔助直接改善或間接降低障礙來協助學生學習，例如盲用電腦、電子溝通設計等科技輔具的應用。

四、支持的強度

　　至於教師所需的支持，在強度上可能因個人、時空之不同，而有很大的差異。依據美國智能障礙學會（Schalock, 1999）的觀點，需求的強度可以分為四個等級。吾人可將其理念應用於教師所需支持系統的強度區分。

1. 間歇性需求（intermittent）

　　視需要而定，偶發性質，不是經常需要（例如狀況較緊急時）。其強度可能高也可能低。例如協助班上腦性麻痺學生參觀科學博物館。

2.有限性需求（limited）

需要固定的支持，但所需花費的時間有限，不是密集的支持。例如協助班上視覺障礙學生設計點字考卷或有聲書的錄製。

3.廣泛性需求（extensive）

需要定期而且是多向度，且沒有期限的支持。例如重度智能障礙學生的生活自理能力訓練。

4.全面性需求（pervasive）

具有持續、密集、包含教學能力多向度的長期支持。一般需要較多的人員。例如嚴重情緒障礙並有反社會行為學生的行為處理與學科的學習。

五、支持的內涵

支持的可能內涵可依國家教育政策、各縣市教育生態、特定學校的特質以及特定教師的需求，而有所不同，可以很多元，也可以很彈性，大致上來說，其主要內涵可以包括：

⑴行政的支持（例如排課、減少班級人數、教室位置與空間的規劃）。

⑵經費的支持（例如鐘點費、設備費、教材費等）。

⑶人力支持（提供教師助理、實習教師、志工、退休教師、小老師、相關專業人員等）。

⑷家長的配合與支持（包括一般學生與特殊需求學生

的家長）。

　　(5)專業知能的支持（例如教育理念、態度與情緒、課程與教材、教學策略與輔導技巧、作業與評量、行為管理與教室經營等）。

　　(6)其他社區資源。

六、支持系統的評估與執行

　　支持系統的需求需先經過評估，並進而發展每位教師的「個別化支持需求計畫」，即透過生態評量的方式（了解教師、教學環境以及教師與教學環境之間的互動情形），以觀察、晤談、座談、問卷或蒐集檔案資料等策略，評估每位教師所需的支持系統及其強度。當完成評估之後，即可提供服務，並定期評鑑其成效，同時進行必要的修正。

　　而其執行的方式，亦可相當個別化。它可以諮詢服務、教師進修與成立教師成長團體等方式進行。

七、以學校爲本位的支持系統模式舉隅

(一)合作式學校諮詢模式簡介

　　諮詢教師模式是各種教師支持系統中的一種。美國在四十年代即有諮詢教師方案的措施，直至回歸主流以及融合教育盛行之後，諮詢教師方案又再度被重視；而各式各樣的諮詢方案亦層出不窮地出現，其目的在於因應各種不同的需求，但其功能主要即在於協助普通班教師帶好班上

的學生，尤其是身心障礙的學生。

　　本節所要介紹的是許多諮詢方案中的一種，名為「合作式學校諮詢模式」（Dttmer, Dyck, & Thurston, 1996），由於它重視以「學校為本位」，又有結合「專業團隊」的特色，再加上它主張諮詢者與被諮詢者之間不是隸屬關係，而是「平等的合作關係」，此種設計相當符合國內目前普通教育（學校為本位）與特殊教育（專業團隊）的政策，而且以平等的關係進行諮詢，可能能較為普通班教師所接受，所以研究者決定選擇此模式作一簡介。學術單位、教育行政單位或個別學校若要發展諮詢教師方案，可參考此模式之設計原理，來發展適合個別需求的諮詢教師模式。

1.在學校情境中的諮詢要素

　　合作式學校諮詢模式的運作涵蓋三大主要成分，即情境、歷程與內涵，其中所謂的情境是指諮詢時所指涉的對象、此對象所處的環境以及此對象與環境之間的互動，因此情境可因問題的性質而有所不同，可能簡單，也可能複雜；可能涉及很廣，也可能範圍很窄，即諮詢的情境依範圍的大小可從學生、家庭、學校、社區、國家以至於世界，當然學生、家庭、學校與社區這個範圍是較實際的諮詢情境。

　　在諮詢的歷程方面，它可以很正式，即需公事公辦，要按一定的程序進行，並做紀錄；它也可以用非正式的方式進行，只要有需求，隨時可獲得服務，只要諮詢者與被諮詢者彼此約定好即可。

　　至於服務的內容，也會因需求與問題的性質不同，而

有所變化，大致而言，此內涵可包括：教材、教學方法、解決問題的策略以及替代性方案等，凡是老師需要協助的項目皆可包含在內。

2.問題解決的諮詢程序

合作式學校諮詢模式採取問題解決導向的諮詢策略，其問題解決的諮詢程序使用所謂的 POCS 方法。其中 P 代表問題辨識（problem identification）；O 代表產生所有可能的解決路徑（generating options）；C 代表決定所欲獲致的成果（determining the consequences）；S 代表計畫解決方案（planning the solution）。因此，諮詢歷程的十個主要步驟為：

(1)諮詢的準備。

(2)諮詢的啟動。

(3)蒐集資訊。

(4)孤立問題。

(5)辨識問題。

(6)產生解決策略。

(7)形成解決計畫。

(8)評鑑進度與進展。

(9)追蹤諮詢成效。

(10)修正或繼續進行諮詢。

3.有效合作式學校諮詢的關鍵成分

要使合作式學校諮詢模式能有效運作，下列成分不可少：

(1)角色描述，如角色界定、角色分配、角色期待。

(2)培育人力,透過職前訓練、在職訓練與進階訓練。

(3)組織架構,如學校組織架構、相關資源與學校經營策略。

(4)評鑑,原則為要有評量、參與與接納。

4.合作式諮詢的專業團隊運作內涵

合作式學校諮詢模式結合諮詢與專業團隊的特色,期能達到有效問題解決的目的,同時並能促進教師與學校組織的成長,其運作程序與內涵如下:

(1)共同討論學生的需求。

(2)傾聽同儕對教學情境所持的觀點。

(3)協助辨識與定義教育問題。

(4)幫助同儕在學校情境中解決問題。

(5)改善初級介入方案(替代性方案)。

(6)轉介學生。

(7)示範教學策略。

(8)提供直接協助。

(9)領導或參與教師成長活動。

(10)協助教師設計和執行行為改變方案。

(11)分享資源、教材與觀念。

(12)參與協同教學或示範教學。

(13)設計評量和評鑑活動。

(14)參與課程、教材的諮詢。

(15)追蹤諮詢結果。

(16)減輕其他同儕的負荷。

(17)建立與其他專業與機構的網絡。

5.合作式學校諮詢的優點

此模式的設計者認為合作式學校諮詢的優點在於它符合特殊教育法的實質內涵，即身心障礙學生能在最少限制的環境中接受教育；它可提供融合教育支持與協助，幫助普通班教師因應班上的各種問題；它可減少對身心障礙學生標記的負面效果；它可減輕特殊教育的成本；它可促進學校人事和諧與團結；它可增進教師成長；它鼓勵家長參與；它可激發特殊教育的效益。

6.合作式學校諮詢的阻力

世界上似乎沒有十全十美的制度，合作式學校諮詢模式也沒有例外，設計者亦不諱言他們的模式仍有下列缺點，有待克服：缺乏統整的諮詢的理論和模式；缺乏有關諮詢的實徵研究；缺乏學術界與實務界支持的態度；缺乏能力將理論變成實務；缺乏人力與資源可以運作此模式；缺乏職前與在職訓練；教育行政的組織不利於諮詢方案的推行，例如經費與人力不足或不願推行；缺乏專業領域間的合作，例如其他專業領域不認識或不認同。綜合而言，這些阻力又可分為四大類，即：

(1)缺乏對諮詢角色的理解。

(2)缺乏諮詢方案的運作架構，例如：方法、資源、經營策略。

(3)缺乏諮詢方案的評量策略與支持系統。

(4)缺乏培育方案。

7. 諮詢教師所需具備的特質

與其他專業人員一樣，優秀的諮詢教師也需具備一些重要的特質，對這些特質的理解，可協助我們甄選與培育適任的諮詢教師。這些特質大約可歸納為下列四大類形容詞：

● **溝通技巧方面**

反思的傾聽者；肯定的；明確的；非判斷的；適度的堅持；開放的學習態度；彈性的；有耐心的；有信心的；沒有偏見的；稍具外交手腕的；客觀的；能排除阻力的；努力的；能承認錯誤的；能稱讚別人的；能作摘要，掌握別人說話重點的；專業的；能辯護的；能指引別人的；積極參與的；可依賴的；能清楚自己感受的；有反應的、有感應的；能作為發言人的；能與人合作的；心胸開放的等。

● **人格特質方面**

善解人意的；考慮周全的；可溝通的；自我肯定的；可靠的；面帶微笑的；有眼光的，有遠見的；感受敏銳的；自我依賴的；正向思考的；能關懷別人的；觀察敏銳的；具有同理心的；能下決心的；認真工作的；友善的；能尊重別人的；誠懇的；仁慈的；可接近的；冷靜的；可尊敬的；具有幽默感的；機智的；具有活力的；有勇氣的等。

● **專業知識方面**

具有學科領域特定的知識，例如語文或數學；能掌握新的資訊；能蒐集豐富的資訊；具有諮詢的知識；能發展人力網絡；能掌握運作程序；對立法有充分了解；具有創

造力；能革新；能清楚行政運作；具有領導力；能應用研
究結果；能帶領教師進修；有強烈的學習欲望；是個智慧
的思考者等。

● 合作技巧方面

能排列優先順序；有效率；能有效經營時間；會說
「不」；能保存重要文件；具有專業倫理道德；能按排好
的行事曆執行；能作決策；隨時都方便被找到的；能與人
分享資源；勤勞的；能為完美而奮鬥的等特質。

其實上述這些特質，並非只有諮詢教師才需具備，應
當是一般教師或一般學校行政人員也可具備的特質。不過
我們應可透過合作式學校諮詢模式的有效運作，發展上述
優秀協助者的各項特質。

綜合而言，合作式學校諮詢模式只是眾多諮詢方案中
的一種，而諮詢方案又是眾多普通班教師支持服務系統中
的一種。提供支持服務系統者應紆衡需求、資源、人力、
經濟能力、效益、方便性、長久性以及適變性等因素，發
展有學校或地方特色的「普通班教師支持服務系統模
式」。

第十二章　研究的發現與建議

> 邁向成功之路沒有捷徑
> Reed（1988）

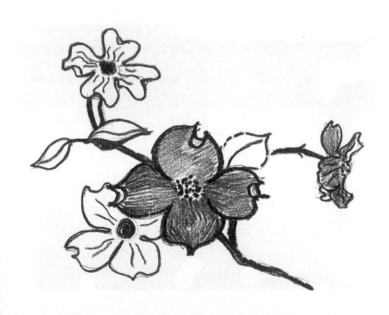

　　筆者於民國八十八至八十九年利用問卷調查、訪談與
文件蒐集的方式，透過不同研究對象，如普通班教師、身
心障礙學生及其家長、學校行政人員、地方教育行政機關
以及普通班一般學生，了解普通班教師在常態編班下，面
對各類特殊需求學生之因應措施及其成效、所遭遇到的各
種困境以及所需的支持系統。經過兩階段的資料蒐集，獲
致下列各項研究結論與建議（邱上真，民 89；民 90）。

一、研究發現

1.普通班教師在其教學生涯中，可能教到身心障礙或有特殊需求學生的機率相當高

　　無論是以問卷或訪談方式進行資料蒐集，筆者皆發現
普通班教師有相當大的機會可能會接觸身心障礙學生或有
特殊需求的學生。雖然問卷的設計囿於長度問題，未能針
對各類身心障礙學生作明確的界定，更以通俗的詞彙以及
混合的方式來陳列各類身心障礙的類別，因此所得結果恐
有高估普通班教師接觸身心障礙者的比例，但由於有相當
高比例的教師表示其曾經教過身心障礙學生，再加上目前
常態編班的落實以及特殊教育法鼓勵普通班教師接納身心
障礙學生，因此未來普通班教師接觸身心障礙學生的機率
應該是只會增加而不會減少。為了讓身心障礙學生在普通
班裡能獲得較好的教育與適應，因此了解普通班教師如何
因應班上身心障礙學生以及他們所需獲得的協助，應該是
有意義的。

2.普通班教師尋求協助的方式以自己想辦法以及尋求校內相關專業人員的諮詢、協助與合作爲最大宗

透過問卷調查,筆者發現無論是國小或是國中教師,他們尋求協助的方式皆以自己想辦法為占最高比例,這可能是求人不如求己,抑或是協助資源不易尋求的緣故。但是自己想辦法,其實有相當積極的意義,這表示教師有解決問題與自我學習的能力。因此,針對教師會自己想辦法的結果,特殊教育學術單位或行政機關計畫提供支持系統時,應可考慮充分告知相關資源的來源以及協助其如何發展自我學習能力。

另外,相對於到大學修學分等協助方式,教師顯然較偏好以校內諮詢教師以及線上諮詢專線服務的方式,可見教師認為協助必須要能就近的、及時的以及以學校為本位的。此項結果,可支持目前正在推動的「以學校為本位的學校經營」政策,但囿於教育經費的有限,對於學校較小以及較偏遠的地區,可能需要以學區或鄰近鄉鎮為範圍的協助方式為主或用網際網路的方式提供所需的協助。

此外,由於目前國內除南投縣之外,其他各縣市尚未有正式的諮詢教師方案,因此,未來縣市政府為確實服務普通班教師,發展諮詢教師方案應可考慮。又目前國內特殊教育師資培育機構也尚未有諮詢教師的訓練方案,對於正面臨師資培育多元化的時代,諮詢教師的訓練方案應是可考慮的規劃方向之一。

3. 普通班教師大多會運用各種不同的策略以因應班上有特殊需求的學生。而且,一旦老師採取行動,則無論使用何種因應措施,其有效的可能性是相當高的

筆者在第一階段的問卷調查中臚列了十四項因應措施,結果是每一項皆有教師圈選(最低為 17%),而在第二階段分為三大類共計二十四項因應策略中,亦是每一項皆有教師使用(至少二成以上),可見教師使用的因應策略應該是相當多元的。但由於本研究無法臚列所有可能的因應策略,因此應有不少本研究未發現的因應策略為教師所使用。表 12-1 係條列普通班教師可使用各項因應措施(邱上真,民 89;民 90)。

4. 在較多老師使用的策略中,一般傾向較易實施以及無須做較大變動與調整或花費太多的時間與精力以及偏重情意層面的為主的策略

相對於課程、教材、教學方法、作業以及評量方式的調整,教師傾向使用較易實施以及無須做較大變動、調整、花費時間與精力或以情意層面為主的策略,例如座位的安排、團體或個別輔導同學或讓同學與身心障礙同學有互動的機會,以接納與協助身心障礙同學,以及給予身心障礙學生情緒上的支持與提供個別教學。

表 12-1　普通班教師可使用之因應措施

在社會－情緒／行為環境的調整
團體或個別輔導班上其他同學以接納身心障礙學生
讓學生彼此有互動的機會以接納身心障礙學生
以鼓勵的方式引發同學主動協助身心障礙學生
給予身心障礙學生情緒支持、促發學習動機
舉辦家長座談會，以協助身心障礙學生學習
利用聯絡簿或電話提供家長諮詢

在物理環境的調整
透過座位安排
提供安靜的個別學習空間

在認知學習環境的調整
利用小組或分組教學
利用一對一教學或個別輔導
調整課程（簡化、適性、實用）
調整教材（簡化、重組、改寫、補充）
細步化教學
利用問問題
利用多重感官學習（視、聽、實作）
利用多媒體教學（錄音帶、錄影帶、電腦、電視等）
教導自主學習的技巧
教導抄黑板、記筆記或劃重點的技巧
教導應試技巧
教導讀書技巧
利用同儕或小老師
調整作業（簡化、提供協助、多樣選擇）
調整評量方式（簡化、提供變通辦法、多樣選擇）
親職教育

5.有些讓相當高比例的教師認為有成效的策略，因為使用的困難度較大，故較少被教師使用

從研究結果中可發現，無論哪一類別的身心障礙類型，皆有五成以上使用過該策略的教師認為實施分組或小組教學、調整教材、教法、作業與評量方式以及指導學習方法是對身心障礙生有幫助的，但相對於前面所提及之教師較常使用的策略，教師則較少使用這些也是會有成效的策略。可能的原因是這些策略雖然有效，但在使用上困難

度較大且費時、費力，而且專業度也較大之故。因此若希
望有較多的教師使用這些策略，則需提供教師較多的支持
系統，例如配套措施、適宜的學校生態以及知能研習等，
以發展教師之專業能力，才較有可能竟其功。

6. 家長用以協助身心障礙學生的方法，與普通班教師相較，並無太大的差異

在問卷調查中，研究者問及身心障礙者家長平常透過
何種方式來取得資源以協助其子弟的學習，結果發現他們
所使用的方法與普通班教師並無太大的不同，皆以自己想
辦法、尋求校內相關專業人員的諮詢以及線上諮詢專線的
服務為主，而較少直接向教育局求助。另外，家長通常會
向導師溝通或求助。因此，親師合作與導師制的充分落實
將有助於家長有效協助其子弟學習。

7. 家長對普通班教師所使用之策略的觀察與教師的自我評估之間的差異並不大

透過對身心障礙家長的問卷調查，家長所觀察到的教
師所使用的因應策略及其成效以及其所遭遇到的困難，與
老師的自我評估結果，彼此間的差異並不大。換言之，在
前面所提及之普通班教師方面的調查結果，家長也持相同
觀點。

8. 家長對於是否將身心障礙學生安置於普通班以及教育的優先對象，與教師之間的觀點有差異

相對於普通班教師，較高比例的身心障礙學生家長比
較希望其子弟能安置於普通班，而對於教育的優先對象也

比較不會因障礙程度的嚴重程度而有所分別。此結果對於主張融合教育者應給予特別關注，即對此議題應讓普通班教師與家長有充分溝通的機會，以促進相互之間的理解，並能彼此站在對方的立場著想，以提供孩子最少限制的學習環境。

9. 身心障礙學生認爲學習困難主要來自課程與教材較難以及不懂老師的講解，但相對於個別教學與輔導以及其他個別或團體的諮商，教師較少處理課程以及教材難度與調整教學策略的方式來協助身心障礙學生的學習

雖然教師較少使用課程、教材、教法、作業以及評量方式的調整，而且教師也表示他們在這方面所需的協助，不若對身心障礙學生特質的理解之需求量大，但學生卻對這些方面的調整有需求，這差距應透過諮詢、研習等方式讓教師能對身心障礙學生的需求有較正確的認識。

10. 無論身心障礙學生或是一般學生，他們對教師的人格特質以及教師與他們如何互動的模式，相對於教師的專業知能與教學技巧，似乎更爲期待

從研究問卷或訪談結果發現，其實無論是身心障礙學生或是一般學生，他們對好老師的標準並不嚴苛，基本上他們對教師的個人人格特質以及與他們互動方式的重視更甚於教師的學科專業知能與教學技巧。

11. 普通班學生的反應讓我們注意到，不只身心障礙
    學生在普通班內需要特別的關注，其他一般學生
    的需求也不可忽略

　　在訪談普通班一般學生中，有學生反應若教師對身心
障礙學生有特別的對待，亦會引起其他同學的反感，因此
一般學生的心理反應我們也需留意，所以教師有必要對全
班或特定的個人進行輔導，並對所謂的公平與公正作一正
確的說明與評述，並讓同學們有討論的機會，以發展一具
有班級特色的、可實踐的教室經營與規範。

12. 相當比例的國中老師認為在滿足身心障礙學生的
    需求時，最大的阻力來自學生本身的問題，但從
    學生的觀點，大多數認為是來自課程與教材以及
    教學法的不適切才是關鍵要素

　　當問及在普通班裡協助身心障礙學生最大的困難在何
處時，無論是用問卷或訪談，普通班教師的反應，除了一
些教師們確實有困難自行克服的阻力，如班級人數與上課
時數是他們的困難來源之外，大多數的教師，尤其是國中
教師會認為教學困難的原因是來自身心障礙學生本身的特
質，例如學生程度落後太多、沒有學習動機、能力太差以
及個別差異太大。不過，則有較多的國小教師認為課程不
易變動、教學進度要趕以及教材太多與太難亦是困難來
源。儘管身心障礙學生也會認為自己的能力是造成學習的
困難原因，但是我們也不可忽視學生的真實反應：「聽不
懂」與「看不懂」。換言之，學生能力固然有缺陷，但從
另一角度思考，調整課程、教材、教法、作業與評量方式

以因應他們的缺陷,並讓他們的優勢能有發展的機會,普通班教師應該也是需要理解與重視的。

13.無論是老師或家長,大多數表示最希望獲得的協助方式是校內諮詢教師方案、線上諮詢專線服務以及校內的特殊教育或輔導知能研習

校內諮詢教師方案、線上諮詢專線服務以及校內的特殊教育或輔導知能研習共同特質是他們所提供的服務是在時間以及空間上對教師是最方便取得的,且在問題核心的掌握上是最貼切的,即教師可獲得真正能理解其困境,並能看清問題,以及能提供及時的、就近的以及頻繁的協助,相信這是相當理想的協助方式,亦是學校本位經營的實務基礎。

14.最多教師表示他們最希望獲得的協助內容為了解身心障礙者的特質以及因應個別差異的技巧

基於相當高比例的教師認為協助身心障礙學生學習的困難主要來自學生本身的特質,因此教師們希望獲得的協助以了解身心障礙者的特質以及因應個別差異的技巧,是不難理解,而且也是合理的。然而,我們所規劃的支持系統,除應涵蓋這些內容之外,亦應考慮放入調整課程、教材、教法、作業以及評量方式等服務,以融合教師與身心障礙學生的觀點與需求。

15.雖有多數教師認同將身心障礙學生安置於普通班
　　的措施，但我們仍不可忽略尚未完全認同的教師
　　比例並不低，因此融合教育的落實還有一段很長
　　的路要走

　　在第一階段的問卷調查中，大約有百分之四十三‧九
的老師是非常不同意或不同意將身心障礙學生安置於普通
班，高於同意與非常同意的百分之三十八的比例，而同意
或非常同意於各縣市普設特殊學校者更高達百分之八十
二，僅有百分之五‧九表示非常不同意或不同意。相似的
結果也反應在第二階段的問卷調查中，尤其是國中教師有
百分之三十一‧五認為應將身心障礙學生安置於特殊學
校，而認為可安置於普通班的僅占百分之十八‧一。可見
這與特殊學校的數量與規模已逐漸萎縮的世界趨勢，似乎
仍有一段距離，因此對融合教育的理念有較實際的理解與
檢驗是有必要的。

16.相對於國中普通班教師，有較高比例的國小教師
　　認為他們所遭遇到的困難以及所需協助的項目較
　　多

　　在第二階段問卷所臚列的「普通班教師協助身心障礙
學生時最感困難之處」的十九個項目以及「普通班教師在
協助身心障礙學生所希望獲得的協助」的十四個項目中，
覺得困難以及希望獲得協助的國小校師比例在所有項目裡
皆高於國中教師的比例，這是否顯示國小教師的工作負荷
大於國中教師仍有待進一步澄清。如果答案是肯定的話，
那麼在規劃國小普通班教師支持系統時，就應特別留意國

小教師所需的行政支持。

17.學校教育行政人員最希望獲得教育局協助的是教育經費的提供以及教師志工的招募

經費與人力資源是學校教育行政人員最希望獲得教育局協助的兩大項目,這樣的思考是合理的,但若是在經費有限以及人力匱乏時,我們是否依然可提供普通班教師有效的支持系統以協助其帶好班上的每位學生?「開源」固然重要,「節流」以及「有效運用資源」亦是重要的課題。

18.已有超過一半的地方教育行政機關擬訂「就讀普通班身心障礙學生安置與輔導辦法」,其內涵雖大同小異,但亦有各縣市的特色

近年來,各縣市依據教育部所頒布的《特殊教育法》以及《特殊教育法施行細則》所訂定的各種辦法,可謂愈來愈完備,而且許多縣市也都有了具體的行動。以「就讀普通班身心障礙學生安置與輔導辦法」,各縣市所擬訂的內涵雖大同小異,但其涵蓋的主題皆相當具體、明確與完備,且亦有各縣市的特色,舉凡目標、適用學校層級、輔導安置對象、輔導安置原則、輔導安置方式、普通班教師之職責、普通班教師之遴選、學生評量方式減少班級人數等皆有所規範。惟,若辦法中細節太多或規範太嚴,恐怕在執行時反而容易碰到瓶頸或阻力。

19.地方教育行政機關所提供的各項服務措施,雖能符合普通班教師的需求,但要達到「學校本位」的服務模式仍有待努力

大多數縣市政府教育局雖提供了全縣市或分區的各種研習,但能針對各校所提供之特殊教育知能研習的縣市則只有有六個,占不到二十三縣市中的三分之一。另有六個縣市表示有提供諮詢教師方案;五個縣市能編列鐘點費提供普通班教師課外輔導學生以及有十個教育局有編列各校研習經費等,顯然要能充分滿足教師的需求,仍有待努力。

20.縣市政府教育局相關人員所反應的困境,部分觀點與普通班教師的自我評斷有差距,值得關注

各縣市政府教育局相關行政人員,認為他們在提供普通班教師支持系統之服務時,所遭遇到的困境,除經費不足與局內特殊教育人員人力不足之外,以普通班教師排斥以及普通班教師對教學策略不熟悉為最多。普通班教師排斥,似可在本研究第一與第二階段對普通班教師的問卷調查與訪談結果獲得一些佐證,即仍有相當比例的教師是認為身心障礙學生應該安置在資源班、特殊班以及特殊學校的,尤其是障礙程度愈嚴重,就有愈多的教師認為他們應該安置在普通班之外,而持如此觀點的國中教師的比例又比國小教師高。其中教育局相關行政人員認為普通班教師對教學策略不熟悉的,亦是困境之一,這項反應是值得我們關注的,因為教育局相關行政人員,即本研究問卷填答者有不少亦來至基層教師,他們有如此看法,我們有必要

深究，因為從本研究的教師問卷調查與訪談中，教師認為阻力的來源是身心障礙者本身。此乃表示地方教育局相關行政人員與基層教師的認知是有落差的。

21. 縣市政府教育局相關人員反應，一般學生家長排斥將身心障礙者安置於普通班，是落實融合教育的阻力

本研究未對普通班家長進行問卷調查或訪談，但縣市政府教育局相關人員，從實務經驗中反應，一般學生家長排斥將身心障礙者安置於普通班，是落實融合教育的阻力。因此，任何協助教師因應身心障礙學生就讀於普通班的方案，應將普通班家長的因素考慮在內。

22. 綜合結論：要落實融合教育並提供普通班教師支持系統，以協助普通班教師帶好班上的每位學生，規劃全方位的關注，但有輕重緩急的步驟是必要的

普通班教師大都能接受常態編班的理念，而且也有很高的機率在會其教學生涯中教到各種類型的身心障礙學生。一般而言，只要班上有身心障礙學生，普通班教師大都會自己想辦法以及向學校相關專業人員請求諮詢或向諮詢專線尋求協助，進而他們也會運用各種因應策略來協助教師會認為他們班上身心障礙學生學習，一旦教師願意使用策略來協助孩子，即有相當高比例的教師認為他們所使用的策略是有效的。但有些策略教師認為有效，卻較少使用，我們應提供適當的情境與條件，讓教師會使用與願意使用。此外，對於何種因素會造成協助身心障礙學習的困

難，除班級人數太多之外，認為來自學生本人的特質及其
缺陷的教師比例不在少數。至於，普通班教師所希望獲得
的協助係以較能了解他們困難、較容易就近取得、較具時
效性以及較能經常取得的方式為主，而在協助的內容方
面，則以理解身心障礙學生的特質以及處理個別差異技巧
是普通班教師認為較迫切需要的。此外，仍有相當比例的
教師認為應該將身心障礙學生安置於特殊班，並於各縣市
普設特殊學校，這是主張融合教育者特別需要關注之處。

　　家長們協助身心障礙學生的方法與普通班教師所使用
的，彼此之間並沒有太大的差異，而他們所觀察到的教師
協助學生的具體內容也頗符合教師的自我評估。惟，有較
高比例的家長希望其子弟能安置於普通班。

　　身心障礙學生雖然也承認他們本身的缺陷會造成學習
上的困難，但他們也同時認為「聽不懂」與「看不懂」是
他們主要的學習困難來源，這些來源似與教師教學以及教
材有關。除此之外，他們亦期待老師具有關懷與熱誠的人
格特質以及能與他們做很好的互動。至於一般普通班學生
也會對教師的人格特質以及與學生的互動關係有所期待，
但是他們也希望教師不要對身心障礙同學有讓其他同學反
感的特殊對待方式。

　　學校行政人員提供給普通班教師的服務方式與內容大
約與教師的需求相符合，而他們也表示希望能從地方教育
行政機關獲得較充沛的經費與人力支援。不過，對於積極
鼓勵普通班教師協助班上身心障礙學生的措施，對發展以
「學校為本位經營」的實踐，仍有很大的發展空間。

　　目前各縣市政府教育局對於擬訂協助身心障礙學生就
讀於普通班的辦法與落實身心障礙學生就讀於普通班，皆

相當賣力，很值得肯定。但教育局所提供的服務措施，雖符合教師需求，但要落實「學校本位」服務模式還有待努力。教育局相關行政人員，除關心經費與人力之外，普通班教師以及一般學生家長對身心障礙學生安置於普通班的認同度，亦是他們所擔心的阻力。

綜合而言，未來要提供給普通班教師有系統的、有效能的、容易取得的、能針對教師需求的、及時的、就近的以及頻繁的支持系統服務模式，除要有「學校本位經營」的理念以及考慮普通班教師的需求之外，亦要從身心障礙學生及其家長、一般普通班學生及其家長、學校行政實務以及地方教育行政機關的行政運作與資源，作一全盤性或全方位的思考。

二、建議

(一)在師資培育機構方面

1.發展「諮詢教師」培育方案

有高比例普通班國中小教師反應他們尋求的以及希望獲得的服務以向學校相關專業人員諮詢為主，因此未來師資培育計畫似可考慮發展「諮詢教師方案」，尤其是融合教育若是逐漸落實，特殊學校與特殊班勢必相對地萎縮，因而特殊班教師的需求量也可能減少，因應策略似可將部分特殊班教師轉型為諮詢教師。

2.設計「學校本位支持系統服務模式」課程

由於亦有高比例的學校行政人員與普通班國中小教師

反應他們所希望的特殊教育或輔導知能研習方式以及向學
校相關專業人員諮詢是以學校為本位的，因此師資培育機
構似可設計如何經營「以學校為本位的支持系統服務模
式」的相關課程，以培育相關專業人員。

3.設計「因應學生個別差異」課程

　　大多數普通班教師反應他們最希望獲得的協助是了解
身心障礙者的特質以及因應個別差異的技巧。目前，設有
特殊教育學系以及教育學程的大學院校，大都已開設「特
殊教育專題」或「特殊教育導論」供各科系學生選修，內
容應涵蓋身心障礙者的特質以及因應個別差異的技巧。除
此之外，調整教育理念、教育態度、課程、教材、教法、
作業以及評量方式應包含在因應個別差異的技巧的範圍
內，以便讓教師更能掌握身心障礙者的特質以及因應個別
差異的技巧。

(二)在地方教育行政機關方面

1.提供「學校本位支持系統服務模式」

　　由於學校行政人員、普通班教師以及家長皆普遍反應
最希望獲得的服務模式即是「學校本位支持系統服務模
式」。因此，地方教育行政機關似可考慮透過需求評估，
以便發展並提供此種以學校為本位的支持系統服務模式，
內容可涵蓋諮詢教師方案、線上諮詢專線服務以及校內特
殊教育與輔導知能研習等。而服務對象可包括學校行政人
員、普通班教師、家長，甚至特殊教育教師。若學區內的
學校較小，則可因經濟效益或成本的考慮提供學區或跨校

之支持服務系統。

　　依據《特殊教育法》第四十四條：「各級主管機關為有效推動特殊教育、整合相關資源、協助各級學校特殊教育之執行及提供諮詢、輔導與服務，應建立特殊教育行政支持網絡；……。」

　　上述之行政支持網絡可包含：

　　⑴「評量」支援服務，包括學生之甄選、鑑別及評估安置之適當性。

　　⑵「教學」支援服務，包括課程、教材、教學、教具、輔具、輔導及學習評量。

　　⑶「行政」支援服務，包括設備、人員、社區資源、評鑑、相關專業團隊運用及特教知能研習等。

　　在各縣市政府自己訂定的相關辦法中，亦有減少班級人數的規定。因此，只要地方縣市政府落實上述各項法規，相信學校行政單位以及學校內的普通班教師皆能獲得有效的支持服務系統，以進一步嘉惠普通班的身心障礙學生。

㈢在學校行政單位方面

1.配合地方教育行政機關與師資培育機構發展「學校本位支持系統服務模式」

　　「學校本位支持系統服務模式」是學校行政人員以及普通班教師最希望獲得的支持服務方式，因此學校行政單位應結合校內與學區內社會資源，並配合地方教育行政機關以及師資培育機構，積極發展與落實以學校為本位的支持系統經營模式，以服務學校行政人員、普通班教師、身

心障礙學生家長等。學校更可自訂鼓勵普通班教師協助身心障礙學生的辦法與加強對一般學生以及身心障礙學生的身心輔導。

㈣對普通班教師而言

1.發展自我協助技巧

從問卷調查研究結果發現，高比例的普通班國中小教師在因應班上身心障礙學生學習或行為時，尋求協助的方法是「自己想辦法」，而從有關支持系統模式的相關研究中亦發現「自己」也是重要的支持來源。因此，如何協助教師發展自我協助技巧，亦是提供支持服務系統者可思考的方向。

2.鼓勵教師採取行動

從問卷與訪談資料中發現，只要普通班教師願意嘗試各種不同的因應策略，其有成效的機率是相當高的。尤其是有些因應措施實施起來並不困難，例如座位的安排、允許學生使用輔助工具學習、同儕教學，甚至給予身心障礙學生情緒上的支持與鼓勵都可以有成效，進一步可能較花時間與需要些技巧的班級與個別輔導與教學皆可獲得成效。

3.學習更多因應策略

有些因應策略使用過的教師認為相當有效，例如課程、教材、教法、作業以及評量方式的調整，但是可能這些方式較為費時以及可能需要較為專門的技巧，因此較少

教師使用，所以我們一方面應該提供教師學習這些因應策略的機會，而且更要提供他們使用這些策略的環境與條件，並鼓勵他們使用這些策略。

4.理念的建立與心情的調適

從相當比例的教師認為特殊需求學生應安置於特殊班與特殊學校的結果來看，似乎可窺見普通班教師對融合教育的理念及其精髓尚未能完全理解與掌握。我們若要實現將身心障礙學生安置於普通班就讀的理想，除應規劃與營造適合身心障礙學生就讀於普通班的情境之外，亦應提供更多的機會讓普通班教師能對融合教育的理念有充分的認識與認同。

此外，無論是普通學生或是身心障礙學生，他們對普通班教師最大的期待是教師的人格特質與對待他們的方式，換言之，只要老師關心他們並以公平的方式對待他們以及與他們有充分的互動，他們就很滿意了。因此，教師應可關注學生的此項需求，而以關懷、提攜與同理之心對待班上的每一位學生。

(五)在身心障礙學生家長方面

1.建立親師合作模式

家長亦是教師的重要支持來源，且從本研究結果發現，在如何因應身心障礙學生方面，家長對教師的觀察與教師自身的評斷相當一致。但另一方面，普通班教師反應親職教育的效果並不理想，因此，如何發現較無成效的問題癥結，並據以發展可行的、互惠的親師合作模式應是學

校行政當局可思考的方向。

2.提供以學校爲本位的支持服務系統

從研究結果中發現，家長尋求協助的方式以及希望獲得的協助方式與普通班教師的差異不大。因此，學校行政單位在實施普通班教師支持服務系統時，不妨將家長的需求考慮在內，以達資源共享之利。

3.建立校內溝通與申訴管道

從本研究的訪談資料中發現，有部分就讀於普通班的身心障礙學生家長，對普通班教師對待其子女以及其教學方式仍有抱怨之處。因此，學校行政單位以及教師，除應加強校內親師溝通之外，亦可落實教育部於民國八十八年所公布的《特殊教育學生申訴服務設施辦法》。

(六)在身心障礙學生方面

1.教導身心障礙學生學習策略

從本研究結果中，研究者發現身心障礙學生學習的困難，主要是因為「聽不懂」與「看不懂」。因此，除可從教師的教學法以及教材難度與編排方式進行調整之外，亦可設計課程教導學生「學習如何學習」，例如傾聽、發問、做筆記、劃重點、閱讀理解、讀書與考試等策略。

2.發展身心障礙學生求助技巧

部分身心障礙學生以較消極的方式因應班級內的學習活動，因而失去學習的動力。因此，我們似乎有必要教導

學生在學校學習以及生活適應上發生困難時，尋求教師以及同儕協助的技巧。

3.發展身心障礙學生社會技巧

研究結果指出身心障礙學生可能受到班上學生歧視或忽視時，會採取逃避或聽天由命的態度，因此我們應發展課程，協助身心障礙學生學習有效的社會技巧，以適應班上的同儕生活。

(七)在普通班一般學生方面

1.辦理身心障礙體驗活動

要成功地讓身心障礙學生適應普通班級的學習生活，只有靠普通班教師是不夠的，普通班中其他學生所扮演的角色亦不容忽視。而且從身心障礙學生的問卷資料中發現，並非所有普通班內之一般學生皆能以正面或適宜之方式對待身心障礙學生，這可能是他們並未對身心障礙學生的特質有所理解之故，所以以辦理身心障礙體驗活動，讓他們以較趣味性，並能親身體驗的方式來理解身心障礙學生，應是可行的方式。

2.落實團體與個別輔導

從問卷調查結果中，普通班教師反應他們最多人使用的因應身心障礙學生的措施就是在班級內進行團體與個別輔導，而且成效也不錯。其實不只班級內的輔導有必要，全校性團體與個別輔導也是可行的，因為有些議題是全校共同的，例如如何與身心障礙學生相處與如何協助各類身

心障礙學生。

　　綜合而言，研發一套可行的、以「學校為本位」的「如何帶好班上每位學生」之「普通班教師支持系統服務模式」方案，是筆者的終極建議。

第十三章　展望：全方位學習環境 的設計

複雑的問題沒有簡單的答案
（佚名）

　　前面幾章談到的都是，希望普通班老師為了能協助班
上每位學生進行有效的學習，普通班老師需要有調整的理
念、心態與作法。事實上，老師的時間有限，若再加上班
級人數過多，各種不同的個別差異又過大，那麼若要求老
師在課程、教材、教法、作業、評量方面，要作細緻的調
整，事實上是相當辛苦的。因此有許多有心的特殊教育以
及相關的工作者，便希望課程設計者在設計課程、教材以
及搭配的教學法與評量方式之時，即能將學生的各種不同
需求考慮在內，而設計出具有足夠彈性，方便老師調整的
課程與教材，以降低老師事後調整的麻煩與困難，此種想
法目前已付諸行動，並且有了具體的作法與成效，我們將
此種作法稱做「全方位」或「通用」設計，英文原名為
Universal Design for Learning，簡稱 UDL，此概念係首先
由特殊科技應用中心（The Center for Applied Special Tech-
nology，簡稱 CAST，網址：http://www.cast.org/udl）所發
展設計，茲利用此章篇幅簡單介紹「全方位設計」的理念
與作法。

一、全方位設計的緣起

　　全方位設計是個有關教學、學習、評量以及課程設計
的新典範（paradigm），它的構想與原理、原則係源自於
建築學中「無障礙環境設計」的構想與實踐，其關鍵性理
念在於他們企圖設計出能適應最多使用者（包含身心障礙
者）之各種不同需求的建築物及其相關設施。這些調整的
功能是在建築物設計之時，即已精緻地整合進去，而非外
加式的調整。此種為滿足特殊群體各種不同需求的全方位

設計，事實上也同時增進了其他人使用該項建築物的程度，斜坡道即是個很好的例子，它也可讓送貨推車、嬰兒推車、柺杖、滑板使用者使用，而一般人不想走階梯者亦可使用（CAST, 2001）。

二、全方位設計的理念

「全方位設計」的理念與過去教學與學習的理念，在假設上有四點不同之處，他們認為（CAST, 2001）：

1.障礙學生與一般學生在學習特質上的差異是在一條連續的線上，而非另一個不同的類別，亦即是「程度」上的差異，而非「本質」上的不同。

2.教師針對個別差異的調整，不只是為身心障礙學生，而是為所有的學生。老師的職責是帶好班上每位學生。

3.課程與教材不等於單一的教科書，而是包含各種不同的、多樣的數位媒體以及線上資源。

4.與其使用另一組課程或教科書來進行補救教學，還不如將課程規劃成具有彈性，而能適應個別差異的需求。

「全方位設計」必須考慮各種不同的替代方案，使各種不同背景、學習風格、能力以及障礙的個體在不同的學習情境中，皆能使用。但「全方位設計」的概念，並不等同於一種尺寸適合所有的人，或是給所有的人都同一個解決方法。「全方位設計」的概念在於對於每一位學習者的獨一無二性質及其對差異調整的需求要能覺察，並據以提供學習者適切的學習經驗，使其能力能獲得最大的進展。

三、全方位設計的理論依據

　　全方位設計的理論依據有下列三項：(1)認知神經科學的研究發現；(2)數位化多媒體的學習設計；(3)網際網路的應用（CAST, 2001）。茲分述如下：

(一)認知神經科學的研究發現

　　依據認知神經科學的研究發現，沒有任何兩個人的學習方式與路徑是相同的。吾人可透過對人腦的辨識系統、策略系統以及情意系統的了解，掌握人類如何產生學習以及為何產生學習的差異性與困難。

　　人類透過人腦的辨識系統（recognition systems），能分辨聲音、面孔、顏色、形狀、文字以及其他複雜的數學公式等，因此若有人在辨識系統上有了障礙，便會影響他的辨識能力，例如聽力受損，便會影響他對聲音的辨識能力。所以全方位設計的作法，在於考慮若有學習者在任何一種辨識系統的能力上有了問題，應如何因應與提供協助。最後設計的結果可能是學習者，包括正常者與身心障礙者皆可自己選擇要透過視覺的、聽覺的、觸覺的、肌肉動作感覺的、本體感覺的、嗅覺或味覺，甚至是多感官的方式來進行辨識，以產生學習。

　　策略系統（strategic systems）則著重於人腦的計畫與執行能力，例如閱讀、寫作、計算、解題、開車、旅遊等。這種計畫與執行能力，對學習有很關鍵性的影響，因此學習者若在這方面的能力有缺陷或困難，全方位設計者

就需考慮如何透過協助以及替代方案,讓有困難計畫與執行各種學習活動的學習者也能達成學習的目標,而一般學習者亦能同時受益,進而使學習進行得更順利與方便。例如,在電腦上進行線上閱讀時,提供逐字語音協助或詞義說明,或在電腦上進行文書處理時,提供選字、選詞或核對拼字正確與否的協助,除了閱讀障礙或書寫障礙學習者可獲得協助之外,一般人亦可獲益。

情意系統(affective systems)主要的職責為情緒與動機,它對人類的學習扮演著關鍵性的角色,它雖然不進行辨識的工作,但它卻會決定所覺知到的哪些訊息是重要的以及決定採取何種行動與策略。追求目標、發展偏好、建立自信、堅持面對困境、排列優先順序以及關心自己的學習進展都是情意系統的工作,可見它對人類學習的重要性,絕不亞於前面兩個較偏重認知的系統。學習者若在情意系統上出了問題,則在學習過程中會有困難建立學習的優先順序,並選擇適當的需求與目標、缺乏建立自信、無法專心、容易輕易放棄,因而嚴重影響學習。所以「全方位設計」相當重視情意系統對學習的影響,因而在設計課程與教材時會考慮能吸引學習者的注意力、幫助學習者進行選擇、尊重學習者的偏好、讓學習者能控制自己的學習進程、學習材料與學習方式,並提供及時的回饋,以增強學習者的反應。

綜合而言,人類成功的學習需要依賴人腦的這三種系統有效地運作與互動,由於沒有兩個人的腦是完全相同的,因而人類學習方式與成效的差異也因此而產生。「全方位設計」即奠基於此三類人腦運作系統及其產生之個別差異的特色,使對課程與教材有各種不同需求的使用者的

潛能皆得以獲得充分發展的機會。

(二)數位化多媒體的學習設計

　　由於數位化多媒體可運用影像音效與動畫、互動式交談或超連結學習素材，以及結合人工智慧，進行學習素材、學習活動與作業、評量形式與評量歷程的追蹤紀錄等設計，以及提供智慧型學習策略的建議，使多元化、多管道與彈性化的學習成為可能。

(三)網際網路的應用

　　網際網路的應用，使學習能超越時空、沒有年級或年齡的限制、無國界，一位學生可以在同時擁有很多老師的情境下進行學習。更甚者，網際網路的特色，使得學科知識的聯結與統整成為可能，對於九年一貫課程的落實，有實質的效果。此種學習將有別於一間教室、一位老師與許多學生在一起的學習方式。

四、全方位設計的特色

　　全方位設計的特色，依據 CAST（2001）的說明有三項很重要的特色，而這三種特色也是他們設計課程與教材的基本原則：

(一)提供多元表徵（representation）的學習路徑

　　「多元表徵」是指用各種不同的方式來呈現學科教材，讓學習者能透過多重感官來學習，例如視覺的、聽覺的、肌肉動作感覺的、本體感覺的、嗅覺的或味覺的。另一個多元表徵的意義則是指教材以不同的複雜度呈現，讓學習者可以自由選擇適合自己的教材呈現方式與難度，以增進有效學習。

(二)提供多元表達（expression）的反應方式

　　「多元表達」係指允許學習者選擇自己的偏好方式進行學習反應，例如對問題的回答，學習者可用說的、寫的、唱的、畫的、動作表演或用表情表達等方式為之。設計者亦可協助學習者選擇不同的認知策略學習，例如各種不同的注意、記憶或解題策略來學習不同的學習教材。

(三)提供多元參與（engagement）的動機誘因

　　設計者所設計的教材，尊重學習者的興趣與偏好，讓學習者有選擇權與控制權，並決定自己的學習時間與速度，以提昇學習者的學習動機與主動參與學習的意願。

　　除上述三項特色之外，吾人還可依學習者的辨識系統、策略系統以及情意系統所可能產生的學習差異與困難，進一步提供下列輔助性教材或資訊：(1)在辨識系統方面：除使用多元表徵之外，還可提供背景知識、多元實例

以及標記關鍵概念；⑵在策略系統方面：除多元反應之外，可提供示範、支持性練習以及進行性回饋；⑶在情意系統方面：則可調整挑戰水準、提供增強系統的選擇、學習脈絡的選擇以及學習內涵與工具的選擇。

五、全方位設計的相關資源

雖然 CAST 已發展了十二年，但其成效仍繼續在評估中，國內由基層教師所組成的「中華網際數位教育協會」（台灣活力網，民 90，http://www.idea-tw.org.tw on line）也在做這方面的努力，目前他們已有不少的作品產出，供教師們免費下載使用。

至於在國外方面，下列網站皆有提供有關「全方位設計」的相關資訊，有興趣的老師們不妨上網瀏覽：⑴ http://www.cast.org；⑵　http://www.ericec.org/osep/udesign.htm；⑶ http://www.trace.wisc.edu；⑷ http://www.rit.edu。其實，若老師們目前有困難找到適當學科或主題的全方位設計課程與教材，還是可以利用全方位設計的理念與設計原則，自行開發或者利用學校的課程發展委員會與同事們共同發展具有與全方位設計相同功能的課程與教材，以因應班上各種不同學習特質學生的個別需求。

六、代結語：學校本位的學習環境設計

本書的目的不只希望普通班老師能透過理念的理解、心態的調整以及技術的磨練，以發展出協助班上各種有特殊需求的學生學習的教學能力，更希望普通班教師能帶好

班上的每位學生，因此作全方位的思考來為班上每位學生
設計一個可實現的理想學習環境應該是相當有意義以及值
得嘗試。Bransford、Brown、以及 Cocking（2001）即結合
了腦神經科學、認知心理學以及社會學的理念與研究發
現，掌握學生如何學習的要義，提出了「社區學校本位」
的學習環境設計構想，以提昇學校中每位學生的學習成
效，茲簡略說明其理念，以供普通班老師們參考。其「社
區學校本位」的學習環境設計，包含：(1)學生本位的學習
環境；(2)知識本位的學習環境；以及(3)評量本位的學習環
境。

其中，學生本位的學習環境係指教師在設計與選擇課
程、教材、教法、作業以及評量方式時，必須要關注學生
已有的知識、技能、態度與信念。老師可經由敏銳的觀
察、提問、晤談學生，並分析學生的作品與學習活動，以
覺察與掌握學生已具有的知識、技能、態度與信念。

此外，教師亦必須對所欲學習的學科知識與結構，有
相當程度的理解與掌握，因為僅以學生為本位設計學習環
境，並不足以幫助學生獲得必要的知識與技能，以有效地
適應社會。因此，教師應提供組織性與結構性強的知識，
並指導學習策略以及後設認知策略的學習。若與學生本位
的學習環境相結合，則應重視「有意義的學習」。

至於評量本位的學習環境則是指評量的原則為需提供
學生回饋與有修正的機會，而評量的內容需與學生「個人
的學習目標」相結合。教師若能將學生學習特質、學科知
識的性質以及評量方式的適切，同時加以考慮並整合，則
教師所提供的學習環境，將能使每位學生的學習充分得到
發展。

　　最後，筆者欲借用Corbett（1998）的話：懷有願景的
關懷（care with vision），勉勵每一位教師發揮豐富的想像
力（imagination）、運用敏銳的感受力（sensitivity）以及
對每位學生學習權的尊重（respect），帶好班上的每一位
學生。

參考文獻❖

一、中文部分

天下雜誌（民85）：海闊天空──台灣教育。台北：天下雜誌。

中山醫學大學身心健康中心資源教室（民93）：特教資訊。取自 http://osa.csmu.edu.tw/files/11-1022-222.php?Lang=zh-tw

王天苗（民90）：運用教學支援建立融合教育得實施模式──以一公立幼稚園的經營為例。特殊教育研究學刊，21，27-52。

王家通（民84）：教育導論。高雄：麗文文化出版社。

中華民國課程與教學學會（民86）：國小審定本教科書評鑑報告。台北：中華民國課程與教學學會。

中國時報（民87，5，15）：五年教改將投入1571億。台北：中國時報。

白可（民86）：和國字書寫障礙的戰爭。台北市學習障礙者家長協會簡訊，8，14-17。

行政院教育改革審議委員會（民85）：教育改革總諮議報告書。台北：行政院。

谷瑞勉（民88）：鷹架兒童的學習：維高斯基與幼兒教育（譯著）。台北：心理出版社。

李木子（民90）：空白課程與教育改革。師說，21。台

北：國立教育資料館。

李玉嬋（民 82）：怎樣吃才健康。台北：聯合報。

李國偉（民 85）：教育改革的理念、目標與原則。載於行
政院教育改革審議委員會：第四期教育改革諮議報告
書。台北：行政院。

何華國（民 88）：特殊兒童心理與教育。台北：五南圖書
出版公司。

宋維村（民 89）：自閉症學生輔導手冊。台北市：教育部
特殊教育小組。

邱上真（民 80）：學習策略教學的理論與實際。特殊教育
與復健學報，1，1-49。

邱上真（民 84）：解題歷程導向教學對國小四年級數學科
低成就學生解題表現之成效研究。特殊教育與復健學
報，4，75-108。

邱上真（民 89）：義務教育階段普通班教師對特殊需求學
生之因應措施。載於國立高雄師範大學特殊教育中心
編：補救教學理論與實務。高雄市：國立高雄師範大
學特殊教育中心。

邱上真（民 90）：普通班教師對特殊需求學生之因應措
施、所面對之困境以及所需之支持系統。特殊教育研
究學刊，21，1-26。

周台傑、陳麗玲（民 82）：國小數學學習障礙學生計算錯
誤類型分析之研究。彰化：國立彰化師範大學特殊教
育中心。

林千惠（民 81）：研討會演講詞。國際特殊兒童評量研討
會。彰化：國立彰化師範大學特殊教育中心。

林建平（民 83）：如何激發兒童的內在學習動機。初等教

育學報，4，211-224。

林素貞（民89a）：研習資料。

林素貞（民89b）：私人溝通。

林麗寬（民86）：**學習革命**（譯著）。台北：中國生產
　　力。

林鶯（民87）：**寶貝你的學生**（譯著）。台北：張老師文
　　化。

吳文忠（民86）：**課堂研究**（譯著）。台北：五南圖書出
　　版公司。

吳淑美（民85）：探討「竹師實小特教實驗班第二年實施
　　**中重度殘障學生完全包含課程模式（full-inclusion）成
　　效」之實驗研究**。新竹：新竹師院特殊教育系。

吳國銘（民83）：**國小學童在動態評量中數學解題學習歷
　　程與遷移效益之探討**。國立台南師範學院初等教育研
　　究所碩士論文。未出版。

吳裕益（民88）：**教學評量之新趨勢──實作評量**。多元
　　評量研習會講義。高雄：國立高雄師範大學特殊教育
　　中心。

珍古德（Goodall，民86）：電視訪問談話。

春山茂雄（民85）：**腦內革命**。台北：創意力文化。

侯天麗（民89）：演講大綱。

郝嘉杰（民86）：識字教學改革一覽。**人民教育**，1-6期。

洪碧霞（民88）：演講詞。**新世紀國中小學課程改革與教
　　學學術研討會**。國立高雄師範大學教育系。

洪儷瑜（民87）：**ADHD學生的教育與輔導**。台北：心理
　　出版社。

洪儷瑜（民88a）：私人溝通。

洪儷瑜（民88b）：社會技巧訓練課程實例彙編。台北市：
　　國立台灣師範大學特殊教育系。

洪儷瑜（民 89）：特殊需求學生轉接資料表。載於柯華
　　葳、邱上真（民89）：學習障礙學生鑑定與診斷指導
　　手冊。台北市：教育部特殊教育工作小組。

洪儷瑜、黃慈愛、彭于峰、翁素貞、林書萍、吳怡潔（民
　　89）：情緒障礙學生輔導手冊。台北市：教育部特殊
　　教育小組。

殷允芃（民85）：加入那20%的行列。載於天下雜誌「海
　　闊天空──台灣教育」。台北：天下雜誌。

袁炳泉（民 76）：記憶缺陷與記憶術訓練。特殊教育季
　　刊，25，9-12。

徐芳立（民87）：提示系統對增進國中一年級學生自問自
　　答策略與閱讀理解能力之成效研究。國立高雄師範大
　　學特殊教育研究所碩士論文。未出版。

康健雜誌（民 88）：如何吃出 IQ。台北：康健雜誌出版
　　社。

陳李綢（民 77）：學習策略的研究與教學。資優教育季
　　刊，29，15-24。

莊麗娟（民85）：國小六年級浮力概念動態評量的效益分
　　析。國立高雄師範大學教育研究所碩士論文。未出版。

莊麗娟（民88）：系統化多元評量模式之發展研究。國立
　　高雄師範大學教育研究所博士論文（未發表）。

張春興（民76）：教育的難為與應為。台北：東華書局。

張蓓莉（民88）：身心障礙及資賦優異學生鑑定原則鑑定
　　標準說明手冊。台北：教育部特殊教育小組。

張蓓莉（民89）：聽覺障礙學生輔導手冊。台北：教育部

特殊教育小組。

張新仁（民78）：國民中學有效教學問題與研究——從訊
息處理理論談有效的學習策略。師院特刊，28，
24-39。

張麗麗（民87）：檔案評量簡介。研習會講義。高雄：福
東國小。

許建雄（民89）：高雄市教師會九年一貫「超文件模組式
教材」研習資料。高雄市：高雄市教師會。

陳心怡（民86）：研習資料。

陳郁仁（民90）：上課講義。

教育部（民86）：特殊教育法。台北：教育部。

教育部（民87）：特殊教育法施行細則。台北：教育部。

教育部（民88a）：各級主管教育行政機關提供普通學校
輔導特殊教育學生支援服務辦法。台北；教育部。

教育部（民88b）：國民教育階段智能障礙類特殊學校（班）
課程綱要。台北：教育部。

教育部（民89）：國民中小學暫行課程綱要實施要點（草
案）。台北：教育部。

教育部（民91）：身心障礙及資賦優異學生鑑定原則鑑定
標準。台北：教育部。

教育部（民91）：特殊教育統計年報。台北：教育部。

教育部（民102）：身心障礙及資賦優異學生鑑定辦法。
台北：教育部。

教育部（民108）：特殊教育法。台北：教育部。

教育部（民109）：特殊教育法施行細則。台北：教育部。

國立編譯館（民88）：國民中學生物教科書下冊。台北：
國立編譯館。

郭俊賢、陳淑惠（民89）：落實多元智慧教學與評量（譯著）。台北：遠流出版社。

曾才銘（民90）：**國小學童學習能力分析：一個多元智能理論的嘗試**。國立高雄師範大學特殊教育系碩士論文。未出版。

曾志朗（民89）：演講詞。3月5日「**跨越斷層——掌握台灣未來關鍵的五年演講會**」。

黃美涓（民89）：**身體病弱學生輔導手冊**。台北市：教育部特殊教育小組。

楊元享（民81）：**來自啟智教育的斷想**。南投：南投縣政府教育局。

楊慶成（民85）：私人溝通。

新聞週刊（民87）：**你的寶寶——零歲到三歲**。台北：新聞週刊社。

鄒慧英（民86）：實作型評量的品管議題——兼談檔案評量之應用。載於「**教育測驗新近發展趨勢學術研討會論文集**」。台南：國立台南師範學院。

劉信雄、王亦榮、林慶仁（民89）：**視覺障礙學生輔導手冊**。台北市：教育部特殊教育小組。

劉蘊芳（民89）：**怎樣擁有達文西的七種天才**（譯著）。台北：大塊文化。

鄭昭明（民77）：**認知與教學**。載於台灣區省立師範學院七十六學年度兒童發展與輔導學術研討會。126-174頁。

盧台華（民92）：**九年一貫課程在特殊教育之應用手冊**。台北：教育部。

戴保羅（民88）：**學習地圖**（譯著）。台北：經典傳訊。

謝兆樞（民 78）：私人提供。

二、英文部分

Adams, M.(1990). *Beginning to read: Thinking and learning about text*. Cambridge, MA: Harvard University Press.

Adelman, H. S., & Taylor, L.(1993). *Learning problems and learning difficulties: Moving forward*. Pacific Grove, CA: Brooks/Cole Publishing Co.

Anderson, J. R.(1983). *The architecture of cognition*. Cambridge, MA: Harvard University Press.

Andre, M. D. A., & Anderson, T. H.(1979). The development and evaluation of a self-questioning study techniques. *Reading Research Quarterly, 14*, 604-623.

Armbruster, B. B., Echols, C. H., & Brown, A. L.(1983). *The role of metacognition in reading to learn: A developmental perspective* (Reading Education Report No. 40). Urbana, IL: University of Illinois, Center for the Study of Reading.

Ashcraft, M. H.(1989). *Human memory and cognition* (2nd ed.), NY: Scott, Foresman and Company.

Ausubel, D. P. (1960). The use of advance organizers in the learning and retention of meaningful verbal material. *Journal of Educational Psychology*, 51, 267-221.

Atkinson, R. C., & Raugh, M. R.(1975). An application of the mnemonic keyword method to the acquisition of a Russian vocabulary. *Journal of Experimental Psychology:*

Human Learning and Memory, 104, 126-133.

Bigge, J. L., Stump, C. S., Spagna, M. E., & Silberman, R. K. (1999). *Curriculum, assessment, and instruction for students with disabilities.* NY: Wadsworth Publishing Company.

Bransford, J. D., Brown, A. L., & R. R. Cocking(2001). *How people learn: Brain, mind, experience, and school.* Washington, D. C.: National Academy Press.

Bronfenbrenner, U., & Crouter, A. C.(1983). The evolution of environmental models in developmental research. In P. H. Mussen(Ed.), *Handbook of Child Development*(4th ed.). New York: Wiley.

Brooks, J. G., & Brooks, M. G.(1994). *In search of understanding: The case of constructivist classroom.* Alexandria, VA: Association for Supervision and Curriculum Development.

Brophy, J.(1987). Synthesis of research on strategies for motivation student to learn. *Educational Leadership, 45,* 40-48.

Brown, A. L.(1980). Metacognitive development and reading. In R. J. Spiro, B. O. Bruce, & W. F. Brewer(Eds.), *Theoretical issues in reading comprehension: Perspectives from cognitive psychology, artificial intelligence, linguistics and education* (pp. 453-481). Hillsdale, NJ: Erlbaum.

Brown, A. L., & Compione, J. C. (1990). Communities of learning and thinking or a context by any other name. *Human Development, 21,* 108-126.

Campione, J. C.(1989). Assisted assessment: A taxonomy of approaches and an outline of strengths and weaknesses. *Journal of Learning Disabilities, 22(3),* 151-165.

Campione, J. C., & Brown, A. L.(1985). *Dynamic assessment: One approach and some initial data.* Technical report No. 361. National Inst. Of Child Health and Human Development, Washington, D. C.(ERIC No. ED 26973).

Carnine, D. (1989), *Effective instruction.* http://www.conknet. com/~p_bliss/math.htm on line.

Carnine, D., Silbert, J., & Kameenui, E. J.(1990). *Direct instruction reading*(2nd ed.), Columbus: Merrill Publishing Company.

CAST(2001), Universal design for learning. http://www.cast. org on line.

Cawley, J. F., Miller, J. H., & School, B. A.(1987). A brief inquiry of arithmetic word-problem solving among learning disabled secondary students. *Learning Disabilities Focus, 2,* 87-93.

Cicci, R.(1995). *Getting ready for school: The preschool years.* New York: York Press.

Chi, M. T. H., & Glaser, R.(1980). The measurement of expertise: An analysis of the development of knowledge and skill as a basis for assessing achievement. In E. L. Baker, & E. S. Quellmalz (Eds.) *Educational testing and evaluation: Design, analysis, and policies(pp. 34-47).* Beverly Hills, CA: SAGE Publications.

Combs, A. W.(1961). *Perceiving, Behaving, Becoming.* Washington, D. C.: Association for Supervision and Curriculum Development.

Conway, R. N. F., & Gow, L. (1988). Mainstreaming special students with mild handicaps through group instruction. *Remedial and Special Education, 9(5),* 34- 41.

Corbett, J. (1998). *Special education needs in the twentieth century: A cultural analysis.* London: Cassell.

Das, J. P., Naglieri, J. A., & Kirby, J. R.(1994). *Assessment of cognitive processes: The PASS theory of intelligence.* Boston: Allyn and Bacon.

Daunt, P. (1993). Western Europe. In P. Mittler, .R. Brouillette, & D. Harris (Eds.), *World yearbook of education 1993: Special needs education.* London: Kegan Page.

Dettmer, P. A., Dyck, N. T., & Thurston, L. P.(1996). *Consultation, collaboration, and teamwork for students with special needs.* Boston: Allyn & Bacon.

Dunne, R., & Wragg, T.(1994). *Effective teaching.* New York: Routledge.

Flavell, J. H.(1979). Metacognition and cognitive monitoring: A new area of cognitive development inquiry. *American Psychologist, 34,* 906-911.

Fush, l. S., Fush, D., & Deno, S. L.(1982). Reliability and validity of curriculum-based informal reading inventories. *Reading Research Quarterly, 17,* 6-25.

Gagne, E. D.(1985). *Cognitive psychology of school learning.* Boston: Little, Brown and Company.

Gardner, H.(1983). *Frames of mind: Theory of multiple intellig-*

ences. New York: Basic Books.

Gardner, H. (1999). *Intelligence reframed*. New York: Basic Books.

Giangreco, M. F., Cloninger, C., & Iverson, V. S.(1993). *Choosing options and accommodations for children: A guide to planning inclusive education*. Baltimore: Paul H. Brookes.

Glass, G. V., & Smith, M. L.(1979). Meta-analysis of research on class size and achievement. *Educational Evaluation and Policy Analysis, 1,* 2-16.

Goodman, K.(1973). *Miscue analysis: Application to reading instruction*. Urbana, Ill.: ERIC Clearinghouse on Reading and Communication Skills, National Council of Teachers of English.

Goodman, K.(1986). *What's whole in whole language?* Scholastic Canada Ltd.

Guiltinan, S.(1986). How to ...tips on integration. *SPLASH Flash*, 4-5. Printed by the Office of Education for Exceptional Children, Kentucky Department of Education).

Hallahan, D. P., Lloyd, J. W., & Stoller, L.(1982). *Improving attention with self-monitoring: A manual for teachers*. Charlottesville, VA: Learning Disabilities Research Institute.

Hallahan, D. P., Kauffman, J. M., & Lloyd, J. W.(1999). *Introduction to learning disabilities* (2nd ed.). Boston: Allyn and Bacon.

Hoover, J. J., & Patton, J. R. (1997). *Curriculum adaptation for students with learning and behavior problems: Principles and practices.* Austin, TX:PRO-ED.

Inclusion International (1996). The standard rules on the equalization of opportunities for persons with disabilities, *Inclusion International, 3,* 2-3.

Johnson, D. W., & Johnson, R. T.(1994). Cooperative learning in the classroom. *ERIC Document, ED 379 263.*

Jones, B. F.(1986). Quality and equality through cognitive instruction. *Journal of Educational Leadership, 44,* 5-11.

Kauffman, J. M., & Hallahan, D. P.(Eds.)(1995). *The illusion of full inclusion: A comprehensive critique of a current special education bandwagon.* Austin, TX: Pro-ed.

Kim, S. K. (1993). Development of special education in the Republic of Korea. In R. J.Michael, & G. Upton (Eds.), *Expanding behaviors and perspectives in special education: The view finder.* Division of International Special Education and Services, Council for Exceptional Children.

Kintsch, W.(1974). *The representation of meaning in memory.* Hillsdale, NJ: Erlbaum.

Kirk, S. A., Gallagher, J. J., & Anastasiow, N. J.(2000). *Educating exceptional children*(9th ed.). New York: Houghton Mifflin Company.

Kosc, L.(1974). Developmental dyscalculia. *Journal of Learning Disabilities, 7,* 164-177.

Krulik, S. K., &Rudnick, J. A.(1989). *Problem solving: A handbook for senior high school teachers.* Boston: Allyn & Bacon.

Lenz, B. K., with Bulgren, J. A., Schumaker, J. B., Deshler, D. D., & Boudah, D. A.(1994). *The unit organizer routine.* (Instructor's Manual). Lawrence, KS: Edge Enterprises.

Maheady, L., Sacca, M. K., & Harper, G. F.(1988). Classwide peer tutoring with mildly handicapped high school students. *Exceptional Children, 55,* 52-59.

Maltin, M. W.(1983). Cognition. NY: CBL Collete Publishing.

Manning, B. H., & Payne, B. D.(1996). *Self-talk for teachers and students.* Needham, MA: Asimon & Schuster Company.

Marshall, S. P.(1987). *Schema knowledge structures for representing and understanding arithmetic story problems.* First year technical report, San Diego State University, California, Department of Psychology(ERIC ED 281 716).

Mayer, R. E.(1985). *Educational psychology: Cognitive approach.* New York: Freeman.

McNeil, J. D.(1984). *Reading comprehension: New directions for classroom practice.* Glenview, Ill.: Scott, Foresman and Company.

Mercer, C. D., & Mercer, A. R.(1998). *Teaching students with learning problems*(5th ed.), New Jersey: Merrill.

Ministry of Education and Training of Canada(1997). *The effectiveness of inclusive schools.* Ministry of Education and Training of Canada.

Mitchell, D. R., & O'Brien, P. (1994). New Zealand. In K. Mazutrek, & M. A. Winzer (Eds.), *Comparative students in special education.* Washington, D. C.:Gaulladet.

Mitchell, D. R.(1995). *Special education policies and practices in the Pacific Rim Region*. Paper presented at the Annual International Convention of the Council for Exceptional Children. *(ERIC: ED 391 261)*.

Narita, S. (1992). *Japanese special education today: Issues and implications*. Yodusuka: National Institute of Special Education.

Naveh-Benjamin, M., McKeachie, W. J., Lin, Y-G., & Tucker, D. G.(1986). Inferring students' cognitive structures and their development using the "Ordered Tree Technique". *Journal of Educational Psychology, 78,* 130-140.

Novak, J. D., & Gowin, D. B.(1985). *Learning how to learn*(3rd ed.). New York: Oxford University Press.

Oakes, J.(1985). Keeping track: How schools structure inequality. New Haven, CT: Yale University Press.

O'Hanlon, C (1993). *Special education integration in Europe*. London: David Fulton.

Palincsar, A. S., & Brown, A. L.(1984). Reciprocal teaching of comprehension-monitoring activities. *Cognition and Instruction, 1,* 117-175.

Patton, J., Cronin, M., Bassett, D. S., & Koppel, A. E. (1997). A life skills approach to mathematics instruction: Preparing students with learning disabilities for the real-life math demands of adulthood. *Journal of Learning Disabilities, 30,* 178-187.

Piaget, J.(1972). Intellectual evolution from adolescent to adulthood. *Human Development, 15,* 1-12.

Platt, J. M., & Olson, J. L.(1997). *Teaching adolescents with mild disabilities.* Boston: Brooks/Cole Publishing Company.

Porter, A. C., & Brophy, J.(1988). Synthesis of research on good teaching：Insights from the work of the institute for research on teaching. *Educational Leadership, 46,* 74-85.

Rainforth, B. (1992). *The effects of full inclusion on regular education teachers.* Unpublished manuscript, San Francisco: California Research Institute, San Francisco state University.

Raver, S. H.(1999). *Intervention strategies for infants and toddlers with special needs：A team approach*(2nd ed.). Upper Saddle River, New Jersey: Merrill, An imprint of Prentice Hall.

Reed, S. K.(1988). *Cognition: Theory and applications*(2nd ed.), Pacific Grove CA: Brooks/Cole Publishing Company.

Roblnson, F. P.(1946). *Effective study.* NY: Harper and Brothers.

Rooney, K.(1988). *Independent strategies for efficient study.* Richmond, VA: J. R. Enterprises.

Rosenshine, B., & Stevens, R.(1986). Teaching functions. In M. C. Wittrock(Ed.), *Handbook of research on teaching* (3rd ed.), New York: Macmillan.

Rumelhart, D. E., & Norman, D. A.(1985). Representation of knowledge. In A. M. Aitkenhead, & J. M. Slack(Eds.), *Issues in cognitive modeling*(pp. 15-62). Hillsdale, NJ:

Lawrence Erlbaum Associates.

Salend, S. J.(1998). *Effective mainstreaming：Creating inclusive classrooms*(3rd ed.).New Jersey: Merrill.

Schalock, R. L.(1999). *The supports paradigm and its implementation*. Paper presented at the workshop for double-creek cultural foundation in Taipei.

Scruggs, T. E., & Mastropieri, M. A. (1996). Teacher perceptions of mainstreamimg / inclusion, 1958-1995. *Exceptional Children, 63(1),* 59-74.

Shaklee, B. D., Barbour, N. E., Ambrose, R., & Hansford, S. J. (1997). *Designing and using portfolios.* Boston: Allyn and bacon.

Siegler, R. S.(1978). The orgins of scientific reasoning. In R. S. Siegler(Ed.), *Children's thinking: What develops?* Hillsdale, NJ: Erlbaum.

Smith, T. E.C., Polloway, E. A., Patton, J. R., & Dowdy, C. A. (2nd ed.). *Teaching students with special needs in inclusive settings.* Boston: Allyn and Bacon.

Stainback, S., & Stainback, W.(Eds.)(1992). *Curriculum considersions in inclusive classroom: Facilitating learning for all students.* Baltimore: Paul H. Brookes.

Stainback, W., &Stainback, S.(1993). *Support networking for inclusive schooling: Interdependent integrated education.* Baltimore: Paul H. Brookes.

Sternberg, R. J.(1985). *Beyond IQ: A triarchic theory of human intelligence.* New York: Cambridge University Press.

Strikland, D. S.(1998). What's basic in beginning reading？

Finding common ground. *Educational Leadership, 55,* 6-10.

The Center for Applied Special Technology：Universal Design for Learning(2001). *Summary of universal design for learning concepts.* http://www.cast.org/udl on line.

The Council for Exceptional Children(2001). *Giftedness and the Gifted: What It All About?* ERIC DIGEST #E476 ED 321 481 1990. http://www.specialeducation.org/Definitions.html on line.

The Japan League for the Mentally Retarded (1994). *Rehabilitation services for people with mental retardation in Japan.* Tokyo: The Japan League for the Mentally Retarded.

Tindal, G.(1998). *Models for understanding task comparability in accommodated testing.* Behavioral Research and Teaching, College of Education, University of Oregon.

U. S. Department of Education (1995). *To assure the free appropriate public education of all handicapped children: Seventeeth annual report to congress on the implementetion of The Individuals with Disabilities Education Act.* Washington, D. C.: H. S. Department of Education.

Vygotsky, L. S.(1962). *Thought and language.* Cambridge, MA: MIT Press.

Vygotsky, L. S.(1978). *Mind in society: The development of higher psychological processes.* Cambridge, MA: Harvard University Press.

Wechsler, D.(1997). *WISC-III.* New York: The Psychological Corporation.

Weinstein, B. A.(1979). Theory of motivation for some classroom experience. *Journal of Education Psychology, 17,* 3-25.

Wheeler, P., & Haertel, G. D.(1993). *Resource handbook on performance assessment and measurement: A tool for students, practitioners, and policymakers.* Berkeley, CA: The Owl Press.

Wiederholt, J. Z., Hammill, D. D., & Brown, V. L.(1993). *The resource program: Organization and implementation.* Austin, TX: Pro-ed.

Wiggins, G.(1993). *Assessing student performance: Exploring the purpose and limits of testing.* New York: Jossey-Bass.

Wood, J. W. (1998). *Adapting instruction for mainstreaming and at-risk students* (3rd ed.). New York: Merrill.

附錄一 看書與看電影——認識特殊教育

王瓊珠、林素貞、邱上眞、詹士宜（民 89）

一、看書學特殊教育

智能障礙

1. 邱修三／原著，宜和／譯（民 86）：他是我姊姊。台北市：國語日報社。
2. 晁成婷（民 86）：我的女兒予力：一個唐氏症家庭的生活紀實。台北：張老師出版社。
3. 正中書局主編（民 87）：他不笨他是我朋友。台北市：正中書局。

資賦優異

4. 蔡典謨（民 85）：協助孩子出類拔萃:台灣、美國學生實例。台北：心理出版社。
5. 李雅卿（民 86）：成長戰爭。商智文化。
6. 費德曼著，江麗美譯（民 88）：資優兒童與人類潛能發展。桂冠圖書。
7. 曾蕙蘭譯（民 88）：不只一點瘋狂：天才數學家艾狄胥傳奇。台北：先覺。

視覺障礙

8. 黃羿瓅（民 86）：光明小天使——王芃的故事。台北：文經。
9. 劉燈譯（民 88）：盲人的星球。台北：大塊文化。

10.正中書局主編（民87）：不要只看見我看不見。台北市：正中書局。

11.派翠西亞・麥蘭赫蘭／文，黛博拉・雷伊／圖，楊珮榆／譯（民88）：跟著爺爺看。台北市：遠流出版公司。

聽覺障礙

12.林秋滿（民87）：隨聲聽小孩。台北 ：小魯出版社。

13. *Daphne Gray* ／著，汪仲、尹鴻智／譯（民87）：教天鵝跳舞。台北市：智庫文化。

14.珍恩・懷特豪斯・彼得森／文，黛博拉・雷伊／圖，陳質采／譯（民88）：我的妹妹聽不見。台北市：遠流出版公司。

肢體障礙

15.林少雯（民80）：心向太陽——黃乃輝的成長路。文經社。

16.乙武洋匡／著，劉子倩／譯（民88）：五體不滿足。台北市：圓神出版社。

17.李慧菊（1999）：攀峰——朱仲祥的生命故事。台北市：天下遠見出版股份有限公司。

18.林昱智口述，陳嫦玫整理（民89）：67.5公分的天空。水晶圖書。

學習障礙

19.朱乃長譯（民85）：聰明的笨蛋——一個閱讀障礙症患者的故事。業強。

20.陳淑惠譯（民86）：如何克服孩子隱性障礙。新苗文化。

21.丁凡（民86）：留級生教授。台北：心理出版社。

22.丁凡譯（民87）：多感官學習。台北市：遠流出版公司。

23.席行蕙譯（民87）：聰明孩子壞成績——找到適合孩子的學

習方式。台北市：遠流出版公司。

24. *Thomas Armstrong* ／著，丁凡／譯（民 87）：因材施教。台北市：遠流出版公司。

25. 柯清心譯（民 88）：我的小孩愛上學。天下文化。

26. 派翠西亞‧波拉蔻／文‧圖，廖春美／譯（民 89）：蜜蜂樹。台北市：遠流出版公司。一位學習障礙者的作品

27. 派翠西亞‧波拉蔻／文‧圖，廖春美／譯（民 89）：傳家寶被。台北市：遠流出版公司。

28. 派翠西亞‧波拉蔻／文‧圖，鄭雪玫／譯（民 89）：三重溪水壩事件。台北市：遠流出版公司。

29. 派翠西亞‧波拉蔻／文‧圖，簡媜／譯（民 89）：雷公糕。台北市：遠流出版公司。

30. 派翠西亞‧波拉蔻／文‧圖，楊茂秀／譯（民 89）：雅博曼陀的夢。台北市：遠流出版公司。

31. 派翠西亞‧波拉蔻／文‧圖，楊茂秀／譯（民 89）：平克和薛伊。台北市：遠流出版公司。

語言障礙

32. 林麗英（民 83）：雞同鴨講：幼兒語言面面觀。台北：信誼出版社。

33. 邱瑞鑾譯（民 86）：潛水鐘與蝴蝶。台北：大塊文化。

34. 湯瑪士‧索維爾，葉淑儀／譯（民 89）：語言發展遲緩的孩子。台北市：新苗文化事業有限公司。

35. *Lev Semenovich Vygotsky* ／著，李維／譯（民 89）：思維與語言。台北市：昭明出版社。

重情緒困擾

36. *Kay R. Jamison* ／著，李欣容／譯（民 87）：躁鬱之心。台北

市：天下遠見出版股份有限公司。

37. *John J. Ratey，Catherine Johnson* ／著，吳壽齡、林睦鳥、林春枝譯（民 88）：人人有怪癖。台北市：遠流出版公司。

38. 林建隆（民 89）：流氓教授。台北市：平安文化有限公司。

行為問題處理

39. 施顯烇譯（民 84）：嚴重行為的問題處理。五南圖書出版公司。

40. 洪儷瑜、李湘屏譯（民 84）：*P.S.* 你沒有注意聽我說。台北：心理出版社。

41. 陳淑惠譯（民 86）：他只是個孩子。新苗文化。

42. 陳咨羽譯（民 87）：籠中孩子。新苗文化。

43. 施顯烇（民 87）：情緒與行為問題：兒童與青少年所面臨與呈現的挑戰。五南。

44. 何善欣（2000）：我愛小麻煩。台北市：平安文化有限公司。

注意力缺陷過動

45. 何善欣譯（民 85）：不聽話的孩子：過動兒的撫育與成長。商周文化。

46. 何善欣（民 86）：最棒的過動兒。台北：心理出版社。

47. 涂尚智譯（民 87）：解讀叛逆、好動的孩子。新苗文化。

48. 洪儷瑜（民 87）：*ADHD* 學生的教育與輔導。台北：心理出版社。

49. 何善欣（民 89）：我愛小麻煩。台北市：平安文化有限公司。

自閉症

50. 趙永芬（民 87）：火星上的人類學家。天下文化。
51. *Temple Gradin，Margret M. Scariano* ／著，應小端／譯（民 88）：
　　星星的孩子。台北市：天下遠見出版股份有限公司。

腦傷

52. 孫秀惠（民 87）：錯把太太當帽子的人。天下文化。
53. 洪凌譯（民 89）：時鐘的眼睛。時報。

發展遲緩

54. 郭煌宗（民 87）：麻煩小天使。台北市：遠流出版公司。

教育理念

55. 陳瓊森、汪益譯（民 84）：超越教化的心靈：追求理解的認
　　知發展。台北市：遠流出版公司。
56. 天下雜誌（民 85）：*海闊天空：台灣教育（1996）*。天下雜
　　誌，*1996* 年度特刊。
57. 天下雜誌（民 87）：*跨世紀希望工程師：海闊天空 II*。天下
　　雜誌，*1998* 年度特刊。
58. 天下雜誌（民 88）：*21* 世紀從 *0* 開始：*海闊天空 III*。天下雜
　　誌，*1999* 教育特刊。

腦科學、學習理論與實務

59. 蔡瑞洪譯（民 83）：不要低估你的孩子——如何發現孩子的
　　潛能。信誼。
60. 林麗寬譯（民 86）：學習革命：開發神奇大腦的終身學習
　　法。決策者叢書。

61. 張琰譯（民87）：腦力大躍進：擁有聰明的革命新發現。平安叢書。

62. 劉蘊芳譯（民88）：7 *Brains*：怎樣擁有達文西的7種天才。大塊文化。

63. 戴保羅譯（民88）：學習地圖：*21*世紀加速學習革命。經典傳訊。

64. 羅美惠譯（民88）：優質大腦。先覺出版社。

65. 李心瑩譯（民89）：再建多元智慧。台北市：遠流出版公司。

66. 潘恩典譯（民90）：腦內藝術館：探索大腦的審美功能。商周出版社。

67. 張旭東譯（民91）：腦：大腦使用說明書。知書房。

68. 梁雲霞譯（民92）：大腦知識與教學。台北市：遠流出版公司。

69. 趙三賢譯（民92）：腦內交響曲。商周出版社。

70. 蔡承志譯（民92）：讓大腦變年輕。商周出版社。

71. 洪蘭譯（民91）：詞的學問：發現語言的科學。台北市：遠流出版公司。

72. 蘇惠齡（民92）：海馬體：大腦真的很有意思。如何出版社。

73. 張旭東譯（民93）：大腦的奇幻之旅。胡桃木。

教學技巧

74. 吳文忠譯（民86）：課堂研究。五南圖書出版公司。

心靈

75. 春山茂雄（民85）：腦內革命。平安人生。

76. 林鶯譯（民87）：寶貝你的學生。台北：張老師文化。

77.李永平譯（民87）：天使走過人間：生與死的回憶錄。天下
　　文化。

其他

78.李淑真（民80）：弟弟不要怕。幼獅出版社。殘障手足問
　　題。

79.芭蓓蒂‧柯爾／圖‧文，陳質采／譯（民88）：我的媽媽真
　　麻煩。台北市：遠流出版公司。

80.雷‧克里斯強森／文，雷克‧史丹柏格／圖，周逸芬／譯
　　（民89）：不是我的錯。新竹市：和英出版社。

二、看電影學特殊教育

1.魯冰花（低社經）

2. 1996 春風化雨（聽障）

3.真愛奇蹟（肢障與學障）

4.學校（又名「老師」）（智障）

5.秘密情事（閱讀障礙）

6.心靈捕手（資優與情緒障礙）

7.危險遊戲（問題行為）

8.雨人（高功能自閉症）

9.羅倫佐的油（退化性疾患）

10.大地的女兒（文化不利）

11.我的左腳（肢體障礙）

12.滴血蘭花（CP）

13.愛情 DIY（智障性教育）

14.終極密碼（自閉症）

15.我的天才寶貝（資優）

16.天生小棋王（資優）

17. 悲憐上帝的女兒（聽障）

18. 走出寂靜（聽障）

19. 真情難捨（視障）

20. 永不低頭（肢障）

21. 艾美的世界（情障輔導）

22. 無聲之愛（聽障）

23. 摯愛（情障輔導）

24. 天堂的顏色（視障、融合教育）

25. 勇往直前（注意力缺陷過動症）

附錄二　請提供孩子一個無恐懼的教育環境

洪儷瑜（民 87）

　　看到孩子打孩子，一個身為特殊教育的工作者，我深感疼惜，疼惜的是我們一般孩子所受的生理和心理的傷害，但也疼惜我們的過動兒（嚴重情緒障礙）在國內沒有一個適合他生長的空間。對於日前嘉義市兩名受傷的孩子我除了要呼籲學校教育應該提供孩子無恐懼的環境外，我更需要提醒國人，趕走這個孩子並不一定能保障無恐懼，難道沒有過動兒的班級或學校就沒有傷害嗎？隔離他並不一定真正解決問題，隔離一時，很難隔離一輩子，一個小時候沒有機會學習與人相處的人，大家可以想像他長大後，會變成什麼樣子呢？每一個孩子會從環境所提供給他們的學習，當環境充滿著排斥時，他也不會愛這個社會的，正常的孩子如此，嚴重情緒障礙的孩子也如此。因此，在您感到驚恐、憤怒、傷心、無奈的同時，不妨也能冷靜一下，運用您的智慧與理性思考一個問題，我們是要一時的安撫這些受害家庭的問題，還是要一個長期無恐懼的校園？

　　嚴重情緒障礙在民國八十六年的《特殊教育法》才出現，在過去雖然《特殊教育法》一直包括行為異常或性格異常，但很少有實際的特殊教育服務，換言之，我們的法令已意識這些孩子需要特別照顧，但是我們的政府（中央或地方）並沒有行動，根據教育部統計全國只有十個資源班服務嚴重情緒障礙學生，可見服務量之不足。除了量的不足外，很多特殊教育資源班都只有特教老師，沒有符合《特殊教育法》的規定，由專業團隊（包括醫療、心理諮商師、社工人員）等參與擬訂與執行

學生的「個別化教育方案」，讓孩子可以在學齡階段獲得適當的教育與專業服務。

如果大家希望真正免於恐懼，認真的規劃與執行嚴重情緒障礙之特殊教育是必要的，基於此，本人對教育行政單位提出下列建議：

1.依據實際需求有計畫地規劃與增設嚴重情緒障礙之特殊教育服務。

2.依據法令確實以專業團隊的方式提供特殊教育。

3.聘用專業的特教教師或有計畫地培訓各項專長的特教種子教師。

4.對於有傷害性的嚴重情緒障礙學生，應訂定辦法要求家長確實執行醫師或專業人員的建議。在家長未能配合時，學校得依據一定程序要求家長帶回家，我國學校教育目前對於家長責任的要求似乎不太有準則，不是太嚴就是太放縱，類似辦法與實施方式可以參考國外的作法。

5.政府應強制被判帶回家的孩子與家長接受應有的治療與訓練。對於尚無法在大團體學習的學生，政府應提供其他的教育方式，例如轉銜式的特殊班或變通式的教育機構，以免孩子在家因父母不會教導，而變本加厲。學校千萬不要濫用在家自行教育，且應對非自願性的在家教育期限加以限制。

很多過動兒他們也不喜歡自己的樣子，他們也渴望像一般孩子一樣獲得友誼、獲得老師的讚賞，但是他們因為大腦功能的異常，讓他們很難像一般孩子一樣。但是在適當的治療與教育，他們可以學會控制自己，可以當一個受喜歡的人，甚至發揮他們的專長，例如國外研究發現過動兒的創造力很好，國外的教育環境可以讓過動兒充分發揮潛能，可以接受高等教育或取得博士學位，當醫師、律師、或專家學者，但是，今天看到國內的學校教育卻把過動兒視為惡魔般的排斥。我很難過沒有

教育工作者檢討自己是否失職而導致孩子找不到適合生存的空間，反而看到大家把問題推給孩子或家長，大家不妨想想誰願意身為一個過動兒或生一個過動兒？當我們的教育教孩子應該照顧弱小、應該相親相愛時，同時，當我們看到一個想和同學相親相愛但又無能力控制自己的孩子時，我們卻換另一種聲調教導孩子，如此的教育下，我們的孩子如何學習友愛呢？在一個充滿不了解與排斥的教育環境中，又怎能期待孩子無恐懼呢？

事實上，類似的例子不只是會發生在特殊孩子身上，對於社會不利的任何一群弱勢學生在學校也經常受到如此之待遇，例如小學生會傳說「那是沒有爸爸的孩子，好髒，我們不要和他玩。」當他們與一般孩子有衝突時，我們常聽到大家開始檢討家庭問題或社會問題，但卻沒有聲音提醒大家，如何幫助這些社會弱勢的孩子不受排斥，或是如何教導一般孩子學習了解不一樣的同儕，並非有菲傭或上才藝班的同學才是值得相親相愛的對象。由日前嘉義市的案例，我希望提醒政府能由極端的事件上看到應該過去微小的疏忽，以及未來努力的方向。落實有教無類的國民教育之精神，為每一個孩子（包括過動兒在內）創造一個無恐懼的教育環境，提供特殊孩子適當的教育機會，教導他們如何與一般孩子相處與學習，事實上也是在保障所有孩子的受教權；也希望國人不要因為一個過動兒失敗的教育例子，而抹殺了其他過動兒成功的機會，更希望藉此事件可以讓政府重視過動兒對特殊教育的需求，讓我們能在不久的未來可以看到國人的過動兒也能在國內的教育學有所成。

作者：洪儷瑜，學改會會員、台灣師大特教系
原文刊載於民國八十七年十月五日
《自立晚報‧黌府春風專欄》

附錄三　給孩子一個超越障礙的學習環境

邱上眞（民 87）

　　帶好每一位學生、不放棄每一個孩子，是行政院教育改革審議委員會、教育部以及民間教育改革團體的一致目標，相信它也是每一位有理想、有抱負、有良知的老師與關心自己以及別人孩子的父母之共同心願。然而在目前五育「病」重、因「財」施教、有「類」無「教」的教育生態下，這個目標是可達成的嗎？這個心願是可實現的嗎？成功的教育改革固然需要可行的教育政策、充沛的教育經費、豐富的教育資源，然而最重要的成功要素之一卻是身為教育工作第一線的教師們。也許真正有效的教育改革應該發生在教室裡，老師與學生之間。

　　身為特殊教育師資培育的工作者，筆者對於絕大多數教師的專業能力與敬業精神皆持相當肯定的態度，然而還是有少數教師可能由於不知或無知，往往在有意或無意之間傷害了學生而不自知。這種情形，對於身心障礙者尤甚，例如有些障礙不明顯或稱隱形障礙的學習障礙者在學習上的困難，常會被老師認為是偷懶、粗心大意或不專心而加以懲罰。最辛苦的應該是注意力缺陷活動過多的孩子了，這些孩子由於腦神經生理的問題造成注意力有缺陷、活動過多，但卻被老師認為是故意搗蛋、不受教而加以懲罰或排擠。曾經有一位患有輕微癲癇症的學生，因為小發作而被老師認為是上課時常發呆。另外，也有腦性麻痺學生被老師指責笨手笨腳而要求其轉學者。不過，最讓人痛心、難過的，應該是孩子被公開羞辱或接受不適當的處置。例如，有一位教師將班上的一位過動兒叫到講台上站著，

然後告訴全班同學說某某同學是神經病，我們都不要和他作朋友。甚至有位教師發動班上學生列舉過動兒的各種罪狀，希望能將此生趕出該班。亦有將過動兒請出教室，讓其終日打電動玩具，以免其干擾班上同學上課者。消極的，也有老師將可能患有選擇性緘默症、上課沒有口語反應的學生，安置在教室角落，讓其自生自滅者。筆者在此特別列舉了這些負面的例子，主要是想讓我們一起來嚴肅地面對一個問題，那就是孩子的學習或行為上的困境，有時是教師有意或無心製造出來的。因此，身為師資培育機構的師範院校是否應該協助每一位即將成為教師者對個別差異有正確的認識、接納與尊重，並發展可以幫助孩子因應學習困難與行為問題的策略呢？而不是簡單的將問題的根源歸諸於學生本人或其家人。

最後，僅以數則特殊的實例，用以幫助教師及家長們來共同探討這些孩子是在什麼樣的學習環境下克服與超越他們的障礙的？我們也可以提供這樣的環境給我們的孩子嗎？要如何提供呢？看看日本聽障的鋼琴家、英國聽障的打擊樂器指揮家、美國自閉症的盲人鋼琴演奏者、唐氏症的盲人鋼琴演奏者、閱讀障礙的法律系高材生、視覺障礙的數學家、腦性麻痺的畫家、聽障的心理語言學家，他們的專長不正是他們的障礙所在嗎？他們是透過什麼樣的學習管道超越障礙的？教師又是如何協助孩子超越障礙的？筆者樂觀地認為，只要老師有心、肯用腦、運用策略、願意付諸行動、讓自己以及學生有失敗的機會、鍥而不捨、不輕言放棄，相信有一天，你會發現原來你和孩子都超越了障礙。

筆者任教於國立高雄師範大學特殊教育系，
原文刊載於民國八十七年十月十二日
《自立晚報‧黌府春風專欄》

附錄四　學習策略調查表

邱上眞（民 80）

學習策略調查表

班級：_____座號：_____姓名：_____性別：____

各位同學：

　　這份調查表是想了解你的學習狀況，它不是考試，也不會影響你在學校的成績，所以請你依照你自己的實際情形，誠實地回答。當你看完一個題目，不需要考慮太久，即可回答。

　　下列題目，每題都有四種選擇，請選擇一個最適合你的情形作為你的答案。

1.如果你的情形「非常符合」題目中所敘述的，請在同一題最左邊「非常符合」的方格內打「ˇ」。

2.如果你的情形「有點符合」題目中所敘述的，請在同一題最左邊「有點符合」的方格內打「ˇ」。

3.如果你的情形「有點不符合」題目中所敘述的，請在同一題最左邊「有點不符合」的方格內打「ˇ」。

4.如果你的情形「非常不符合」題目中所敘述的，請在同一題最左邊「非常不符合」的方格內打「ˇ」。

例題：非　有　有　非
　　　常　點　點　常
　　　　　　　不　不
　　　符　符　符　符
　　　合　合　合　合
　　　□　□　□　□　我喜歡我自己。

非有有非

常點點常

　　不不

符符符符

合合合合

1.□□□□我認為學校的功課對我而言很有意義,值得我去學習。

2.□□□□我寧願做其他事,也不願意上學。

3.□□□□我只讀我喜歡的科目。

4.□□□□我並不喜歡學校的功課。

5.□□□□我能適應學校的生活。

6.□□□□我覺得目前在學校中所學的許多科目,對我而言,並沒有什麼用,不值得我去學習。

7.□□□□我每天都會把老師指定的作業作完。

8.□□□□即使是我不喜歡的科目,我還是會很認真地去學習,以便拿到好成績。

9.□□□□即使是枯燥無味的教材,我仍然會認真地把它唸完。

10.□□□□我會按照老師指定的進度預習功課。

11.□□□□即使是太難的功課,我也不輕易放棄。

12.□□□□說實在的,我覺得我是在為我的父母讀書。

13.□□□□即使老師或父母不給予我任何獎勵,我還是會努力唸書。

14.□□□□我喜歡面對具有挑戰性的學習環境。

15.□□□□我會為我自己設定一個比較高的學習環境。

16.□□□□在目前學校的學習環境裡,我很少有成功的機會。

17.□□□□我認為我的功課好,是因為我的能力強。

18.□□□□我認為我的功課好,是因為我很努力。

非有有非
常點點常
　　不不
符符符符
合合合合

19.□□□□我考試考不好，是因為考試題目太難了。

20.□□□□我考試考不好，是因為我努力不夠。

21.□□□□我功課不好，是因為我的能力太差。

22.□□□□我懂得如何發揮我自己的長處。

23.□□□□我會努力去改進我自己的缺點。

24.□□□□我覺得我是一位有學習能力的人。

25.□□□□我會為自己訂定一個讀書計畫。

26.□□□□我會檢查自己是否有按照預定的計畫讀書。

27.□□□□我會為自己訂定一個想要達到的目標。

28.□□□□我有我自己的一套讀書方法。

29.□□□□我會因為科目的不同，而調整我的讀書方法。

30.□□□□我會因考試方式的不同，而調整我的讀書方式。

31.□□□□我實在不知道怎麼樣讀書才好。

32.□□□□我時常覺得我不能控制我自己。

33.□□□□我會檢查我的讀書方法是否有效。

34.□□□□當我未能達到預期目標時，我會調整我的讀書計畫
　　　　或讀書方法。

35.□□□□當預期的目標達成時，我會稱讚或獎勵自己。

36.□□□□如果還有時間，我會把課文多讀幾遍。

37.□□□□如果時間不夠，我會把時間花在較不容易記住的教
　　　　材上。

38.□□□□讀書時，我會檢查一下我是否把我認為應該記住的
　　　　教材記住了。

非有有非

常點點常

　　不不

符符符符

合合合合

39.□□□□當我解題解不出來時，我往往不知道我的困難是在哪裡。

40.□□□□讀書時，我常常不知到到底課文中的哪個部分我看不懂。

41.□□□□當我看不懂課文時，我知道我應該怎麼辦。

42.□□□□上課時，我時常胡思亂想，不能專心聽講。

43.□□□□上課時，我會儘量排除外界干擾，以便使自己能專心聽講。

44.□□□□上課時要集中精神、注意聽講，對我而言很困難。

45.□□□□我對新奇的教材較感興趣。

46.□□□□我會注意老師上課時所提示的重點。

47.□□□□上課時，我時常不能依據老師指示或交代的步驟去做。

48.□□□□我知道為什麼上課時，需要注意聽老師講課。

49.□□□□我會找個適當的地方，以便能夠專心讀書。

50.□□□□我覺得我讀書時很容易分心。

51.□□□□我喜歡一面讀書一面看電視。

52.□□□□我會用反覆背誦的方法把教材記住。

53.□□□□我會在紙上反覆寫字，比便幫助我記憶。

54.□□□□我會將書本上的重點劃出來，以便幫助我記憶。

55.□□□□我會把要記憶的教材分門別類來記。

56.□□□□我會把要記住的教材，想像成一些具體的圖像或圖畫以便記憶。

非有有非

常點點常

　不不

符符符符

合合合合

57.□□□□我會把要記憶的教材分段記。

58.□□□□我會利用諧音的方法來記憶數字、名詞或英文生
字。

59.□□□□我會將需要記住的新教材與我所知道的或是老師教
過的知識產生聯想，以便記憶。

60.□□□□我會將課本的內容寫成大綱，以便記憶。

61.□□□□我會把課文中重要的概念或關鍵字寫在課本空白的
地方，以便幫助我記憶。

62.□□□□我會把記不住的教材，抄在紙上以便記憶。

63.□□□□我會找些實例來幫助我將重要的概念記住。

64.□□□□我會主動去找參考書籍，使我對某一概念有更多的
了解而容易記住它。

65.□□□□我會作摘要以便記憶。

66.□□□□我會利用推論或找出概念與概念間的因果關係來幫
助記憶。

67.□□□□我會利用課文中的大小標題來幫助我回想課文的內
容。

68.□□□□我會利用自問自答的方法來檢查我自己是否已經把
該記得住的教材記住了。

69.□□□□我會將課文內容利用圖解的方式，找出要點與要點
之間的關係來幫助我記憶。

70.□□□□我會利用列表的方式整理課文內容以便記憶。

非有有非

常點點常

　不不

符符符符

合合合合

71.□□□□ 我會利用課本中的照片、圖表、圖解、地圖等來幫
助我記憶。

72.□□□□ 我會把上課時老師講的與我過去學過的知識產生聯
結以幫助學習。

73.□□□□ 復習功課時，我會把老師上課講的回想一下。

74.□□□□ 上課時，聽不懂的地方，我會舉手發問。

75.□□□□ 我會檢查自己是不是聽得懂老師上課講的內容。

76.□□□□ 當我拿到新課本時，我會留意課本內的「目次」以
便了解這本書包含哪些章節。

77.□□□□ 我會注意整本教科書中，各章與各章間的關聯性。

78.□□□□ 我會這一課本中每一章或每一課課文編排的方式。

79.□□□□ 我會這一課文中的主要標題、次要標題以及粗體
字。

80.□□□□ 我會注意課本中的照片、圖表、地圖等所提供的訊
息。

81.□□□□ 我會注意課文內所描述的事件，在時間上發生的先
後次序或步驟。

82.□□□□ 我會注意課文中所列舉的各項要點。

83.□□□□ 我會注意課文中所敘述的因果關係。例如：造成車
禍的原因是什麼？或賭博會造成什麼後果？

84.□□□□ 我會注意課文中所敘述的概念與概念間異同的比
較。例如：動物和植物有什麼地方相同？什麼地方
不相同？

非有有非

常點點常

　　不不

符符符符

合合合合

85.☐☐☐☐我會注意課文中主要標題與次要標題間的關係。

86.☐☐☐☐我會注意課文中所描述的人、事、物、地點、時
　　　　　間，以及所發生的事情與其解決的方法等內容。

87.☐☐☐☐讀書時，我會把整課課文先瀏覽一遍。

88.☐☐☐☐讀書時，我會仔細閱讀課文中的的每個章節與段
　　　　　落。

89.☐☐☐☐當閱讀完一個小段落或章節時，我會先回想一下是
　　　　　否理解與記住閱讀的內容，然後繼續閱讀。

90.☐☐☐☐讀書時，我會隨時設計一些問題自問自答。

91.☐☐☐☐讀完課文後，我還會從頭到尾再復習一遍，看看有
　　　　　沒有還不懂或遺漏沒讀到或未記住的地方。

92.☐☐☐☐讀書時遇到不懂的地方，我會多讀幾遍。

93.☐☐☐☐讀書時遇到不懂的地方，我會請教別人。

94.☐☐☐☐讀書時遇到不懂的地方，我會去找參考書。

95.☐☐☐☐讀書時，我會利用圖解或圖表的方式來幫助理解。

96.☐☐☐☐考試時，我會特別注意試題中的重要字眼，以便正
　　　　　確作答。

97.☐☐☐☐考試時，若有剩餘的時間，我會再把答案檢查一
　　　　　遍。

98.☐☐☐☐考試前，我會做好復習的工作。

附錄五　學習策略訓練課程

邱上真（民80）

學習策略訓練課程

一、積極正向的我：自我肯定與學習動機

二、控制自如的我：自我經營策略

三、不怕填鴨的我（Ⅰ）：反覆背誦
　　　　　　　　　　　　具象意義化

四、不怕填鴨的我（Ⅱ）：語文意義化
　　　　　　　　　　　　組織化

五、洞察事理的我（Ⅰ）：文章結構辨識
　　洞察事理的我（Ⅱ）：閱讀理解

六、學而有方的我：讀書方法與步驟

第一課　積極正向的我：自我肯定與學習動機

一、天生我才必有用，而且每個人都是獨一無二的

　　每個人都有許多優點，也有一些缺點

　　優點要儘量發揮，缺點也可以克服

　　我會欣賞我自己的優點，也能接受自己的缺點

二、每個人都有學習能力，但是絕大多數的人卻沒有充分運用它

　　智力測驗並沒有測量我們人類所有的能力

　　我會告訴我自己，我是有學習能力的

三、成功的定義是完成自己預定的目標

　　只要我設定合理的目標，並且努力以赴，我便有信心完成目標

　　我不受過去失敗的影響，重新開始探討失敗原因，並且想辦法克服它

　　我不必太在乎別人對我的看法，我跟自己預定的目標比，並且讓自己有成功的機會

四、期待收穫，才會產生耕耘的意願

　　假如我常常說「我不會」，那麼我可能就永遠不會了

　　我會更好！

　　如果我能走，我就不要站著不動

　　如果我能跑，我就不要只用走的

　　如果我能飛，我就不要只用跑的

五、書讀得好不好，我有責任

失敗是因為讀書方法不適當，而讀書方法是可以學的

失敗是因為努力不夠，而努力是意志力可以控制的

失敗也有可能是外界環境因素造成的，我可以設法排除外

界環境因素的干擾

六、興趣是成功的第一步，而興趣是我的責任，沒有人可以代
替

把基礎打好，學習樂趣自然增加

不喜歡的科目，要找出不喜歡的原因並且克服它，以培養
興趣

任何學科都可以幫助我們成長，獲取知識，提高生活品質

七、主動學習效果最好，而只有我才能成為主動的學習者

裝備好自己，隨時主動出擊：身體狀況——健康、營養、
休息

心理狀況——注意力集中、
快樂的心情、
適度的焦慮
培養好奇心、
願意接受挑戰

學習狀況——請教老師、同
學，不讓困難
累積

八、有意義的學習是最好的學習

將原來認為沒有意義或枯燥無味的學習教材賦予意義

與過去的學習產生聯結；與日常生活產生聯結；與未來的
理想產生聯想

九、簽訂自我契約書（改編自余德慧，民76）

我將鑄煉自己，使自己堅強而自知弱點

我將鑄煉自己，使自己自信而不餒

我將鑄煉自己，以行動代替願望

我將鑄煉自己，使自己能控制自己

我相信，此時此刻乃是我生命的轉捩點，掌握此時此刻，
促使我激勵奮發

我願虔信斯言，努力不懈

謹簽此約交付＿＿＿＿＿＿＿＿＿＿＿＿（簽上你自己的名字）

民國＿＿＿年＿＿＿月＿＿＿日

第二課　控制自如的我：自我經營策略

一、自我觀察

利用自己跟自己對話的方式，偵測並描述自己的所作所為

以及內心的想法

例如：我現在正在做什麼？想什麼？

我現在正在注意聽老師講話

我現在正在計畫星期天要去哪裡玩

我的工藝很好，我的記憶力很強

二、自我分析

分析自己會產生某種行為或想法的可能原因：

物理環境因素：氣溫、噪音、房間布置、書桌擺設

社會人際因素：父母、兄弟姊妹、師長、同學

自我內在因素：動機、情緒、身體狀況

三、自我記錄

將自己的行為或想法有系統地記錄下來

次數、強度、時間長短

四、自我計畫

從短程計畫到遠程計畫

我想要做的事

我想要改變的行為

時間表

使用的方法

五、自我標準

　　訂定合理的目標

　　預定要達到的標準

六、自我改變

　　付諸行動去操控自己的反應，使好的行為產生，不好的習慣不再發生

七、自我評鑑

　　檢查自己有沒有按照預定的計畫去做？

　　檢查自己有沒有達到預定的目標或標準？

　　檢查所使用的方法有沒有效？要不要改變？

　　檢查所規定的標準合不合適？要不要改變？

八、自我增強

　　肯定自己的努力，獎勵自己

　　我喜歡得到什麼樣的獎勵？

　　　　稱讚自己

　　　　得到自己喜歡的東西

　　　　做自己喜歡的活動

・自我管理策略在學習上的應用：

1. 我會為自己訂定一個讀書計畫。

2. 我會檢查自己是否有按照預定的計畫讀書。

3. 我會為自己訂定一個想要達到的目標。

4. 我會為自己發展一套有效的讀書方法。

5. 我會因為科目不同，而調整我的讀書方法。

6. 我會因為考試方法不同，而調整我的讀書方法。

7. 我會檢查我的讀書方法是否有效。

8. 當我不能達到預期的目標時，我會調整我的讀書計畫或讀書
方法。

9. 當預期的目標達到時，我會稱讚或獎勵自己。

10. 我會把時間花在重要但卻不容易記住的教材上。

11. 讀書時，我會檢查一下我是否把我認為應該記住的教材記住
了。

12. 當我看不懂課文或問題解不出來時，我會設法解決問題。

• 自我經營企劃案

＊ 我想要改變的行為（增加／減少）。

＊ 目前的狀況（次數／強度／時間長短）。

＊ 計畫用什麼方法改變。

＊ 預定達到的目標。

＊ 計畫實施的情形。

＊ 有沒有達到預定的目標。

＊ 自我增強的方式。

第三課　不怕填鴨的我（Ⅰ）：反覆背誦，具象意義化

一、要記得好的基本條件

1. 注意力要集中。

2. 要心到、眼到、口到、手到。

3. 對要記憶的材料要有徹底的理解，只要徹底理解基本觀念，
就容易牢牢記住。

4. 有「能記住」的信心，就有「能記住」的記憶。

5. 趣味是記憶的增進劑，喜歡你要記的教材。

6. 沒有意義的東西，要賦予意義之後再記。

7. 反覆思考是保持記憶的好方法。

8. 適度的休息是必要的。

9. 要靈活運用各種不同的記憶方法。

10. 要檢查自己是否把該記住的教材都記住了。

11. 把時間多分配一點給重要，但是卻記不住的教材。

二、記憶的四種基本方法

1. 反覆背誦。

2. 具象意義化。

3. 語文意義化。

4. 組織化。

綠色	老虎	帳篷	樹	窩	草地
鳥	房屋	馬	黃色	紫色	狗	鞋子

試看看有多少方法我可以把上面這些名詞記住？

・反覆背誦的方法：

1. 要心到、眼到、口到、手到。

2.分段記、分區記、分類記。

3.漸進反覆、按順序記。

4.記住關鍵字。

5.把重要的或不容易記住的寫在課文四周空白處或抄在紙上。

・反覆背誦練習

1.我國南部地區包括：臺、閩、粵、桂、黔、滇、瓊。

　我國南部地區的主要族系：苗、傜、黎、傣、僮、台灣山胞。

Sunday Monday Tuesday Wednesday Thursday Friday Saturday

　孢子植物可以包括細菌、黴菌、蘚苔類、蕨類等植物。

2.南朝：宋齊梁陳。

　六朝：吳、東晉、宋齊梁陳。

　五代：後梁、後唐、後晉、後漢、後周。

　傳染病的傳染途徑：

　接觸傳染：肝炎、皮膚病、性病、砂眼。

　飛沫傳染：流行性感冒、麻疹、肺結核。

　食物和水的傳染：霍亂、傷寒。

　昆蟲和動物的傳染：瘧疾、鼠疫、恙蟲、狂犬病。

3.傳染病的病原體有：病毒＜衣原體＜立克次體＜細菌＜黴菌
＜原蟲＜蠕蟲。

　三皇五帝夏商周　歸秦及漢三國盟　兩晉南北隋唐繼

　五代宋元明清民

4.造成人類意外的原因：

知識不足→知識

不當的態度→態度

不良的習慣→習慣

不熟練的技術→技術

· 具象意義化

發揮你的想像力

1. 把要記住的材料在腦中形成具體形象，浮現全部的「形」，
   單獨的、聯合的、整幅圖像的。

2. 配合圖片、照片、圖表、地圖記憶。

3. 善用環境，經由實體在腦中繪圖記憶，時時作聯想。

4. 想像整個動作與過程。

· 具象意義化練習

* 台灣地區常見的毒蛇有：飯匙倩、雨傘節、百步蛇、龜殼
  花、鎖鍊蛇。

* 細菌依其形狀可分為：球菌、桿菌、螺旋菌；螺旋菌又可分
  為弧菌和螺旋體。

* 唐三彩是以低溫燒製而成，而在燒製過程中，將黃、綠、褐
  三種主要彩釉，澆淋於白色陶坯上，任其自由流融。

* 唐代書法家中，書法雄渾敦厚，顯示出強健飽滿氣勢，號為
  「顏體」的是顏真卿。書法謹嚴有力，號為「柳體」的是柳
  公權。

* 詩仙——李白，詩聖——杜甫，草聖——張旭，畫聖——吳
  道子。

* 花的構造。

* 細胞的分裂。

* 明代鄭和七次下西洋，他的行蹤及南洋群島與印度洋西岸各

地，最遠曾抵達非洲東部。

* 地理科（鐵路、首都、省會、港口）。

* 家庭常見的意外災害發生的場所有：廚房、浴室、樓梯、臥室和庭院等處。

* 造成的傷害有：窒息、跌傷、中毒、灼燙傷、骨折、觸電等。

* 中部地區的農業區：西部水稻區，東北部稻麥區，東南稻茶區。

* 中部地區長江以北的農產：小麥、棉花。

* 中部地區長江以南的農產：稻米、蠶絲、油菜、茶葉、苧麻。

* 急救技術。

* 止血法。

* 繃帶包紮法。

細胞分裂的過程

1. 細胞「分裂前」，染色體數比原來細胞的染色體數目「增加一倍」。

2. 細胞「分裂後」，染色體數與原來細胞的染色體數目「一樣」。

3. 分裂的結果，細胞是由「一個」變成「兩個」，如變形蟲的生殖。

4. 此種細胞分裂，通常是發生在「體細胞」。

高低等植物傳播方式之比較

種類	繁殖	傳播媒介	實例
低等植物	孢子	風力	蕨、蕈、蘚苔
高等植物	種子	風力、水力、動物	裸子、被子植物

1. 繃帶包紮法：
   (1)繃帶固定法。
   ①開始包紮時，將繃帶的一端斜放在肢體上。
   ②沿著肢體環繞一圈，讓剛才斜放在肢體上的繃帶角突出。
   ③將突出的繃帶角反摺壓在第一圈繃帶上，順著原來的地方
   　再繞一圈。
2. 止血法：
   一般常見的止血法有下列三種：
   (1)直接加壓止血法：創傷出血不止時，先將出血部位抬高，
   　在傷口上覆蓋消毒紗布塊，用手壓緊，等止血後，再用繃
   　帶包紮固定。
   (2)止血點指壓法：沿著動脈靠近骨骼，可以觸到脈搏的地
   　方，都可以作為止血點。止血點，用手指或手掌壓在傷口
   　距心臟近側的止血點上，可以減少出血量，但不能完全止
   　血，故可和直接加壓止血法同時使用。
   (3)止血帶止血法：其他方法不能止血，而且已經危及生命時
   　才能使用，但使用不當會完全阻斷血液循環。

第四課　不怕填鴨的我（Ⅱ）：語文意義化、組織化

• 語文意義化

發揮你的想像力：

1. 將要記住的教材與你過去的經驗或你知道的事物產生聯想。

2. 利用詞、句子，甚至編成一篇故事把要記住的串連起來。

3. 利用諧音、韻律。

4. 利用實例，以加深對要記住的教材的印象。

5. 查字典，找參考書或百科全書。

6. 補充或增加知識，知道得愈徹底，知道得愈多愈詳細，對原來要記憶的教材就愈容易記住。

• 語文意義化練習

1. 維他命 C 可以促進白血球的增加

維他命 C 可以預防感冒

感冒是由病毒引起的

白血球可以消滅病毒

檸檬含有豐富的維他命 C

歷史：過去看過或聽過的歷史故事

地理：去過或看過的錄影帶、書籍

明代著名的小說有：《三國演義》、《水滸傳》、《西遊記》

清代著名的小說有：《紅樓夢》、《聊齋誌異》

唐詩、宋詞、元曲、明清小說

2. 天擇說的內容：(1)遺傳差異；(2)過度繁殖；(3)生存競爭；(4)適者生存。

造成人為的意外因素有：知識不足、態度不當、不良習慣、不熟練的技術。

平常人大聲說話時大約是六十分貝，長期暴露在九十分貝的噪音下，聽力減退。

遺傳學之父——孟德爾→夢見得到兒子。

第一個有計畫建設的都市——大興→大興土木。

3. 戰國七雄：韓、趙、齊、魏、楚、燕、秦（烘灶起火煮煙腸）。

化學元素：氫氦鋰鈹硼碳氮氧氟氖（親愛李皮捧蛋炭養佛奶）。

鈉鎂鋁矽磷硫氯氬（那美女係林劉鹿亞）

$\sqrt{2}=1.41421$→意思意思而已

秦朝趙高→糟糕

周幽王褒姒→包死

每一個人都有二十三對染色體→一二三

地球約在四十五億年前形成，當初的環境：溫度很高，空氣中含有沼氣、氫、氨、硫化氫和水蒸氣（朝氣、年輕、平安、留法輕、水蒸氣）

4. 生物瀕臨絕種的原因：

生殖力差——貓熊

自然環境改變——恐龍

人為的因素——水污染、魚蝦死亡

造成人為意外的因素有：知識不足、態度不當、不良習慣、不熟練的技術。

以車禍為例。

5. 達爾文創立天擇說，天擇說又稱為自然淘汰說，認為生物演化的方向是由天擇決定；亦即生物的演化是天擇的結果。

在我們及身可見的演化實例，便是刺蝟行為的演化，刺蝟受驚時，正常的反應是縮成一團，可使其不受天敵侵害，但對於馳近的車輛則不發生作用，有些刺蝟在遇到大敵時立刻跑而不縮成一團，在歐洲各地，逃跑型刺蝟較捲縮型刺蝟生存較多，結果逃跑型取代了捲縮型，這便是一種天擇的結果。

・組織化

1. 把附則的東西加以整理、分類、排序
2. 仔細觀察分析，明異辨同
3. 綜合歸納
4. 列成表，畫成圖

1. 生物的分類：

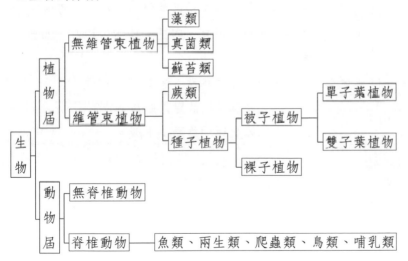

2.卵生、胎生的比較

種類	受精方式	受精卵發育場所	養分供給	卵的大小	實　例
卵生	體內或體外受精	母體外	卵黃	大	魚類、兩生類、爬蟲、鳥類
胎生	體內受精	母體內（子宮）	母體血液	小	哺乳類
卵胎生	體內受精	母體內	卵黃	大	毒蛇

3.

(1)港埠：A.大陸南部地區一等商港有：廣州、浙江。

B.長江沿岸的一等河港有：南京、漢口、重慶。

(2)鐵路：A.中部地區通往北部地區的鐵路幹線有：津浦、平漢、寶成、焦枝、襄渝鐵路。

B.中部地區通往南部地區的鐵路幹線有：粵漢、鷹廈、川黔、成昆、內昆、枝柳、湘黔、湘桂鐵路。

(3)航運：A.長江海輪航運的終點：漢口。

B.長江大江輪航運的終點：宜昌。

C.長江中江輪航運的終點：重慶。

4.　　　　子房壁　發育　果皮

　　子房 〈　　　　　　　　　　　　　果實

　　　　　胚　珠　發育　種子

脊椎動物的演化：魚類—軟骨魚綱→兩生綱→爬蟲類→鳥綱

　　　　　　　　　　＼硬骨魚綱　　　　　　　＼哺乳綱

第五課　洞察事理的我（Ⅰ）：文章結構辨識

一、注意課文的大標題、附標題、粗字體、圖表

　　注意全課本一共有多少章，依什麼規則來排章節的次序

　　注意節與節之間的關係

　　利用標題與附標題來幫助記憶

二、注意文章結構

1.敘述文：時間、地點、人物、發生的事物、解決問題的方法
　　與結果。

2.說明文：(1)定義、描述。

　　　　　(2)比較異同。

　　　　　(3)因果關係。

　　　　　(4)時間、空間之順序位置與列舉。

　　　　　(5)問題與解決。

閱讀時，一面理解，一面記。

• 文章結構辨識練習

一、注意每一科課文的結構與組織

二、文章結構類型

1.定義或描述：

　(1)生物由親代產生後代的過程，叫作生殖。

　(2)凡是型態構造相近的生物，則歸一類，稱作分類。

2.比較異同：

　(1)單子葉植物的葉脈自葉的基部自尖端呈平行排列，花瓣為
　　　三或三的倍數；雙子葉植物的葉脈呈網狀，稱網狀脈，花
　　　瓣為四、五或其倍數。

　(2)毒蛇與無毒蛇的區分：

	體色	頭部	尾部	毒牙、毒腺	生殖
毒蛇	鮮豔顯著	三角形	粗短	有	卵胎生
無毒蛇	不顯著	橢圓形	細長	無	卵生

3. 因果關係：

(1)真菌類植物因為體內都不含葉綠素，所以不能行光合作用而自製養分。

(3)近年來，由於生活改善，醫學昌明，死亡率降低，於是人口急速增加，人口過於膨脹，必會引起饑荒、戰爭或其他重大災害。

4. 時間、空間之順序位置或列舉：

(1)急救箱中應帶消毒小刀、吸取器止血帶等急救用品，且其使用順序為止血帶→消毒小刀→吸取器。

(2)窒息的症狀：①呼吸困難；②呼吸有雜聲；③嘴唇及指甲部位出現黑藍顏色。

(3)水質淨化過程：①沈澱；②過濾；③消毒。

5. 問題與解決：

瓦斯漏氣的檢查：用肥皂液塗在可能漏氣的部位，若有泡沫出現就表示有漏氣，此刻切忌點火柴、抽菸或開任何電源開關，以免因火花引起爆炸。

興建水庫以調蓄水源，因為有效利用水資源的可行措施，但水資源保育更是確保水源的根本，請問應如何保育？

水庫是保持水資源的治標方法，治本之道在於做好上游集水區的水土保持，因為它有天然的蓄水庫，並且可調節水量，使得綠水能長流。

洞察事理的我（Ⅱ）：閱讀理解

一、讀書或上課時注意力要集中

• 假如你注意力不能集中時：

＊用心想辦法除去會妨礙「集中」的因素

　例如：在哪些情況下容易分散注意力？

　　　　　精神差時？怕噪音？

　　　　　心情浮躁？心情不佳？

　　　　　與同學講話，心中想些其他的事？

　　　　　有雜念？

　　　　　姿勢不良？

＊分析並想出解決的辦法，或暫時把煩惱忘掉，用紙記錄下
　來，讓情緒比較安定。

＊不能集中時，就休息，否則不冷不熱效果反而不好。

＊疲倦就休息，走一走，運動運動，聽聽音樂（十分鐘）。

• 如何讓注意力集中與持久？

＊有興趣，培養興趣。

＊有責任感，有榮譽心。

＊有良好的讀書習慣。

＊難的教材，讀一小段就給自己提問題問自己。

＊不要在某一個問題上停留太久，否則容易疲倦。

＊利用意志力。

＊有成就動機與自我期許。

＊有好的身體狀況。

＊上課時注意老師的聲音、表情，並對老師隨時回應。

二、運用閱讀理解的策略

1. 澄清疑慮

不懂的地方想辦法弄懂。

多讀幾遍；先讀下去，再回過頭來讀。

查字典、查百科全書、查參考書。

問老師、同學、兄姊。

2. 自問自答

自己設計問題，自己回答，自己檢查，自己糾正。

也可以與同學互相問答。

可以依據考試的方式，模仿出題，然後回答自己的問題。

3. 重點摘要

讀完一段後，用自己的話把重點說一遍，並試著和過去學過的或自己已有的經驗產生聯想。

4. 試作預測

看過標題後，猜猜看內容會包含些什麼？

讀完一小段以後，猜猜看下一段會寫些什麼？

再繼續讀下去，猜猜作者所寫的和自己猜測的符不符合？

第六課　學而有方的我：讀書方法與步驟

讀書方法與步驟

一、瀏覽：先看一看標題、副標題，第一段介紹性文字，最後
　　一段的結論以及迅速地瞄一下課文大概的內容。

二、精讀：仔細讀每一段，好好理解內容，並與過去的學習產
　　生聯結，儘量把理解後能記得住的教材記住（利用三、四
　　課學過的記憶與文章辨識、理解策略）。

三、回想：把剛剛讀過的教材，用自己的話回憶一遍。

四、問答：把讀過的教材，設計問題問自己並且回答自己的問
　　題。

五、回顧：回想或自問自答後，再回顧一下課文，看看有沒有
　　錯誤或遺漏之處。

NOTE

國家圖書館出版品預行編目資料

特殊教育導論：帶好班上每位學生／邱上真著.--二版.
--臺北市：心理，2004（民93）
面；　公分. --　（特殊教育系列；61011）
參考書目：面

ISBN 978-957-702-736-8（平裝）

1. 特殊教育

529.6　　　　　　　　　　　　　　　93019238

特殊教育系列 61011

特殊教育導論：帶好班上每位學生

作　　　者：邱上真
插 畫 者：林素貞
總 編 輯：林敬堯
發 行 人：洪有義
出 版 者：心理出版社股份有限公司
地　　　址：231026 新北市新店區光明街 288 號 7 樓
電　　　話：(02) 29150566
傳　　　真：(02) 29152928
郵撥帳號：19293172　心理出版社股份有限公司
網　　　址：https://www.psy.com.tw
電子信箱：psychoco@ms15.hinet.net
排 版 者：辰皓國際出版製作有限公司
印 刷 者：辰皓國際出版製作有限公司
初版一刷：2002 年 2 月
二版一刷：2004 年 11 月
二版十一刷：2021 年 4 月
Ｉ Ｓ Ｂ Ｎ：978-957-702-736-8
定　　　價：新台幣 400 元